삼동 45년,

이이주 대표이사 경영스토리

세계 제일의 **사람**이
세계 제일의 **제품**을 만든다

머리말

지나온 길을 돌아보며, 나아갈 길을 내다보며

흔히 인생의 행로를 아흔 아홉 굽이 준령(峻嶺)을 넘는 것에 비유합니다. 그 굴곡진 삶의 경로를 이미 일흔 댓 굽이쯤 지나왔습니다.

일신의 나이뿐 아니라 삼동을 창업하여 경영의 길에 들어선 지도 어언 반세기에 이르렀습니다. 이쯤에서 지난 노정(路程)을 돌아보면 남모를 고뇌와 회한도 많았고, 과분히 얻고 누린 성과와 보람도 적지 않았습니다. 특히 전장(戰場)처럼 치열한 비즈니스 현장에서 온갖 격전고투를 치러온 곡절을 떠올릴 때면 새삼 감회가 깊어집니다.

이제 종심지년(從心之年)을 지나 팔순(八旬) 고개를 앞두고 내가 지금껏 꿈꾸고 추진하고 이루어온 일들에 대한 나름의 경험과 소회를 진솔하게 기록함으로써 70여 성상(星霜) 잇고 쌓아온 업(業)이며 연(緣)이며 과(過) 등을 다시 한번 되살피고 정리하고자 합니다.

특히 이 기회를 통해 그동안 인생의 길에서, 사업의 길에서 부족한 저를 믿어주고 이해해주고 물심양면으로 도와주신 많은 지인, 은인 분들 그리고 저와 고락을 함께한 삼동 임직원들께 진심어린 감사의 말씀을 드리고 싶습니다.

또한 지난 세월 동안 얻고 이룬 성과 못지않게 본의 아닌 실책과 오류도 많았습니다. 그것이 설령 사소한 일일지언정 혹여 저로 인해 마음 상했던 모든 분들에 대해서도 깊은 사죄의 말씀을 드립니다.

인생의 행로에는 출발점도 있고 기착점도 있고 새로운 전환점도 있기 마련입니다. 이쯤에서 지금껏 앞만 보고 달려온 날들을 되돌아보며 나는 어디에서 출발, 어떤 길을 거쳐 현재 어디에 서있는지, 앞으로 나아갈 방향은 어느 지점인지 새롭게 조망해보려 합니다.

그리하여 주변인들에게 내가 걸어온 길, 살아온 날들이 정녕 옳았던 것인지, 어떤 의미와 가치가 있었던 것인지, 과히 큰 허물은 없었는지 묻고 가르침 받고자 합니다.

또한 고되고 다단했던 지난 삶을 성찰하며 이제 내가 나를 잠시 위로하고, 이해하고, 지쳐가는 걸음을 다잡기 위해 보잘 것 없는 서책(書冊) 한권을 남깁니다.

이 작은 소망, 순수한 작위가 혹여 속된 현시욕으로 비쳐지지 않기를 바랍니다.

2023년 창업 45돌을 맞는 해에   ㈜삼동 대표이사 이 이 주

㈜삼동 본사 전경(충북 음성)

세계 일류 기업이
세계 일류 제품을 만듭니다

세계 시장점유율 1위 ㈜삼동 CTC제품

선진 글로벌기업으로 도약을 실현합니다

㈜삼동 유럽공장 전경(폴란드)

목차

삼동 45년,
이이주 대표이사 경영스토리

세계 제일의 **사람**이
세계 제일의 **제품**을 만든다

이 책 표제(表題) 〈세계 제일의 사람이 세계 제일의 제품을 만든다〉는 평소 '사람 존중 품질 제일최고 지향'을 강조해온 ㈜삼동 이이주 대표이사의 경영어록에서 인용하였습니다.

머리말/이이주 ㈜삼동 대표이사
지나온 길을 돌아보며, 나아갈 길을 내다보며 02

Prologue
**반세기 역사를 기반으로
더 넓은 세계, 더 힘찬 미래를 향해** 18

三東 45년, 企業史的 의의 19
선진 기술력과 품질수준 20
글로벌시장 개척과 생산기지 확장 21
기업역량과 위상에 대한 대내외적 평가 22
노사상생의 경영철학과 기업문화 23
경영성과 제고와 사회적 기여효과 창출 25
영속가능기업을 향한 미래비전과 목표 26

서장/창업 전 이야기
자립성취를 향한 큰 꿈을 품다 28

1. 삼동 45년, 그 태동기의 조명
기업위상에 비례하는 경영역량 29
열악했던 성장환경을 미래 성취 기반으로 29

2. 창업주의 성장기 이야기 32
가난한 농가의 막내아들로 태어나다 32
가슴 아픈 生母와의 사별 34
계모와의 만남과 갈등 35
**Story in History /
나뭇짐, 풀짐을 져 나르던 어린 시절**
학창 시절 고마웠던 선생님들 38
범상치 않았던 소년 시절의 모습 42
어렵사리 고등학교에 입학하다 43
가장 힘들었던 漁撈科 실습과정 44
고3 시절 가출과 담임선생님의 따뜻한 배려 46
**Story in History /
고향에 대한 小考**

3. 꿈을 키우던 청년 시절 50
무작정 上京, 낯선 서울 땅에 첫발을 딛다 50
외과병원 X-Ray 견습기사로 51
평생 사업의 계기가 된 구리공장 입사 52
명광사 박명식 사장과의 특별한 인연 53
주인의식을 지니고 일하면 어디에서든 주인 역할을 하는 것 54
방위병으로 軍役을 마치다 55
직장업무에 복귀하다 57
평생의 반려자를 만나다 58
소문과 오해 그리고 진실 61
자기 삶과 미래에 대한 고민 62
신의를 목숨처럼 중히 여기고 64

제1장/1977~1982년
글로벌삼동의 초석을 놓다 66

1. 창업의 결행, 자립성취를 향한 힘찬 도전 67
'성공에 대한 확신도, 실패에 대한 두려움도 없었다' 67
삼동금속㈜ 설립, 반세기 기업 역사의 시작 69
신의를 지키기 위한 노력 70
국내 동선(銅線) 사업의 실태와 시장상황 71
미래 성취를 향해 첫발을 내딛다 72
창업 첫해, 공장 가동과 제품생산 74
사업 초기 성장탄력을 이어가다 74

2. 일생일대의 위기를 맞다 76
다가오는 먹구름, 거센 波高 76
예기치 못한 암초, 난파 위기에 처하다 77
불가피했던 부도 선언, 뼈저린 자책 80
재기의 시간을 벌기 위한 고육지책 82
'5·10 사변일', 피난길에 오르다 84

3. 뼈아픈 성찰, 새로운 활로의 모색
고시촌으로 들어가다   85
감옥살이 같았던 자숙과 성찰의 나날   87
절치부심, 다시 일어서기 위한 다짐과 노력   88
정면 돌파를 시도하다   89

Story in History /
고시촌 친구들과 다진 우정

채권단 회의 결정, 진심이 통하다   92

4. 재기를 위한 준비와 노력   94
다시 조난선(遭難船)의 키를 잡다   94
믿고 기다려준 고마운 직원들   95

Story in History /
서로 의지하고 위로, 격려하며

대양을 향한 재출범, 마침내 생산활동을 재개하다   98
잊을 수 없는 채권자들, 인질처럼 잡혀 곤욕을 치르기도   99
빠른 회복세, 성장의 가속도가 붙다   103

Story in History /
아내가 겪은 고초, 가슴 깊이 묻어둔 미안함과 고마움

제2장 / 1983~1989년
위기의 波高를 넘어 재출범하다   116

1. '삼동전기금속공업사'로 새로운 출발   117
적색(赤色) 신용등급의 고충, 타인 명의를 빌리다   117
압류된 공장설비를 다시 낙찰 받다   120
살던 집도 채권자들에게 넘어가고   120
견물생심, 어이없는 사태가 발생하다   122
주변인들에게 자문과 도움을 구하다   123
합의조건 제시 및 관계정리   125
새로운 생산기지 구축, 경기도 성남으로 공장을 이전하다   125
어쩔 수 없는 3인3색의 타협 그리고 재결합   128

Story in History /
질긴 인연의 시작과 끝

2. 본격 성장궤도로 진입하다   130
대내외 경제환경 호조와 사업의 성장세 지속   130
자가 공장 마련의 의미, 성남에서의 생산활동   132
해외 첫 수출 길을 트다   134

Story in History /
귀한 인연, 아름다운 기억

경영정상화 기반을 다지다   140
사업역량과 노력 그리고 時運이란 것   141
미래도약을 위한 새로운 결단과 투자   141
가족 같은 회사 분위기, 서로 믿고 의지하며   142
마침내 모든 채무를 청산하다   146

Story in History /
술과 사업 그리고 인간 관계

제3장 / 1990~1999년
성장의 가속화를 추진하다   160

1. 제2창업, 충북 음성 本社 시대의 개막   161
지속가능경영을 위한 기반 구축   161
㈜삼동 설립, 새로운 상호와 명의로 재출발하다   161
새 사업장으로의 이전 준비   162
본사 및 공장의 충북 음성 이전을 완료하다   164

Story in History/
음성공장 부지 매입과 건축공사 관련 일화

2. 품질경쟁력 강화, 기술 고도화를 위한 노력   166
국내 최초 CTC제품 개발, 기술자립을 이루다   166
CTC제품의 개발배경 그리고 도움을 주었던 고마운 분들   172
국내 최초 무산소銅 개발, 세계적 품질수준을 갖추다   176
선제적 설비투자의 확대   178

3. 성장 가속화, 미래도약을 위한 토대 구축   180
화합과 협력, 교류와 소통의 조직문화   180
인재 육성을 위한 교육훈련의 강화   182

Story in History/
사소한 것의 중요함, 小心함과 細心함의 차이

4. 더 넓은 시장으로, 글로벌마켓 개척을 위한 전사적 노력 186
일본 시장의 공략, 후지와 히타치, 미쓰비시를 고객사로 186
호주 시장의 개척, 품질은 기본, 고객에게 정성을 다하다 189
대만 시장 진출, 그 배경과 전설 같은 일화 192
해외 각국에서의 다양한 에피소드 194
Story in History/
사람이 지닌 기운과 매력, 그 자연과학의 원리

5. 선제적 투자와 공격적 경영 그리고 외형의 급성장 196
생산기지의 확장, 충남 아산공장과 음성 2, 3 공장의 설립 196
직원규모 증가와 삼동 노동조합의 설립 198
노사관계에서의 쟁점과 난제 200
경영자의 솔선수범, 발전적 노사문화를 정립하다 202
CTO를 비롯한 새로운 인재의 영입 206
외환위기 아래서도 지속성장을 실현하다 206
'문경의 삼성'으로 불린 경북 문경공장 설립 208
Story in History /
큰 나무 아래 작은 나무가 싹터 자라듯

제4장/2000~2009년
선진글로벌기업으로 도약을 실현하다 222

1. 외부경영환경 변화와 대응전략 223
더 높은 고지를 향해 도약을 추진하다 223
새천년, 새로운 의지와 다짐 223
활발한 생산·영업활동을 지속하다 224
생산역량 확대를 위한 노력, 끊임없는 설비투자 226
삼동의 人才像, 인적자원 적재적소 배치의 용인술 227

2. 수출 시장의 확대, 유럽과 미주 시장 본격 공략 228
독일 대표기업 지멘스와 첫 거래를 트다 228
우연히 찾아온 기회, 상생공영의 협력관계로 230
Story in History /
지멘스그룹 최우수 협력사로 입지를 굳히다
미국 시장으로 진출하다 233
일본 도시바에 제품공급을 시작하다 234
Story in History /
품질경영을 위한 철학과 노력
중동지역으로의 진출, 이란 국영기업에도 제품을 공급하다 236
해외시장 개척의 필수 역량, 어학 공부를 위한 쉼 없는 노력 240
Story in History /
국경을 초월한 우정, 볼프강 펠렛과의 인연
글로벌시장 공략을 위한 연구개발 노력 246
경영성과 제고와 대외 위상 확립 247

3. 순항로에 불어 닥친 또 한 차례의 큰 풍랑 248
외부 경영환경 악화의 징후 248
세계 동(銅) 산업 동향과 시장변화 250
갑자기 닥친 위기, 구리가격의 폭등 251
비상경영체제에 돌입하다 252
위기타개를 위한 세 가지 특단의 대책 253
유동성 위기가 심화되다 255
다각적 자구노력, 마침내 위기를 극복하다 256
Story in History /
會者定離, 어쩔 수 없는 이별의 아픔

4. 위기 속에 꽃피운 빛나는 경영성과 261
땀과 열정으로 이룬 금자탑 '1억 불 수출의 탑' 수상 261
극동산전 인수, 계열사로 편입하다 262
다시 순항의 닻을 올리고 264
직원들 헌신에 대한 고마움과 보답 264

5. 지속적인 투자, 국내외 생산기지의 확장 267
해외 생산기지 설립을 결정하다 267
미국 테네시공장 설립, 21세기형 아메리칸 드림 실현을 위해 268

13

해외 생산기지 설립 추진 동기 및 배경	268
최적의 입지를 찾아라, 테네시공장 설립 추진 과정	271
테네시공장 OPEN 행사를 개최하다	272
해외시장 개척의 큰 성과, 수출 2억 불을 달성하다	274
연이은 생산기지의 확장, 미국 오하이오공장 설립	276
오하이오공장 가동 돌입, 미주 시장을 본격 공략하다	277
계열사 씨티아이 설립, 원재료에서부터 부재료까지 직접 생산체제를 갖추다	280
선진 글로벌기업으로 도약기반을 다지다	281

Story in History /
체험을 통해 터득한 자연과학적 풍수론

제5장/2010~2022년
영속가능경영을 추구하다 — 294

1. 매출 1조 원 시대의 개막 — 295
새로운 연대, 새로운 도전의 시작 — 295
기념비적 성과와 이슈 — 295
양적 성장과 질적 성장을 병행 추진하다 — 296
문경 무산소동(銅) 공장 건립, 세계적 생산역량을 갖추다 — 298
CEO의 국내외 강연 활동, 본질과 핵심을 말하다 — 299
삼동 CI 도입 및 홍보물 제작, 새로운 기업이미지를 구축하다 — 302

2. 미래지향적 경영전략의 추진 — 305
미국 변압기시장 변화추세와 호재성 이슈의 등장 — 305
Story in History /
준법경영, 청렴경영의 실천
기술연구소 설립, R&D 활동을 강화하다 — 306
자녀를 유학 보내는 정성과 심경으로, 임직원 기술역량 배양을 위한 해외연수 제도 — 308
국내외 각 생산기지의 사업활동과 성과 — 310
'고용창출 100대 우수기업'에 선정되다 — 312
북미권 시장공략을 위한 미국 조지아공장 설립 — 312

Story in History /
미국 현지 경영을 위한 거소(居所) 마련
국내외 변압기시장 상황과 경영환경 — 314
고객 지향, 고객 우선의 경영방침으로 — 315
KBS '히든 챔피언', 삼동을 세계에 널리 알리다 — 315
'중역팀장 워크숍' 개최, 신년 사업계획 발표 — 318
'나도 이롭고 남도 이롭게', 自利利他의 경영철학 — 319
사업부서별 SWOT 분석과 업무방침 — 320
한국원자력연구원과 초전도 선재 기술이전 계약을 맺다 — 322
대전광역시와 기업 이전 투자 및 지원업무협약을 체결하다 — 324
남해군 고향 인사 방문단, 삼동을 찾다 — 325
노사 간 상생과 화합, 행복한 일터로 — 326
말레이시아공장 설립, '삼동 그룹'으로 도약하다 — 328

Story in History /
상거래 경험을 통해 본 일본기업들의 신용과 정직성

3. 기술경영, 미래경영의 시대로 — 328
본격적 R&D 활동의 추진, 기술연구소를 확장, 이전하다 — 328
미래 신성장동력을 찾아라 — 330
Story in History /
블루오션 개척을 위한 투자와 미래 기술전략
열린경영, 소통경영을 위한 e-메일 경영토의 — 334
Story in History /
"좋아하지 않을 수 있어도 존경하지 않을 수는 없다"

4. 글로벌사업환경 변화와 재도약 전략의 추진 — 338
미국 지주회사 Sam Dong America, Inc 설립 — 338
유럽 시장 석권 목표, 폴란드에 대규모 공장부지를 매입하다 — 338
동가 하락으로 인한 매출 규모의 감소 — 339
R&D 활동 성과와 '三東賞' 시상 — 340
재도약을 위한 목표 설정 — 342
미국 변압기시장 변화 및 삼동의 대응 전략 — 344

고객사와의 협업, 그리고 R&D 활동 강화	344	〈기업현황〉	376
변함없는 인간존중 경영의 실천	346		
가슴 아픈 訃報를 접하다	348	1. 조직 현황	378

Story in History /

그 초연한 모습에 대한 존경심과 두려움

5. 다국적 기업, 글로벌 그룹사로 도약하다 350
유럽공장 준공, 더 넓은 세계시장으로 350
삼동 기술연구소 MgB$_2$ 초전도 선재 1km급 제조 351
성공
세계 경기침체 속에서도 선전을 지속하다 354
해외 사업장들의 독립경영, 자율경영 356
지속적 R&D 활동, 그 역할과 성과 357

6. 불확실성의 시대를 넘어 더 힘찬 미래로 358
글로벌 팬데믹 사태의 발발 358
COVID-19 시대, 국내외 시장상황 358
위기상황 타개를 위한 노력 359
글로벌 팬데믹 상황 속에서도 약진을 이어가다 360
미국 연방정부 발행 「에너지부 보고서」, 삼동을 362
소개하다
'삼동 45년, 경영스토리' 편찬, 후대 경영지침서로 362
전승(傳承)
'2033 대도약 비전', 영속가능경영을 위한 미래전략 364

Epilogue
삼동 반세기 역사에 담긴 의미와 가치 366

2. 국내외 생산기지 현황 388
3. 주요 제품 소개 390
4. 특허 및 인증 내역 392
5. 수상 내역 394
6. 주요 연혁 396

세계로 나아가는 삼동
미래를 열어가는 삼동

'삼동 45년, 경영스토리'에는
글로벌기업 삼동의 반세기 성장역사와 함께
창업주 이이주 사장의 남다른 삶과 꿈,
평생 쏟고 이룬 땀과 정성과 눈물과 성취의
내력들이 고스란히 담겨 있다.

1977년 삼동을 맨손 창업한 후
오늘날 조 단위 매출규모를 지닌
세계적 기업으로 성장시키기까지
그 도전과 시련, 발전과 도약, 위기극복을 위한
격전고투의 과정들은 가히 교훈적이고 감동적이다.

PROLOGUE

반세기 역사를
기반으로

더 넓은 세계,
더 힘찬 미래를 향해

三東 45년,
企業史的 의의

산업용 동선(銅線)제품 분야 세계 최고 수준의 품질과 기술, 생산역량을 갖춘 주식회사 三東(대표이사 李二柱).

일찍이 한국의 산업화시기인 1970년대 창업 이래 국가경제 발전 흐름과 호흡을 함께하며 괄목할 성과를 쌓아온 삼동이 창립 45주년을 맞이하였습니다.

한해에도 수많은 기업들이 생성소멸을 거듭하는 치열한 비즈니스 경쟁 현장에서 반세기 가까운 오랜 세월 동안 지속성장을 이뤄온 삼동 企業史는 그 자체로 이미 적지 않은 의의와 가치를 지닙니다.

돌이켜보면 삼동의 창업과 성장, 시련과 위기극복, 발전과 도약과정은 가히 입지전적이라 할 수 있습니다.

1977년 직원 10명 안팎의 소규모 기업으로 출발하여 현재는 한국과 미국, 유럽 등 국내외 총 8개 생산기지에 1,000여 명 넘는 직원과 조(兆) 단위 매출실적 그리고 CTC(Continuously Transposed Cable) 분야 세계 시장점유율 1위 기업으로 도약한 삼동의 저력과 위상은 유례를 찾아보기 힘듭니다.

특히 급변하는 시대 상황 속에서도 '한길경영'이란 사업철학으로 동선 산업 분야에만 정진하여 장수기업, 장인기업의 면모를 다져온 삼동 45년 경영활동과 기업발전사는 업계의 수범이 될 만합니다.

선진 기술력과 품질 수준

삼동은 그동안 외형의 성장만 이룬 것이 아니라 내실 면에서도 탄탄한 기반과 역량을 다져왔습니다.

1970년대 후반 동선 가공업에 진출, 국내외 시장을 개척하며 글로벌기업으로 지속성장을 이룬 삼동의 저력과 성과는 선구적이고 독보적이었습니다. 특히 동선 사업의 생명이라 할 수 있는 완벽한 품질과 기술을 확보하기 위한 노력면에서는 더욱 그러합니다.

삼동은 지난 45년간 산학협력체제 구축, 국책 연구기관과의 다양한 R&D과제 수행, 해외 선진기업들과의 기술제휴 등 끊임없는 연구개발 노력으로 세계 최고 기술력과 품질수준을 갖추었을 뿐 아니라 고객가치 창출에 전사적 역량을 기울여왔습니다.

그 결과 1993년 연속전위권선(CTC)의 국산화개발을 완료하였으며, 이듬해에는 고전도 무산소동(銅) 국산개발에도 성공, 세계인들이 인정하는 우수한 품질의 동선제품을 생산할 수 있게 되었습니다.

2015년에는 기존의 기술연구소를 확대 개편하여 국가 R&D인프라 집적지인 대덕테크노밸리에 기술연구센터를 설립, 국내외 석박사급 연구진이 신기술, 신제품 개발과 품질향상을 위해 주력하고 있습니다.

특히 미래 신성장동력인 차세대 선재(線材) 개발에 연구역량을 집중, 현재 이붕화마그네슘(MgB_2) 초전도체 상용화 단계를 앞두고 있음은 물론 초고압 변압기용 동선제품의 생산기술 및 품질을 세계적 수준으로 향상시킨 것은 괄목할 성과였습니다.

글로벌시장 개척과
생산기지 확장

5대양 6대주 지구촌 곳곳을 무대로 삼은 삼동의 시장개척 노력 또한 그 활약과 성과가 눈부셨습니다.

삼동은 일찍이 1980년대 중반 싱가포르 진출을 시작으로 2000년대부터는 이 분야 선진시장인 미주, 유럽지역까지 마켓 영역을 크게 넓혔습니다.

날로 증가하는 제품수요에 대비하기 위한 생산효율화 및 시설확충 노력도 선제적, 지속적으로 추진하였습니다.

1992년 충북 음성공장 설립에 이어 1999년에는 경북 문경공장을 설립, 생산역량 증대와 품목다각화를 이루었습니다.

2007년에는 해외시장 공략을 위해 미국 테네시공장을, 2009년에는 오하이오공장을, 2012년에는 조지아공장을 설립하였으며, 2018년에 이르러서는 유럽공장을 준공함으로써 글로벌 생산체제를 갖추었습니다.

이에 따라 삼동은 2010년대 이후 매년 10만 톤 이상의 동선을 생산하며 세계 30개국 주요 기업체에 제품을 수출할 수 있게 되었습니다. 수출실적 또한 꾸준히 증가, 1995년 1,000만 불 수출의 탑 수상을 시작으로 2006년 1억 불 수출의 탑을 수상하였고, 2008년에는 2억 불 수출실적을 달성하는 쾌거를 이루었습니다.

주요 선진국들에 대한 삼동의 시장점유율 또한 거의 독보적입니다.

초고압 변압기용 CTC제품 부문에선 미국의 경우 60%를, 일본 70% 그리고 호주의 경우 무려 100%에 달하고 있습니다. 특히 품질기준이 엄격한 선진국들일수록 국가 기간(基幹) 전력장치에 삼동 제품을 사용하도록 권장할 정도입니다. 이 같은 추세로 볼 때 삼동의 품질과 기술 수준이 세계의 표준이 될 날도 멀지 않았습니다.

삼동의 외형성장 속도와 규모 역시 괄목할 만한 것이었습니다. 삼동은 2012년 모든 기업들의 염원이라 할 수 있는 매출 1조 원을 달성하는 기념비적 성과를 거두었습니다.
특히 산업용 소재 생산기업의 매출규모란 단순히 자체 수익창출 차원에서만 의미를 지니는 것이 아니라, 고용과 세수증대, 연관 산업발전 등 국가 사회적 가치창출로 연결되기에 더욱 중요한 평가지표로 인정받는 것이기도 합니다.
이러한 맥락에서 볼 때 삼동이 그동안 이룬 경영성과의 의미와 가치란 기업 내부적으로는 물론 대외적으로도 자못 크다고 할 수 있습니다.

기업역량과 위상에 대한 대내외적 평가

삼동의 뛰어난 기술역량과 품질수준, 기업경쟁력은 국내외 전문기관 및 언론, 관련 업계에서도 높은 신뢰와 평가를 받았습니다.
2013년 공영방송 KBS가 삼동의 주요 수출국인 미국, 독일, 일본 현지를 직접 취재, 특별프로그램으로 제작, 방영한 〈히든 챔피언〉에서는 삼동을 '전기코일 분야 세계 최고 기술력과 품질을 갖춘 기업'으로 보도한 바 있습니다.
독일을 비롯한 주요 선진국 학회 및 업계에서도 전기코일 관련 세미나, 심포지엄에 삼동 이이주 대표이사를 연사로 초청, 품질전략과 기업성장 비결, 업계의 미래전망 등을 청취하였습니다.
국내 학술연구단체인 한국초전도학회 역시 삼동기술연구소와 지속적 교류활동을 이어감은 물론 〈三東賞〉을 제정, 초전도 기술 연구개발에 기여한 학자들에게 해마다 시상하고 있습니다.

이밖에도 산업자원부를 비롯하여 수출보험공사, 한국산업은행 등 정부 부처 및 금융기관들 또한 삼동을 유망기업, 부품소재 전문기업으로 지정, 미래 성장성을 인정하고 지원하였습니다.

수범적, 선도적 경영활동을 통해 국가로부터 산업발전에 대한 기여 공로 역시 높이 평가받았습니다. 2003년 대통령 표창을 비롯하여 2008년 산업훈장을, 2013년에는 국무총리 표창을 수상, 수훈함으로써 대내외에 기업 성가(聲價)를 더욱 드높였습니다.

노사상생의 경영철학과 기업문화

삼동은 노사상생, 노사 동반성장의 경영철학으로 고용안정과 구성원 복지증진을 위한 노력도 꾸준히 실천해왔습니다.

IMF와 글로벌 금융위기, 국제원자재 파동 등 대내외 경영위기 도래 시에도 고용유지와 임직원 생활안정을 위해 최선의 노력을 다함으로써 노사가 슬기롭게 위기를 극복하고 상생공존 삶의 터전을 다졌습니다. 근로환경 개선과 복지정책 강화 등 구성원 삶의 질 향상을 위해서도 선도적 노력을 기울였습니다.

삼동은 노사 간 상호 존중, 상호 신뢰의 기업문화 속에 매 분기별로 회사의 각종 현안을 근로자들에게 소상히 설명함과 아울러 구성원 의견을 수렴, 경영에 적극 반영하는 등 열린경영시스템을 정착시켰습니다.

업무생산성과 경영효율을 제고하고자 조직의 수평화, 슬림화를 추진, 사원-팀장-중역 직제로 조직체제를 개편함으로써 보다 신속하고 원활한 의사소통과 결정이 이루어지도록 하였습니다.

또한 사내 인적자원 양성 및 글로벌경쟁력 강화를 위해 기술진 교육기회

확대와 모범사원 해외연수를 적극 실시하는 한편 장기근속 직원들에 대한 복지수준도 지속적으로 높였습니다.

특히 삼동은 국내 청년인력을 적극 양성하고 고용안정과 사회의 실업난 해소에 일조하고자 창사 이래 비정규직 근로자 및 외국인 근로자를 단 한 명도 고용하지 않는 기업으로 유명합니다. 이러한 노력의 결과 2012년에는 정부로부터 '고용창출 100대 우수기업'으로 선정되는 영예를 안았습니다.

삼동은 고객과 사회로부터 신뢰받고 사랑받는 기업이 되기 위한 노력도 꾸준히 실천하였습니다.

국내외에서 다양한 사회공헌활동과 친환경경영을 추진하였음은 물론 정도경영, 윤리경영 실천을 통해 기업의 사회적 의무를 다하였습니다.

이에 따라 삼동인들의 애사심과 자긍심, 조직 결속력, 상호 신뢰와 존중의식이 크게 높아지고 공고해진 것도 무형의 소중한 성과이자 자산이라 할 수 있습니다.

특히 삼동의 이 같은 양적, 질적 발전은 '세계 제일의 인재가 세계 제일의 제품을 만든다'는 인간존중, 품질중심, 최고 지향의 기업이념 아래 전 구성원들이 부단한 열정과 노력을 경주, 이룩한 결실이기에 그 의미가 더욱 값집니다.

경영성과 제고와
사회적 기여 효과 창출

삼동이 지난 45년간 이룬 경영성과 못지않게 사업수행 과정에서 결과적으로 창출한 국가사회 기여효과 역시 적지 않았습니다.

국내 거의 유일한 CTC제품 생산 전문기업으로 창업 이후 관련 산업발전과 제품의 품질향상을 위해 선도역할을 다하였음은 물론 부단한 해외시장개척 노력으로 국익창출에 일역을 담당하였습니다. 또한 지속적 기업성장을 실현함으로써 고용창출과 국가세수증대, 지역경제 발전에 이바지하였으며, 우수제품의 개발, 공급을 통해 다양한 사회편익을 창출하였습니다.

'에너지가 있는 곳에 삼동이 있다(Wherever there is energy, there is Sam Dong)'는 슬로건처럼 오늘날 국내외의 수많은 전기전자 시설물과 주요 기기 등에 삼동 제품이 널리 사용되는 것 역시 그동안 삼동인들이 흘린 땀과 열성의 결실로서 충분히 긍지와 자부심을 가질만한 일입니다. 그 과정에서 축적된 다양하고 풍부한 경험과 노하우, 기술력 또한 관련 업계 발전에 밑거름이 될 수 있는 값진 자산입니다.

물론 이와 같은 사회적 기여 성과는 삼동의 이익과 발전을 위한 노력에 부수하여 창출된 가치이지만 결과적으로는 공적 이익, 이타적(利他的) 사회활동으로 귀결되는 것이기에 그 의의는 역시 크다고 할 수 있을 것입니다.

이런 의미에서 볼 때 삼동의 반세기 성장역사는 비단 삼동만의 역사가 아닌 우리나라 산업발전사로서 한 장을 차지한다 해도 지나침이 없을 것입니다.

영속가능기업을 향한 미래비전과 목표

삼동은 2023년 창립 45주년에 즈음하여 지속성장시대를 넘어 영속가능기업으로 도약하기 위한 노력에 박차를 가하고 있습니다.
'기술의 일류화, 품질의 선진화, 경영의 고도화'를 추진함과 아울러 '창의적 기업문화 구현, 주인의식 제고를 통한 조직역량 강화'라는 모토로 초일류 글로벌기업을 향한 약진 속도를 더욱 높여가고 있습니다.
특히 삼동은 향후 10년 내에 '국민기업으로 거듭난다'는 방침 아래 IPO(Initial Public Offering)계획을 수립함으로써 이제 국민 누구나 주인이 될 수 있는 기업, 국민 모두에게 더 큰 신뢰와 사랑받는 기업像 구현을 위해 전력하고 있습니다.
미래비전을 이루기 위한 목표와 전략도 정량화, 구체화하였습니다.
삼동은 2023년부터 2033년까지 10년간을 '삼동 대도약기'로 정하고 '매출 3조 원 달성, 차세대 신성장동력 상용화'라는 중장기 발전전략을 제시하였습니다.
이는 세계 일등을 넘어, 세계 일류를 지향하는 기업이념이자 앞으로 누구도 추격할 수 없는 '초격차 삼동'을 이루겠다는 확고한 경영의지의 천명입니다.
'미래를 알고 싶으면 과거를 보라'는 말이 있습니다.
삼동의 역사를 돌아보면 창업 첫해 불과 1억 원 안팎의 매출로 출발, 2010년대에 이르러선 무려 그 1만 배에 달하는 1조 원의 매출실적을 달성하였습니다. 또한 CTC 부문 글로벌 마켓셰어 1위에 진입한 기술적 성과 등을 감안할 때 이는 충분히 실현가능한 목표입니다.
아울러 삼동은 새로운 사업영토 확장을 위한 해외시장개척 및 고부가가치창출 노력도 한층 가속화할 계획입니다.

차세대 신성장엔진으로 주목받는 초전도체 MgB_2의 연구를 비롯하여 전기차 Wire 같은 e-mobility 제품, 신재생에너지 관련 제품 등의 지속적 개발 및 상용화를 통해 향후 세계 곳곳을 누비며 새로운 블루오션마켓을 적극 발굴, 공략할 계획입니다.

기업의 미래발전을 예측할 수 있게 하는 경영관리 시스템과 방침 또한 시대환경에 맞게 합리적으로 재구축하였습니다.

삼동은 조직의 수평화를 통해 제반 의사결정을 보다 신속, 정확하게 처리함은 물론 모든 사안의 고객 중심적 접근, 품질에 대한 약속 엄수, 공통된 목표설정과 구성원들의 적극적 참여의식 고취 등을 모토로 향후 더 큰 도약을 실현할 계획입니다.

특히 CEO의 재량권을 각 부문 임원, 팀장들에게 대폭 위임함으로써 철저한 자율경영, 책임경영 체제로 경영성과를 제고하는 것 역시 삼동 특유의 효율 우선, 실질 중시의 신경영정책이라 할 수 있습니다.

이처럼 창립 45돌을 맞아 진취적, 역동적 미래전략을 수립, 추진 중인 삼동은 이제 45년 역사를 넘어 향후 100년, 200년 영속가능한 대도약의 새 역사 창조를 위해 더 힘차게 진군해 갈 것입니다.

서장 창업 전 이야기

자립성취를 향한 큰 꿈을 품다

기업의 성장역사는 그 기업을 설립하고 이끌어온 창업주 삶의 역정(歷程)과 궤를 같이 한다. 특히 민간기업의 경우 창업을 계획, 준비, 실행하는 단계에서부터 기업을 성장발전시키는 전 과정이 대저 창업주 의지와 결단, 노력에 의해 이루어지기 때문이다. 주식회사 삼동의 경우 역시 창업주 이이주 사장 삶의 내력과 활동 역정이 곧 삼동 반세기 역사이자 성장스토리라 할 수 있다.

1. 삼동 45년, 그 태동기의 조명

기업위상에 비례하는 경영역량

'세계 제일의 사람이 세계 제일의 제품을 만든다'는 경영철학 아래 주식회사 삼동을 산업용 동선(銅線)제품 분야 세계 1위 기업으로 성장시킨 이이주 사장.

그의 경영역정과 삶의 내력을 돌아보면 사람이 가슴 속에 단단히 품은 꿈과 열정, 그것을 이루기 위한 쉼 없는 노력이 후일 얼마나 큰 성과를 창출하는지 여실히 실감할 수 있다.

현대 경영학의 구루(Guru)로 불리는 피터 드러커 교수는 '기업이란 경영자의 노력과 역량, 인품의 크기만큼 발전한다.'고 말한 바 있다.

이 같은 의미에서 볼 때 오늘날 삼동이 이룬 우뚝한 기업위상, 찬연한 경영성과는 결국 기업주의 역량과 노력, 인품의 크기라고 바꿔 말해도 틀리지 않다.

일찍이 20대 청년 시절 동선 가공업에 뛰어들어 반세기 가까운 세월 동안 한길만 달려온 이이주 사장.

오직 자립성취의 일념 아래 사업활동에만 전력, 삼동을 글로벌 선진기업으로 도약시킨 이 사장의 경영스토리는 자못 교훈적이고 감동적이다.

이 사장이 삼동을 창업한 때는 1977년이지만 창업동기와 계기, 준비과정 등을 조명, 정리하려면 그 이전 시간으로 거슬러 올라가야 한다. 또 그러기 위해서는 먼저 이 사장의 태생배경과 성장환경 등 삶의 주요 이력부터 살피는 것이 마땅한 순서다.

열악했던 성장환경을 미래 성취 기반으로

사람의 출생배경이나 성장여건은 향후 삶의 의지와 행동양식을 정립함에 있어 중요하게 작용한다.

특히 성장기 어려운 환경을 극복하고 자립성취를 이룬 이들의 경우 과거 겪은 시련과 고난의 경험이 오히려 삶의 의지를 북돋우고 강화시키는 동력으로 작용하는 예가 많다.

'세상 대부분의 성취는 역경 속에서 이루어진다'는 역사학자 토인비의 말도, '하늘은 크게 쓸 인물에게는 반드시 고난과 시련을 먼저 내린다'는 맹자의 말도 같은 맥락이다. 사람은 일찍이 어렵고 힘든 삶의 과정을 체험함으로써 그 정신의지가 더욱 강하게 단련된다는 의미다.

삼동 창업자 이이주 사장 역시 숱한 고난과 시련을 극복하고 자립성취를 이룬 인물이다.

하지만 이 사장의 경우 그것이 단순 정신의지 단련을 위한 과정이라고 하기엔 어린 시절부터 겪은 아픔과 상처가 너무 크고 깊었다.

적빈(赤貧)에 가까운 집안형편과 유아기 생모와의 사별, 계모의 냉대 그리고 유약한 몸으로 소년기부터 감당해야 했던 온갖 노동일 등은 어린 그로서는 견디기 힘든 고통이었다.

특히 먹고 입는 것마저 걱정해야 할 만큼 지독했던 가난은 무엇보다 그를 힘들게 했다. 당시 세 살 터울로 줄줄이 태어난 이 사장의 다섯 형제남매들은 삼시 세끼 끼니를 해결하는 것이 급선무였다. 장래의 꿈과 희망 같은 것을 갖는다는 건 차라리 사치스런 관념이고 상상이었다.

후일 이 사장의 회고에 따르면 '그 시절 내 유일한 소망은 노변의 천막극장에서라도 영화 한 편 보는 것'이라고 말했을 만큼 일찍이 뼈저린 궁핍을 몸소 체험했다.

그러나 사람은 자신에게 닥친 고난과 시련이 도를 넘을 경우 일종의 오기와 강단, 새로운 도전의지 같은 것이 생기는 법이다.

이 사장 역시 가난으로 인해 겪은 심신의 고통이 너무 크다 보니 10대 중반에 이르러서는 '어떻게든 도회지로 나가 돈을 벌어 야간학교에라도 다니며 스스로 미래를 개척해야겠다'는 생각을 갖게 되었다. 장래 자신이 살 길은 '오직 열심히 돈을 벌고 공부를 하는 것뿐'이라는 의지를 마음속에 점차 굳히게 된 것이다.

오늘날 조 단위 매출 기업을 일구게 된 이 사장의 강한 정신의지는 이때부터 그 기

01. 이이주 사장이 태어나고 자란 경남 남해군 삼동면 금송리 마을 전경.

01.

이이주 사장이 태어나고 자란 삼동면 금송리 마을은 약 100여 호의 농가(農家), 어가(漁家)들이 중간 평지의 논밭을 사이에 두고 양쪽 산기슭에 모여 살았다.
그야말로 옹기 굴에 옹기가 앉듯 옹기종기 집들이 들어앉아 다들 서로 몸을 부대끼며 가난하게 살아가던 농어촌이었다.

초가 다져지고 싹을 틔우기 시작했다고 해도 틀리지 않는다.

이후 이 사장은 숱한 시련과 위기, 우여곡절을 겪으면서도 결국 스스로의 의지와 노력만으로 그러한 꿈을 이뤄냈다.

사람들은 흔히 '타고난 가난의 운명이란 마치 천형(天刑)과 같은 것이어서 누구도 거기에서 벗어나기 힘들다'고 얘기한다. 하지만 이 사장 삶의 내력과 결과를 돌아보면 사람이란 그 의지와 노력, 역량 여하에 따라 자기 운명을 스스로 개척하고 전환시킬 수 있음을 알게 해준다.

또한 이 사장은 그런 실증적 사례를 몸소 실천하고 보여줌으로써 어려운 환경에 처한 후인들에게 삶의 용기와 희망을 가질 수 있도록 영향을 준 우리 사회 몇 안 되는 인간승리의 표상이라 할 수 있다.

2. 창업주의 성장기 이야기

가난한 농가의 막내아들로 태어나다

이이주 사장은 1949년 경남 남해군 삼동면 금송리 815번지에서 부친 이해근 선생과 모친 박명아 여사 슬하 2남 3녀 중 막내로 태어났다.

당시만 해도 다들 먹고 살기 힘든 시절이었고, 시골에선 달력조차 구하기 어려운 때이다 보니 이 사장은 실제 자신이 몇 월 며칠에 태어났는지 정확한 생일조차 모르고 자랐다. 후일 조부께서 적어둔 빛바랜 한지(韓紙) 기록을 발견하고서야 겨우 자신의 진짜 생일을 알 수 있었을 정도였다.

이 사장의 본관은 전주(全州), 조선 왕조 소현세자 12세손으로 이른바 명문 왕가의 후예다. 그러나 선대조가 조정의 권력다툼에 휘말려 남해로 유배를 오게 됨에 따라 이때부터 변방에 터를 잡고 정착하게 되었다.

당시 선대조께서 후손들에게 전한 유훈(遺訓)이란 '너희들은 절대 한양으로 가지

01. 경남 남해군 삼동면에 위치한 이이주 사장의 선조 소현세자 남해문중 묘역.

01.

이 사장의 본관은 전주(全州), 조선 왕조 소현세자 12세손으로 이른바 명문 왕가의 후예다. 그러나 선대조가 조정의 권력다툼에 휘말려 남해로 유배를 오게 됨에 따라 이때부터 변방에 터를 잡고 정착하게 되었다.

말고 이곳에서 농사나 짓고 살라'는 것이었다. 자칫 정쟁(政爭)에 휘말려 자신과 같은 처지가 될 것을 우려한 당부였다. 그러다보니 후손들의 빈한한 삶은 필연적일 수밖에 없었다.

이 사장의 고향 남해군은 한반도 끝자락 두 개의 섬으로 이뤄진 작은 고을이었다. 예부터 유배지로 알려졌을 만큼 외지고 적막한 곳이었다.

특히 이 사장이 태어나고 자란 삼동면 금송리 마을은 약 100여 호의 농가(農家), 어가(漁家)들이 중간 평지의 논밭을 사이에 두고 양쪽 산기슭에 모여 살았다. 그야말로 옹기 굴에 옹기가 앉듯 옹기종기 집들이 들어앉아 다들 서로 몸을 부대끼며 가난하게 살아가던 농어촌이었다.

지금은 옛 정취가 깃든 소담하고 정겨운 마을풍경으로 보이지만, 성장기 극한의 빈궁함에 쪼들렸던 이 사장에게는 어릴 때부터 고향의 모습이란 그저 막막하고 답답하고 쓸쓸하고 황량하게만 느껴졌던 곳이었다.

사춘기 시절 가끔 먼 산봉(山峯), 아득한 바다를 마주하고 서면 가슴 속에서 알 수 없는 한(恨) 같은 것이 솟아나곤 했다.

이 사장이 오랜 세월이 흐른 후에도 고향에 대한 그리움과 애착심을 각별히 갖지 않는 이유 역시 이처럼 너무도 아프고 힘든 성장기의 기억들이 머릿속에 남아있는 때문이다.

가슴 아픈 生母와의 사별

이이주 사장이 태어난 이듬해엔 6.25전쟁이 발발, 가뜩이나 먹고살기 힘든 이들을 더욱 힘들게 했다.

당시 이 사장 집안 역시 아버지가 소작한 농산물과 가축 등을 외지에 내다 팔아 근근이 생계를 이어가는 상황이었다.

설상가상 이 사장이 세 살 되던 해엔 어머니께서 여동생을 출산하시다 산고(産苦)로 동생과 함께 세상을 떠나셨다. 그 시절은 워낙 집안형편이 어렵다 보니 외지 병원을 찾아 의료혜택을 받는다는 것은 엄두를 못 낼 때였다.

그야말로 어느 한 순간 자기 정신과 육신의 뿌리인 모태(母胎), 모체(母體)를 잃어버린 것이었다.

생모의 타계는 이 사장 가슴에 평생 한이 되어 남았다. 어머니의 사랑을 받고 자라기는커녕 어머니 모습조차 기억 못하게 되었으니 참으로 통절할 일이었다.

이때부터 이 사장은 아버지가 재혼을 하던 다섯 살 무렵까지 누나들의 돌봄 속에 자랐다. 당시 아버지는 생업에 늘 바쁘다보니 이 사장을 자상히 챙길 형편이 못 되었다.

더러 늦은 밤 이 사장이 어머니를 찾으며 보챌 때면 잠시 품에 안아 달래주고 재워주는 것이 전부였다.

이 사장이 남보다 일찍 그리고 스스로 강한 자립의지를 지니게 된 배경과 연유 역시 유년기 이러한 성장환경에 따른 일종의 생존본능 같은 것의 발현이라고도 할 수 있었다.

계모와의 만남과 갈등

사람 운명이란 주로 인연에 의해 달라지게 되는 경우가 많다.

언제 어디서 누구와 어떤 관계로 만나느냐에 따라 인생행로가 바뀌기도 하고, 삶에 큰 영향을 받기도 한다.

인연이란 그처럼 때로 아름답고 소중하게, 또 때로는 아프고 힘들게 시작되고 이어지는 것이었다.

특히 이이주 사장의 경우 어렸을 때는 물론 성장한 후 사업을 하던 시기에 이르기까지 유독 그런 인연들이 많았다. 우연히 고마운 분들을 만나 큰 도움을 받은 경우가 있었는가 하면 그 반대인 경우도 더러 있었다.

이 사장 생애 첫 번째 타인과 인연이랄 수 있는 계모와의 만남 또한 소년기에는 물론 이후로도 그의 삶과 정신에 상당한 영향을 미쳤다.

계모는 이 사장이 다섯 살 때 자신이 낳은 딸 한 명을 데리고 이 사장 집안으로 들어왔다. 원래는 일본인 사업가와 결혼하여 일본에서 살았으나 이런저런 사정으로 이혼을 한 후 아버지와 재혼한 것이다.

가난한 농가에, 그 또한 전처 소생의 5남매가 줄줄이 딸린 집안에 딸까지 한 명 데리고 들어왔으니 이후 식구들 간 얼마나 많은 곡절과 사연이 있었을지 짐작하고도 남을만한 일이었다.

계모는 당시 사춘기에 접어든 이 사장 누님들과 불화가 잦았다. 아버지께서도 이런 사정을 대략 짐작하고는 있었으나, 그저 중간에서 난감해할 뿐 별다른 대책이 있을 리 없었다.

계모와 심한 갈등을 겪기는 이 사장 역시 마찬가지였다.

열 살이 넘은 후부터는 계모와의 불화로 다니던 학교를 그만두고 몇 번씩 가출을 결행하는 등 많은 심적 고충을 겪었다.

그 시절 계모의 구박과 냉대로 서운하고 속상하고 힘들었던 사연들을 일일이 열거하자면 그야말로 끝이 없을 정도다.

특히 이 사장은 어릴 때부터 제대로 먹지를 못하고 자라다 보니 체구가 왜소하고 약했다. 그런 그에게 초등학교 시절부터 날이면 날마다 지게를 지워 풀을 베고 나무를 해오게 하는 등 힘든 노동을 시킨 일이나 또는 학교에 납부할 공납금을 제때에 주질 않아 온갖 곤란을 겪게 한 일, 학창 시절 집안일을 거드느라 소풍 한 번 가보지 못했던 일 등은 두고두고 아픈 기억으로 남았다.

하지만 또 한편 생각해보면 이 역시 계모의 인성이 특별히 나빠서라기보다 당시 워낙 어려운 집안환경 속에서 경제적으로 쪼들리며 생활하다 보니 모든 것이 부족하고 불편한 데에서 기인된 일들이라고도 할 수 있었다. 특히 그 시절엔 할아버지의 여러 형제들까지 이 사장 집과 이웃해 살았고, 그러다 보니 계모는 때 아닌 층층시하 시집살이를 해야 하는 상황이라 온갖 고충이 컸을 터였다.

후일 이 사장이 계모와 화해를 하고, 노후 생활비까지 넉넉히 보내드리게 된 것도 이러한 저간의 사정을 이해했기 때문이었다. 이에 더해 이 사장은 '어릴 때부터 계

STORY IN HISTORY

나뭇짐, 풀짐을 져 나르던 어린 시절

이이주 사장이 어린 시절 가장 감당하기 힘들었던 일은 바로 고된 육체노동이었다.

이 사장은 여름철이면 학교에서 돌아오기 무섭게 산에 올라 가축들 먹일 풀을 베어 와야 했고, 겨울철이면 또 땔감 장만하느라 바쁘고 고달픈 나날을 보내야 했다. 특히 한겨울 가파른 산기슭을 오르내리며 나무를 하는 일은 더없이 힘겨웠다. 이 사장은 지게를 진 채 이 산 저 산을 헤매 다니며 낫으로 하나 둘 나뭇가지를 베어 나뭇단을 만들고, 그것을 등짐으로 져 날라야 했다. 그 시절은 장갑조차 살 돈이 없다 보니 고사리 같은 시린 손을 호호 불며 억센 나뭇가지들을 베어모으다 보면 양손은 늘 상처투성이였다. 왜소한 체구로 나뭇짐을 지고 산비탈을 내려올 때면 넘어지기 일쑤여서 온 몸엔 여기저기 멍 자욱 지워질 날이 없었다.

이 사장은 이처럼 힘겨운 육체노동을 초등학교 시절부터 고등학교를 마칠 무렵까지 거의 날마다 계속해야만 했다. 더러 학교에서 조금이라도 늦게 집으로 돌아오는 날이면 어김없이 계모의 불호령이 떨어졌다. 그야말로 집이 아니라 강제노동수용소나 다름없었다. 이런 노역, 고역은 어린 이 사장에겐, 특히 몸이 약했던 이 사장에겐 신체적 고통의 수준을 넘어 혹독한 고문에 가까운 것이었다. 또한 그것은 일면 스스로의 한계를 넘어서고 이겨내는 극기 훈련 같은 것이기도 했다.

이 사장은 이때부터 '앞으로 어떻게든 이 힘든 생활에서 벗어나 좀 더 사람다운 삶을 살아야겠다'는 의지를 다지게 되었고, 웬만큼 힘든 일은 참고 견뎌낼 수 있는 인내력을 지니게 되었다. 그리고 사람이 단순 노동만 해서는 몸만 고달플 뿐 특별한 발전이나 성과를 얻기 힘들다는 이치도 일찍이 체험으로 깨달았다.

이후 이 사장이 기업을 경영하면서도 단순 인력에만 의존하는 작업공정은 가능한 줄이고, 공장자동화를 적극 추진한 것 역시 어릴 때의 이런 힘든 경험을 했던 것과 무관하지 않다.

이이주 사장이 어린 시절 날마다 풀짐, 나뭇짐을 지고 오르내렸던 금송리 주변 산과 들

모의 그런 냉대가 있었기에 내가 일찌감치 강한 자립의지를 갖게 된 것'이라며 과거 기억을 긍정적으로 술회하기도 했다.

하지만 한창 감수성이 예민하던 시기, 계모와의 갈등은 이 사장에게 견디기 힘든 고통이었고 또한 수십 년이 지난 지금까지 기억 속에서 못내 지워지지 않는 큰 상처로 남아있음은 어찌할 수 없는 일이기도 하였다.

학창 시절 고마웠던 선생님들

이이주 사장과 계모와의 인연이 그렇듯 힘들고 아픈 것이었던 데 반해 어린 시절 학교에서 맺은 선생님들과의 연(緣)은 평생 소중히 간직할 만큼 감사하고 은혜로운 것이었다.

이 사장은 가난한 집안형편 속에서도 다행히 고등학교까지의 교육과정을 어렵사리 마칠 수 있었다. 이는 그나마 초·중·고등학교가 모두 같은 면(面) 내에 있었기에 가능한 일이었다. 즉, 외지로 나가지 않고도 고향집에서 일단 걸어서 통학이 가능했던 덕분이었다.

이 사장의 학창 시절 역시 숱한 곡절과 만남, 소중한 인연들이 맺어지고 이어졌다.

우선 첫 번째 기억되는 고마운 분은 초등학교 1학년 때의 담임 하종근 선생님이었다.

선생님께서 학생들에게 늘 강조했던 점은 바로 정직함이었다. 사소한 거짓말이라도 거짓말은 절대 용서치 않으셨다.

하루는 학생들에게 '오늘 세수를 하고 등교한 사람 손 들라'고 하셨다.

그 시절엔 워낙 가난하게들 살았고, 위생이나 청결에 대한 관념 또한 부족하다 보니 세수를 하지 않은 채 등교하는 학생들이 적지 않았다.

선생님 말씀에 이 사장을 포함하여 몇몇 학생이 손을 들었다. 그러자 선생님께서는 각자의 얼굴 상태를 일일이 확인했고, 그중 일부는 거짓임이 들통 나 벌을 받았.

이 사장 차례가 되자 선생님은 그의 꼬지지한 모습을 한참 바라보더니 '네가 세수

01. 이이주 사장이 어린 시절 살았던 집.

01.

가난한 농가에, 그 또한 전처 소생의 5남매가 줄줄이 딸린 집안에
딸까지 한 명 데리고 들어왔으니 이후 식구들 간 얼마나 많은 곡절과
사연이 있었을지 짐작하고도 남을만한 일이었다.

한 것을 증명할 수 있느냐?'고 물으셨다.

이 사장은 그날 아침에도 집안 농사일을 돕느라 땀을 많이 흘린 탓에 형님과 함께 개울에서 세수를 하고 온 터였다.

이 사장은 '형님께 물어보면 알 수 있다'고 대답했고, 선생님은 같은 학교 4학년에 다니던 형을 불러 물어본 결과 사실임을 확인하였다. 아울러 선생님께서는 어린 이 사장이 매일 아침 일찍 일어나 집안의 농사일을 도우며 힘들게 생활한다는 사실도 알게 되었다.

이 일을 계기로 선생님께서는 늘 이 사장을 각별히 보살펴 주셨고, 용기와 격려를 아끼지 않으셨다.

이 사장 역시 비록 어린 나이였지만 사람이 정직한 자세를 지니고 주변인들에게 신뢰를 얻는다는 것이 얼마나 중요한 일인지를 마음속에 깊이 새기게 되었다.

두 번째 고마운 연으로 기억되는 분은 중학교 2학년 때 수학 선생님이셨다. 미국 대통령이었던 존 F. 케네디를 닮은 젊고 멋진 분이셨다.

선생님께서 학교에 부임한 후 첫 수학시간, 여러 학생들을 앞에 두고 말씀하셨다.

"너희들 중 소수점의 정의를 말할 수 있는 사람 있으면 손 들어보라!"

일순 침묵이 흘렀다. 45명 정도 되는 반 아이들 가운데 아무도 손 드는 학생이 없었다.

이때 이 사장이 손을 번쩍 들고 대답했다.

"1보다 작은 수를 나타내기 위한 기호입니다."

그러자 선생님께서는 이 사장을 한참 물끄러미 바라보시더니 여러 학생들 앞에서 '아주 대견하다'며 칭찬해주셨다.

사람이 어떤 개념이나 문제를 응용하고 풀기는 쉬운 일이지만, 그에 대한 정의(定義)를 내리고 설명하기란 어려운 법이다. 예컨대 우리가 일상적으로 흔히 사용하는 단어들에 대해서도 막상 그 단어에 대한 정의를 내려 보라면 이를 명확히 말하기란 어렵다. 이는 어떤 개념이나 명제에 대해 그 근본원리를 이해해야만 가능한 일이기 때문이다.

01. 이이주 사장이 졸업한 경남 남해군 삼동면에 위치한 지족초등학교.
02. 이이주 사장이 졸업한 남수중학교와 남해수산고등학교 교정 모형(현 경남해양과학고등학교 1층에 보존되어 있다.).
03. 이이주 사장이 졸업한 남수중학교 및 남해수산고등학교 교정(현재 경남해양과학고등학교로 교명 변경).

01.

02.

03.

이때부터 이 사장은 수학선생님으로부터도 각별한 보살핌과 함께 크고 작은 배려를 많이 받았다.

범상치 않았던 소년 시절의 모습

이이주 사장은 어린 시절 학교 선생님은 물론 동네 어른들이나 친구들로부터도 남다른 신뢰와 인정, 귀염을 받는 경우가 많았다. 물론 여기엔 생모(生母) 없이 자란 그에 대해 주변인들의 측은지심 같은 것도 작용했을 터였다. 즉, 그의 성장과정을 아는 이들은 아는 이들대로, 모르는 이들은 또 모르는 이들대로 어린 이 사장에게서 풍기는 애틋한 연민의 분위기, 특유의 진실함과 선량함 같은 인성을 감지한 때문이기도 했을 것이다. 또한 어린 시절부터 남달리 귀티가 나고 총명하게 생겼던 그의 외적 모습도 한몫했을 터였다. 이웃에 살던 고모님들의 경우 이 사장을 만나기만 하면 '어린 것이 불쌍하다'며 하도 붙잡고 우셔서 곤혹스러울 때가 한두 번이 아니었으며, 다른 친척 어른들로부터도 많은 귀염을 받았다.

평소 성정과 자세 또한 매우 신중했으며, 무엇보다 성실하고 예의 발랐다. 그러다 보니 동네 친구들은 물론 심지어 집안의 형과 누나들조차 이 사장을 함부로 대하지 못하고 어려워했다.

두뇌 역시 총명했다.

이 사장은 학창 시절 날마다 집안일을 도와야했기에 따로 공부할 시간 여유가 거의 없었다. 그럼에도 성적은 늘 상위권을 유지했다.

이 사장이 좋아했던 과목은 국어 과목이었고, 장래 문학을 공부하고 싶다는 막연한 꿈을 갖기도 했다.

특히 시골에서만 자라다보니 도회지에 대한 동경심이 컸다. 그때까지 가보지 못한 서울구경을 꼭 한번 해보고 싶다는 소망을 늘 마음 한편에 지니고 살았다.

그러던 중 마침내 기회가 왔다.

중학교 3학년이 되자 서울로 단체 수학여행을 가게된 것이다. 학교에서 정한 수학여행 비용은 1인당 3,000원이었다. 당시로선 쌀 한 가마니 값에 이르는 큰돈이었다.

이 사장은 일면 걱정을 하면서도 또 한편 기대에 부풀어 계모에게 비용 마련을 부탁했다. 그러나 돌아온 대답은 역시 일언지하 거절이었다. '돈이 없다'는 것이었다.

이 사장은 크게 낙담하여 수학여행을 포기할 수밖에 없다고 생각했다.

그러던 중 당시 동네 이장 일을 맡아보시던 친구의 아버님께서 소식을 전해 듣고 계모를 설득하기 시작했다. 그리고 수학여행 하루 전날에야 어렵사리 계모 승낙을 얻게 되었다.

이 사장은 크게 기뻐하며 즉시 담임선생님께로 달려가 이 소식을 전했다. 그리고 가까스로 수학여행 길에 합류할 수 있었다.

하지만 당시 계모가 이 사장에게 못이기는 척 비용을 마련해준 데에는 나름의 계산이 깔려있었다. 그것은 바로 서울로 수학여행을 보내주는 대신 고등학교 진학을 포기하게 하기 위함임을 이 사장은 이후에야 알게 되었다.

어렵사리 고등학교에 입학하다

이이주 사장은 중학교를 졸업한 후 결국 계모의 뜻에 따라 고교진학을 포기해야만 했다.

크게 상심한 이 사장은 무작정 집을 나와 가까운 도회지였던 부산으로 내려갔다. 하지만 당장 먹고 잘 곳이 없게 되자 음식점 점원으로 취직, 식당의 접시닦이와 잔심부름 등을 도맡아 하며 근 두 달여를 생활했다.

이때 도움을 준 이가 나타났다. 그는 공교롭게도 계모가 집안에 데리고 들어온 딸 즉, 이 사장과 성도 배도 다른 누나였다.

이 사장보다 네 살 위인 그녀는 계모와 달리 평소 이 사장을 친동생처럼 여기고 자상히 대해주었다. 그 역시 피붙이 형제가 없다 보니 어린 이 사장을 살갑게 보살폈을 터였다.

그랬던 그녀가 이 사장의 처지를 딱하게 여기고 '어떻게든 이주를 고등학교에 진학할 수 있게 해달라'며 계모를 조르고 설득한 것이었다.

그녀는 이 사장을 찾아와서도 '남자란 최소 고등학교까지는 졸업해야 한다'며 다시 집으로 돌아갈 것을 강권했다.

이 사장은 결국 누나의 손에 이끌려 다시 남해로 돌아왔다. 그리고 남들보다 두 달쯤 늦게야 어렵사리 남해수산고등학교(현 경남해양과학고등학교)에 진학할 수 있었다.

가장 힘들었던 漁撈科 실습과정

남해수산고등학교는 이이주 사장이 입학할 당시 어로과와 기관과 2개과로 나뉘어져 있었다. 이 사장은 어로과에 입학했다.

적성에 맞고 안 맞고를 따질 계제가 아니었다.

집안형편상 외지에 있는 인문계 고등학교 진학은 꿈도 못 꿨고, 일단 취업을 하여 먹고 사는 일이 급했기 때문이다. 따라서 같은 지역 소재 실업계 고교 진학은 필연이었다.

그러나 고등학교 시절의 생활 역시 중학교 때와 별다를 것이 없었다.

집안 살림은 늘 가난했고, 심지어 도시락조차 가져가기 어려워 친구들이 점심을 먹을 때면 수돗가에 나와 홀로 물을 마시며 허기를 달래곤 했다. 그리고 수업이 끝나면 곧장 집으로 돌아가 지게를 지고 풀을 베거나 나무를 해야만 했다. 굶주림과 헐벗음의 고통이 얼마나 큰 것인지를 어린 이 사장은 뼈저리게 절감했다. 또한 당시엔 시계를 구하기도 어려워 산에 풀을 베거나 나무를 하러 갈 때면 멀리서 들리는 부산행 연락선 기적소리를 들으며 대략 시간을 가늠하곤 했다.

그처럼 어렵고 힘들게 보낸 고등학교 시절, 이 사장 기억 속에 가장 뚜렷이 남아있는 일은 바로 어로과 실습과정이었다.

당시 학생들은 바다에서의 실제 조업과정을 체험하기 위해 1주간 생존훈련과정과 5주간 어로실습과정을 거쳐야만 했다.

01. 고등학교 재학 당시의 이이주 사장.
02. 이이주 사장이 수학했던 3학년 1반 교실.
03. 정석권 담임선생님과 함께한 3학년 1반 친구들.

01.

02.

03.

서장/창업 전 이야기

그중 꼬박 5주 동안을 배안에서 생활해야 하는 어로실습과정은 참으로 힘든 고행이었다. 특히 배 멀미가 심했던 이 사장으로선 실로 끔찍한 경험이었다. 5일도 아니고, 무려 5주 동안을 그저 먹고 토하는 과정의 반복이고 연속이었기 때문이다.

이 사장은 지금도 그때를 생각할 때면 '살아서 뭍으로 돌아온 것이 다행'이라 말할 만큼 고통스런 기억을 지니고 있다.

실습을 마치고 뭍에 첫발을 디디는 순간 다리에 힘이 풀려 제대로 서 있을 수조차 없을 정도였다. 그야말로 초주검이 되어 돌아온 것이었다.

이 사장은 이때부터 깻잎 반찬은 절대 입에 대지 않는다.

당시 실습선 안에서는 깻잎을 저린 반찬이 매일 나왔고, 이를 먹은 후 토할 때면 그때마다 코에 깻잎 냄새가 진동하여 견디기 힘들었던 때문이었다.

고3 시절 가출과 담임선생님의 따뜻한 배려

이이주 사장이 고등학교 졸업을 몇 달 앞둔 즈음 안타깝게도 또 다시 가출을 결행할 수밖에 없는 상황이 발생하였다.

학생들의 기능사 자격시험을 앞두고 관할 교육청에서 시험 감독관이 학교로 출장 나오게 되어 있었다.

요즘과는 관행이나 문화가 많이 다르다보니 학교에서는 감독관을 대접하고자 각 학생들에게 약간씩의 비용을 추렴하였다. 일면 부당한 측면도 있었으나 또 한편 이는 학교와 학생들을 위한 선의에서 추진된 일이기도 하였다.

이 사장은 그 돈을 학교에 내고자 계모에게 사정을 얘기했다. 그러나 계모는 또 다시 '안 된다'며 딱 잘라 거절했다.

문제는 여기에서 그치지 않았다. 성정이 여간 아니었던 계모는 즉시 학교로 달려가 심하게 항의했고, 결국 이 사실이 여러 사람들에게 알려지면서 말썽이 나게 되었다.

선생님들 입장이 몹시 난처해졌다. 학교의 취지가 어떠했든 간에 계모의 항의는 일단 명분이 있었기 때문이었다.

상황이 이쯤에 이르자 가장 입장이 곤란해진 것은 이 사장이었다. 선생님들은 물론 동료학생들을 대할 면목이 없었다. 전후 사정이 어떻든 간에 결국 모든 일이 자신으로 인해 벌어진 것이기 때문이었다. 죄송하고 민망하기 짝이 없었다.

'어찌할 것인가?'

이 사장은 고민에 고민을 거듭하다 결국 집을 떠나기로 결심하였다.

계모의 항의로 문제가 불거져 관계기관에서 조사가 나오거나 대면질문 등으로까지 이어질 경우 여러 사람들이 곤경에 처할 것이기 때문이었다. 그러나 당사자인 자신만 사라지고 나면 문제가 더 이상 커지지 않고 잠잠해질 수도 있겠다 싶었다.

이 사장은 결국 기능사 자격시험과 고등학교 졸업을 얼마 앞두지 않은 상황에서 학교를 그만두고 다시 부산으로 내려가기로 작정했다. 그리고 평소 자신을 아껴준 정석권 담임선생님을 찾아가 이런 생각과 사정을 모두 털어 놓고 양해를 구했다.

선생님께서도 당시로선 별달리 해결방안이 없었던 터라 '그럼 일단 네가 잠시 자리를 비운 뒤 학교졸업 문제 등은 차후 의논하자'며 몹시 안타깝고 미안한 표정으로 진심어린 위로를 해주셨다. 그리고 이 사장이 마을 어귀를 벗어날 때까지 선생님은 한참 동안 문밖에 서서 손을 흔들어 주셨다.

이 사장은 50여 년이 지난 지금도 '당시 정석권 선생님의 그 모습만 생각하면 눈물이 절로 난다'고 회고하였다.

결국 이 사장은 그렇게 하여 두 번째 가출을 결행하게 되었다. 하지만 특별히 갈 곳이 없었다. 어디 취직이라도 하여 생계를 해결하려면 그나마 가까운 도시인 부산으로 내려가야 하는데 부산까지 갈 차비조차 없었다.

이 사장은 부득이 인근 지역에 사시던 누님 댁에 들렀다. 누님 역시 가난한 집안으로 출가해 어렵게 살고 계셨다. 사정을 듣고 난 누님께서는 안타까운 표정으로 쌀 한말을 퍼주시며 '부디 어디에 가서든 잘 지내라'고 신신당부했다.

이 사장은 그 쌀을 팔아 여비를 마련한 후 부산으로 내려왔다. 그리고 마침 고향

지인의 소개로 식당에 취직을 했다. 중학교 졸업 이후 두 번째 식당 취직이었다.

이 사장은 당분간 그곳에서 일하며 일정 비용을 마련, 반드시 서울로 올라가 야간대학이라도 다니며 공부를 계속할 생각을 다졌다. 그리고 정석권 선생님께 '잘 도착해서 열심히 일하고 있다'는 인사 편지를 드렸다.

후일 이 사장 회고에 따르면 '당시 편지를 받은 정 선생님께서는 교사회의를 열었고, 어떻게든 이이주 학생에게는 학교 졸업장이라도 주도록 하자'는 결론을 내렸다고 술회하였다.

이 사장은 일단 서울로 올라가 일정 기간 지낼 수 있는 생활비를 마련하고자 식당에서 열심히 일했다. 약 두 달 남짓 그렇게 일을 하고 나니 수중에 얼마간 돈이 모였다.

'이젠 서울로 올라가 취직을 한 후 야간대학이라도 다니며 공부를 계속할 길을 찾아볼 수 있겠구나'하는 생각이 들었다.

이에 주인을 뵙고 자신의 그런 결심을 전하며 식당을 그만두겠다는 인사를 했다. 그 주인도 정이 많고 마음이 따뜻한 분이었다.

"자네 생각이 정 그렇다면 서울로 올라가 공부한 후 꼭 성공하라"는 격려의 말과 함께 한달 치 월급을 더 얹어 주었다.

그리고 뒤이어진 주인의 말에 이 사장은 결국 왈칵 눈물을 쏟고 말았다.

"사실 얼마 전 자네 고등학교 담임선생님께서 나에게 편지를 보내왔었네. 그리고 자네가 얼마나 바르고 참된 사람인지 자세히 설명하시며 잘 좀 보살펴 달라고 신신당부를 하셨네. 부디 선생님의 기대에 어긋나지 않기 위해서라도 앞으로 꼭 바르고 훌륭한 사람이 되게."

이 사장은 이 말을 뼛속 깊이 새기며 서울행 기차에 몸을 실었다.

고향에 대한 小考

세상에서 가장 흔한 말 중 하나가 '수구초심' 즉, 모든 출향인들은 평생 고향을 그리워한다는 말일 것이다. 고향이란 자신의 정신과 육신이 형성되어 나고 자란 심신의 발원지이며, 자기 정체성을 확인할 수 있는 본래의 출발지점이기도 하다.

이이주 사장 역시 '어릴 때 하도 고생만 하고 자라서 고향에 대한 애정이나 향수가 거의 없다'고 늘 말하지만, 그래도 그의 사유 근저(根底)에는 고향에 관한 의식정서가 어느 정도는 잠재해 있을 터이다. 이 사장은 서울에 올라와 사업을 하는 동안에도 고향에 자주 가지는 못했으나 선산의 제각(祭閣) 건립비용에서부터 모교의 학습시설 구입비 등에 이르기까지 남모르게 지원을 많이 했고, 삼동이란 회사명 또한 그의 고향마을 지명을 인용, 작명한 것이란 점에서도 이를 짐작할 수 있다.

단지, 출향 후 오랜 세월이 흐르다보니 어릴 때 친구나 지인들이 거의 남아있지 않는데다 마을 모습까지 다 변하여 이젠 반겨줄 이도 정붙일 곳도 없기에, 그야말로 고향에 돌아가도 그리던 옛 고향이 아닌 데서 오는 일종의 실망감, 허전함, 서운함 같은 것이 더해져 이 사장의 마음을 고향으로부터 점점 멀어지게 한 것일 수 있다.

그러나 이 사장 마음속에 고향에 대한 관심과 애정이 많건 적건 결국 〈남해군 삼동면 금송리〉는 그의 영원한 고향, 본향이고, 그의 정체성과 삶의 내력을 가늠할 중요한 시작점, 출발점임에 틀림이 없다.

이이주 사장과 문중 자손들의 희사로 건립된 재실 송은재(松隱齋) 전경 및 위패.

3. 꿈을 키우던 청년 시절

무작정 上京, 낯선 서울 땅에 첫발을 딛다

중학교 시절 수학여행 때 이후 두 번째로 밟아보는 낯선 서울 땅. 한겨울이다 보니 날씨는 몹시 스산했다.

이이주 사장은 영등포역에 도착, 홀로 역 광장으로 나서자 마치 만평(萬坪) 적막을 마주한 듯 일순 막막하고 아득한 느낌이 들었다.

'이 넓고 낯설고 삭막한 도시 서울에서 나는 정녕 앞으로 어떻게 살아가야 하며, 또 어떤 방법으로 야간대학에라도 입학, 공부를 계속할 것인가? 그것이 과연 이루어질 수 있는 꿈인가?'

잠시 동안 온갖 상념과 걱정과 고민들이 머릿속을 스쳐갔다.

그러나 또 한편 '이 넓은 도시 서울에서 남들도 다 잘 살아가는데 난들 무엇을 해서든 못 살겠느냐? 설령 먹고 사는 일이 아무리 힘들다 한들 시골에서 날이면 날마다 험한 산비탈을 오르내리며 풀 베고 나무하던 일보다 더 힘들겠느냐?' 하는 일종의 오기와 배짱, 강단 같은 것도 생겼다.

이런 생각이 든 데에는 부산을 출발할 때 식당에서 월급으로 받은 돈이 호주머니에 나름 두둑이 들어있다는 사실도 큰 힘으로 작용했다. 역시 사람은 돈이 있어야 힘이 나고, 돈을 열심히 벌어야 살아갈 수 있다는 사실을 이 사장은 이때 또 한 번 마음속으로 깨닫고 되뇌었다.

그때 이 사장 나이 열아홉. 지금 같으면 부모님 보살핌을 받으며 한창 캠퍼스 낭만을 꿈꿀 시기였다.

그런 나이에 이른바 치열한 생존경쟁의 현장으로, 오직 먹고 살기 위해 혈혈단신 나섰으니 당시 본인 심경이 어떠했을지는 미루어 짐작할 수 있는 일이었다.

외과병원 X-Ray 견습기사로

이이주 사장은 그야말로 무작정 서울로 올라온 터라 마땅한 거처가 있을 리 없었다. 일단 영등포역 근처 여관방에서 하룻밤을 묵었다. 그리고 이튿날 계모가 데리고 들어온 이른바 '이부이모(異父異母)' 남매 간인 누나를 찾아갔다. 당시 그 누나는 서울로 시집와 살고 있었다. 하지만 누나 역시 집안 형편이 넉넉지 않은 데다 어린 자녀들까지 여럿 딸린 터라 그곳에서 기거할 처지는 못 되었다. 따라서 직장을 구해도 숙식이 가능한 곳을 찾아야 했다.

마침 수도배관공사 일을 하던 매형께서 이 사장이 먹고 자며 일할 수 있는 곳을 소개해주었다.

그곳은 종로5가에 소재한 외과병원이었다. 이 사장은 그곳에 잡역부 겸 X-Ray 견습기사로 취직했다. 찬밥 더운밥 가릴 계제가 아니었다. 당분간 그곳에서 먹고 자고 일하며 방사선사 자격증을 취득, 야간대학이라도 가보자는 생각이었다.

하지만 병원 근무생활은 만만한 것이 아니었다. 말이 X-Ray 견습기사이지 실은 병원의 온갖 궂은 일, 힘든 일을 도맡아해야 하는 잡역부였다.

그중에서도 가장 고통스러웠던 일은 환자를 계단으로 업어 올리는 일이었다. 병원의 X-Ray 촬영실은 건물 5층에 있었는데, 낡은 건물이다 보니 승강기마저 없었다. 따라서 걸음을 걷지 못하는 교통사고 환자라도 들어오는 날이면 이 사장이 환자를 업고 현관에서 5층까지 계단을 걸어 올라가야만 했다. 더구나 신체가 왜소했던 이 사장으로선 일단 체력적으로 감당이 안 되었던 터라 그때마다 죽을 지경이었다. 덩치라도 큰 환자가 들어올 경우 5층까지 업어 올리고 나면 그야말로 하늘이 노래지고 코에서 단내가 날 정도였다. 사람이 먹고 사는 일이란 그리고 돈을 버는 일이란 결코 쉬운 일이 아니란 것을 이 사장은 그때 또 한 번 절감하게 되었다.

여기에 정신적으로 더욱 견디기 힘들었던 것은 병원의 운영비리 또한 이만저만이 아니었기 때문이다. 치료과정에서부터 보험청구, 제반 행정업무 처리 등에 이르기까지 무엇 하나 정상적으로 돌아가는 일이 없었다. 자신의 눈앞에서 매일매일 옳지 못한 일이 벌어지는 것을 마냥 목도하고 묵과해야 하는 일도 여간 곤혹스러운 일이 아니었다.

이 사장은 그렇게 약 5개월쯤 힘든 나날을 보내다 결국 직장을 그만둬야겠다는 결심을 굳혔다. '이곳에선 더 이상 근무해봐야 심신만 고달플 뿐 아무런 희망도 비전도 보이지 않는다'고 생각했기 때문이었다.

이 사장은 하루빨리 다른 직장을 알아보기로 마음먹었다. 그리고 병원장을 찾아 사정을 얘기하고 그곳을 과감히 그만둬버렸다.

평생 사업의 계기가 된 구리공장 입사

병원 근무를 그만두긴 했으나 새로운 직장을 찾는 일 또한 쉬운 일이 아니었다. 그러던 중 우연히 구인광고를 보고 찾아간 곳이 도서외판 회사였다. 하지만 이 역시 도서를 미리 몇 질씩 선지급받아 판매하는 방식이다 보니 신원보증이 필요했다. 난감한 일이었다. 낯선 서울에서 그의 신원을 보증해줄 사람은 아무도 없었다. 그렇다고 매번 누나를 찾아가 이런저런 부탁을 하기도 미안한 생각이 들었다.

이 사장은 어쩔 수 없이 고향의 6촌 형님에게 저간 사정을 설명하는 편지를 썼다. 어릴 때부터 자신을 많이 아끼고 돌봐준 형님이었다. 며칠 뒤 답장이 왔다. 서울 구로동에서 자신의 고종 4촌이 조그만 공장을 운영하는데 그에게 편지를 보내 놓을 테니 한번 찾아가 보라는 것이었다.

이 사장은 곧바로 편지에 적힌 주소를 찾아 나섰다.

물어물어 도착한 곳은 구로공단 인근 논밭 한편에 자리 잡은 허름한 공장이었다. 고물상에서 수집한 구리를 녹인 후 동선(銅線) 제품으로 가공해 되파는 공장이었다. 직원은 한 30명쯤 되었다.

고향 6촌 형님께서 소개해준 분은 그 공장 사장으로 이름은 박명식, 나이는 이 사장보다 열 살쯤 위인 분이었다. 또한 그 분은 이 사장 당고모의 아들로서 촌수로는 고종 6촌 형님이 되는 분이기도 했다. 하지만 당고모께서 일찍 외지로 출가했던 관계로 이 사장과는 그때까지 일면식도 없었다.

박 사장이 물었다.

"자네 취직자리를 구하고 있다며?"

"예."

"어떤 일을 하려고 하는데?"

"도서 외판원입니다."

그러자 박 사장은 짐짓 웃음을 지으며 말했다.

"에이, 이 사람아, 그거 해봐야 돈벌이도 안 되고 괜히 힘만 드네. 자네 우리 공장에서 나와 함께 일 해보지 않겠는가?"

"어떤 일인데요?"

"그냥 경리업무를 맡아 보면서 이런저런 공장 일을 좀 거들면 되네."

이 사장은 자신이 '수산고 출신이라 주산, 부기를 못한다'고 대답하자 그분께선 '경리업무는 야간에 영등포 학원에 가서 서너 달만 배우면 될 것이니 걱정하지 말라'고 했다. 또한 '숙소는 공장에 딸린 조그만 방을 하나 내어줄테니 거기서 먹고 자면 된다'고도 했다.

당시 박 사장이 처음 만나는 이 사장에게 이처럼 호의적이고 파격적인 제안을 한 것은 아마도 그의 진실됨과 성실함을 한눈에 알아본 터였을 것이다.

당장 오갈 곳이 없었던 이 사장으로선 그야말로 감지덕지할 일이었다.

이 사장은 '그럼 이곳에서 새로운 일을 배워 열심히 해보자'고 결심하였다.

그곳이 바로 이 사장에게 평생 동(銅) 산업 분야에 종사할 수 있는 계기를 마련해 준 구리공장 명광사였다.

명광사 박명식 사장과의 특별한 인연

앞서 언급했듯 사람 사는 일이란 대저 인연에 의해 좌우되는 경우가 적지 않다.

물론 인간관계라는 것이 허망하게 끝나는 경우가 많긴 하지만, 그러나 때로는 고마운 사람을 만나 큰 도움을 받는 경우도 있고 또 자기 삶의 터닝 포인트로 삼을 만큼 특별한 전기를 마련하게 되는 경우도 있다.

이이주 사장의 생애 내력 역시 사람과의 인연으로 연속되고 점철된 것이라 해도 과언이 아니었다. 그 인연은 더러 아름답지 못하게 끝난 경우도 있었으나 대부분 소중하고 고마운 인연으로 지속된 경우가 많았다. 주위에서는 그런 이 사장을 일컬어 '인복(人福)을 타고난 사람'이라고도 했다.

이 사장의 상경 후 생활 역시 좋은 사람, 고마운 분들을 많이 만나 여러 차례 은혜를 입었고, 이를 자기 발전의 전기로 삼음으로서 후일 큰 성과를 이룬 경우가 많았다.

당시 명광사 박명식 사장과의 만남 또한 그러하였다. 특히 박 사장과의 인연은 이 사장 삶에 있어 가장 뜻 깊고 소중한 것이었으며, 반세기가 지난 오늘날까지도 늘 고맙고 또 고맙게 여겨지는 가연(佳緣)이었다.

주인의식을 지니고 일하면 어디에서든 주인 역할을 하는 것

이이주 사장은 명광사 입사 후 낮에는 공장의 경리업무와 이런저런 허드렛일을 도왔고, 야간에는 영등포 학원에 나가 주산, 부기를 배우는 등 바쁘게 생활했다. 그렇게 몇 달이 지나자 점차 공장업무에 익숙해졌고 함께 일하는 사람들과의 관계 또한 친숙해졌다.

특히 명광사 박 사장님께서는 성격이 시원시원하고 통이 큰 데다 성품 또한 어질고 정이 많은 분이었다.

이 사장에게 늘 격의 없이 진솔하게 대해줬으며, 업무와 관련해서도 신임을 아끼지 않았다. 이 사장 또한 그분의 기대와 믿음에 어긋남이 없도록 밤낮 최선을 다해 열심히 일했다.

회사의 경리업무는 물론 원재료인 구리를 공급받는 과정에서부터 그것을 용해한 후 주조, 압연, 인발 공정 등을 거쳐 전선을 만들고, 또 그 제품을 납품하는 거래처 관리업무에 이르기까지 생산, 영업의 전 과정을 세심히 익히고 배웠다. 뿐만 아니라 공장의 제반 공구와 비품정리에서부터 청소작업 등 거의 모든 궂은 일들을 가리지 않고 도맡아 처리했다.

사람은 언제 어디에서 어떤 일을 하든 그 일을 자신의 일이라 생각하고 최선을 다할 경우 그가 곧 주인 역할을 하게 되는 법이다.

이 사장 역시 이처럼 늘 한결같은 마음자세로 공장의 모든 일들을 자기 일로 여기며 최선을 다하자 직원들이나 거래처 사람들도 이 사장을 대하는 태도가 크게 달라졌다. 때로는 이 사장 눈치를 살피기도 하고, 업무처리 시 이 사장에게 먼저 찾아와 이런저런 의견을 구하기도 하였다.

그렇게 1년이 지나고 2년이 지나면서 주변인들은 이 사장을 마치 사장의 친동생을 대하듯 존중하고 예우했다.

특히 이 사장은 공장 원자재와 제품, 거래대금 출납 등을 총괄하는 회계 관리업무를 도맡고 있었기에 때로 업자들로부터 이런저런 유혹을 받을 때도 있었다. 하지만 언감생심 그런 유혹 따위에 흔들릴 이 사장이 아니었다. 그럴수록 오직 원리원칙대로 모든 일을 정직하고 합당하게 처리하고자 애썼다. 한 치의 부정이나 부당한 일도 결코 허용하지 않았다.

이 사장이 어릴 때부터 주변인들에게 남다른 인정과 신뢰를 받게 된 것도 알고 보면 바로 이런 성실함과 정직함, 진실됨이 밑받침되었기에 가능한 일이었다.

방위병으로 軍役을 마치다

세상 모든 일이란 결국 자신이 관심을 기울이고 노력을 쏟은 만큼 알게 되고 잘 할 수 있게 되는 법이었다. 명광사에 입사한지 몇 해 지나지 않아 이 사장은 공장 돌아가는 제반 상황은 물론 사업의 운영구조와 흐름에 대해서도 훤히 알고 또 스스로 처리해 낼 수 있게 되었다.

그렇게 오직 근무에만 열중하며 생활한 지 3년 쯤 지난 뒤인 1973년, 군대 징집을 위한 신체검사 통보가 나왔다. 이 사장 호적 나이가 2살 줄어든 탓에 또래 친구들에 비해 그만큼 늦은 신체검사를 받게 된 것이다.

예나 지금이나 남자들의 경우 군복무를 필해야만 비로소 본격적 사회활동을 시작할 수 있게 됨은 별반 다르지 않았다.

당시 군 징집제도는 현역병 제도와 보충역 제도로 나뉘어 있었다. 이 사장은 당연히 현역 복무를 희망했다. 현역병일 경우 최소한 군복무 기간 동안 먹고 자는 문제가 해결되기 때문이었다. 하지만 이 사장의 바람은 이루어지지 않았다. 그 무렵엔 병역자원이 넘칠 때라 이 사장은 신체검사에서 방위병 판정을 받게 된 것이다. 참으로 난감한 일이었다.

이 사장은 곧 직장을 그만둬야 함은 물론 개인 주거지에서 출퇴근하며 2년여간 방위병 근무를 해야 할 처지에 놓이게 된 것이다. 직장도 없이, 당장 먹고 잘 곳조차 없이 2년여를 어디에서 생활하며 병역을 마칠 것인가? 그렇다고 고향집으로 내려가 방위병 근무를 할 수 있는 입장은 더욱 아니었다.

그러나 이 사장 삶의 내력을 돌아보면 어려운 고비를 맞을 때 마다 꼭 고마운 분들이 나타나 도움을 주곤 했다. 이는 일면 우연 같기도 하고 또 한편 필연 같기도 한 일이었다. 이때에도 어김없이 도움을 준 분이 나타났다.

바로 명광사 박 사장님이었다.

"자네 입장이 참 난처하게 되었네. 하지만 너무 걱정하지 말게. 낮 시간에는 방위병 근무를 하고 야간에는 우리 공장 일을 도우면서 이곳에서 계속 생활하도록 하게."

이 사장은 눈물이 핑 돌만큼 고마웠다. 설령 자신의 부모일지라도 다 자란 아들이 2년여간 집에서 출퇴근을 하며 방위병 근무를 한다면 달갑지 않게 여기고 부담을 느낄 텐데 타인에게 이런 배려를 해주는 박 사장이 더 없이 감사하게 여겨졌다.

이후 이 사장은 공장 인근지역 동사무소에서 낮에는 행정보조 업무를 수행하는 방위병으로, 야간에는 명광사 직원으로 근무하는 이른바 주병야직(晝兵夜職) 생활을 2년여간 지속하게 되었다.

방위병 생활을 하는 동안에도 다행히 큰 어려움을 겪지 않았다. 군대처럼 엄한 규율도 없었고, 선임병으로부터 심한 통제를 받거나 구타를 당하는 일도 없었다. 특

01. 청년시절 하숙집 친구들과 함께(우측 첫번째가 이이주 사장).

01.

히 당시엔 '동방불패' 즉, '동사무소 근무하는 방위병들은 불쌍해서 패지도 않는다'는 우스개소리가 나돌 만큼 복무제도가 다소 느슨하게 운영되던 시기였기에 이 사장 역시 방위병 복무 시절은 비교적 편하게 보낼 수 있었다.

직장업무에 복귀하다

이이주 사장은 군역(軍役)을 마친 후 곧바로 정상근무에 돌입했다. 명광사에 입사한 지 5년쯤 되는 시점이었다.

이때 이 사장은 난생 처음 삶의 막막함과 불안감 같은 것에서 벗어나 일면 홀가분한 심경과 마음의 여유 같은 것을 느낄 수 있었다. 즉, 이젠 군역도 마쳤겠다, 공장일도 훤히 익혔겠다, 별로 거칠 것이 없다는 생각이 들었다. 또한 5년여의 직장생활을 통해 세상물정이나 사회에서 먹고 살 수 있는 여러 가지 지혜와 방도 같은 것 역시 제법 터득했다는 생각이 들기도 했다.

이때부터 이 사장은 나름의 자신감 같은 것을 갖게 되었고, 앞으로 무슨 일을 하든 자기 삶의 길을 스스로 개척할 수 있다는 용기 같은 것도 얻고 지니게 되었다.

이 사장은 이런 마음가짐으로 공장 일 또한 열성적, 적극적으로 처리해나갔다. 때로는 박 사장을 대신하여 주요 업무들을 스스로 소신있게 추진, 성과를 올리기도 했다.

이에 따라 박 사장은 물론 직원들과 거래처 사람들도 이 사장에 대한 믿음과 평가가 더욱 높아졌다.

이 사장 역시 몸은 늘 바쁘고 힘들었지만 주변인들로부터 신임과 인정을 받는다는 사실에 큰 보람을 느끼며 더 열심히 일했다.

거처 또한 그동안 공장에 딸려있던 숙소에서의 침식생활을 벗어나 인근 노량진 쪽 하숙집으로 옮김으로써 어느 정도 생활의 안정을 취하게 되었다.

평생의 반려자를 만나다

이이주 사장이 명광사에서 6년쯤 근무하던 1976년에는 이 사장 생애 또 한 번 소중한 인연을 맞게 되었다.

지인의 소개로 부인 김경자 여사를 만나 결혼에 골인한 것이다. 부인 김 여사는 이 사장보다 2살 아래로 그 성정과 품행이 매우 선량하고 정숙한 양갓집 규수였다. 특히 김 여사는 6남매 중 장녀로 이해심과 배려심이 깊고 생활력 또한 강했다.

이로써 이 사장은 그동안 홀로 외롭게 생활하던 총각 신세를 탈피, 마침내 평생의

01. 서울 중구 소재의 '영빈관'에서 치러진 이이주 사장과 김경자 여사의 결혼식 초대글과 사진.

01.

이이주 사장의 부인 김 여사는 이 사장보다 2살 아래로 그 성정과 품행이 매우 선량하고 정숙한 양갓집 규수였다. 특히 김 여사는 6남매 중 장녀로 이해심과 배려심이 깊고 생활력 또한 강했다.

반려자를 만나 한 가정을 이루었다.

이 사장에게 결혼이란 삶의 전기를 마련해준 또 하나의 동기, 계기가 되었다. 결혼 이후 그 삶의 행로가 완전히 새로운 길로 접어들었기 때문이다.

당시 이 사장 부부의 결혼식은 많은 이들 축복 속에 치러졌다. 지금의 신라호텔 자리인 서울 중구 소재 유명 예식장 '영빈관'에서 지역 국회의원을 주례로 모신 가운데 다소 성대하게 치렀다. 이는 명광사 박 사장을 포함한 주변인들의 적극적인 도움 때문이기도 했지만 또 한편 이 사장이 직장생활을 하는 동안 자신의 입지를 탄탄히 굳히고 주변의 신망을 얻고 있다 보니 거래처 등에서 많은 하객들이 참석한 때문이기도 하였다.

그렇게 결혼식을 치르고 난 후 이 사장은 다시 회사 업무에 열중했다.

하지만 막상 결혼을 하여 아내와 신접살림을 차리고 보니 전에는 별로 느껴보지 못했던 걱정거리가 하나 둘 생겨났다. 일하는 중에도 문득문득 마음 한편에 왠지 모를 중압감, 불안감, 초조감 같은 것이 밀려왔다. 그것은 바로 한 집안의 가장으로서 이후 자신만을 믿고 의지할 아내와 곧 태어날 2세의 장래를 책임져야 한다는 묵직한 의무감이었다.

총각 시절엔 그야말로 '내 한 몸 어디서 무엇을 한들 못 먹고 살겠느냐?'는 식의 단순 오기와 객기 같은 것으로 버텨왔는데, 막상 결혼을 하여 가정을 꾸리고 보니 전과는 달리 무거운 책임감과 함께 이런저런 현실적 고민과 걱정들이 생겨난 것이다.

특히 미래가 확실하게 보장되지 않은 개인 회사의 직원으로서 그리고 많지 않은 월급만을 가지고 앞으로 가족의 장래를 어떻게 보장하고 책임질 것인가? 하는 데 대한 불안과 고민이 가장 컸다.

하지만 이런 염려는 또 한편 사람을 안주감에서 벗어나게 하는 강한 동인(動因)으로 작용하기도 하는 것이었다. 즉, 가장에게 있어 가족이란 짐이 되는 것이 아니라 오히려 힘이 될 수도 있다는 점이었다.

소문과 오해 그리고 진실

이이주 사장은 결혼 후 일단 아내와 함께 안정된 생활을 꾸려갈 거처를 마련하는 일이 무엇보다 시급하다고 판단했다. 그동안 불편하게 생활해온 셋방살이를 청산하고 결혼 후엔 보다 새로운 환경에서 새로운 삶을 시작해보고 싶었다.

마침 축의금으로 들어온 돈이 적지 않았다. 결혼식에 소요된 비용 등을 모두 제하고도 남은 돈이 근 100만 원에 달했다. 당시로서는 큰돈이었다. 이 사장은 이를 밑천 삼아 우선 내 집 장만을 하기로 마음먹었다. 그리고 이런저런 방법과 적당한 지역, 매물 등을 물색했다.

때마침 강서구 화곡동 쪽에 조그만 주택이 매물로 나와 있었다. 축의금 액수에 얼마만 더 보태면 매입이 가능하겠다 싶었다. 이 사장은 은행에서 일부 대출을 받고 또 그동안 모아뒀던 약간의 여유자금 등을 모두 끌어 모아 이 주택을 매입했다. 이 사장 생애 처음으로 내 집을 마련한 것이었다. 말로 표현하기 힘든 뿌듯한 기쁨과 보람이 밀려왔다.

그런데 이후 뜻밖의 문제가 발생했다.

그동안 단칸방에서 어렵게 생활하던 이 사장이 결혼과 동시에 자기 집을 마련했다는 사실이 알려지면서 회사 주변엔 근거 없는 소문이 나돌기 시작했다. 즉, 이 사장이 회사업무와 관련하여 거래처 등으로부터 부정한 돈을 받아 집을 샀다는 터무니없는 소문이 나돈 것이다. 그 또한 당시 회사 일을 돕던 박 사장 처가 쪽 인척의 입을 통해 그런 소문이 퍼져나갔다. 따라서 박 사장 귀에도 이런 소문이 들어갔을 것임은 당연한 일이었다.

이 사장으로선 그야말로 복장이 터질 노릇이었다.

당사자가 아닌 사람들이야 그냥 흘려듣고 넘길 수도 있는 소문이겠지만, 이 사장으로선 참으로 청천벽력 같은 얘기가 아닐 수 없었다. 명광사 입사 후 꼬박 7년간을 오직 회사를 위한 충정으로 그리고 평소 은인이라 여겨온 박 사장을 믿고 따르며 열과 성을 다해왔던 이 사장으로서 이런 억울한 얘기를 들었으니 속된 표현으로 '미치고 환장할 노릇'이었다. 자신의 가슴을 열어 결백과 진심을 보여 줄 수만 있다면 정녕 그렇게라도 하고 싶은 심경이었다.

자기 삶과 미래에 대한 고민

이이주 사장은 소문을 들은 후 하도 분하고 억울해서 한동안 혼자 속을 끓이며 끙끙 앓았다. 밥도 넘어가지 않았고 일도 손에 잡히지 않았다.

그렇게 며칠이 지나도 억울한 마음은 전혀 가라앉지 않았다. 더는 못 견디겠다고 판단한 이 사장은 결국 박 사장을 만나 이런 소문에 대한 심적 고충을 솔직히 털어놨다.

'사장님. 저로서는 너무도 황당하고 충격적인 얘기라 도저히 견딜 수가 없습니다. 이런 오해와 소문을 불식시키기 위해서라도 저는 이제 회사를 그만 두겠습니다'라고 얘기했다.

그러나 박 사장은 대범하고 호방한 분이었다.

"이보게. 그런 터무니없는 헛소문에 전혀 신경 쓸 것 없네. 그런 얘기들은 다 남의 말하기 좋아하는 사람들이 지어낸 것이니까 귀담아 들을 필요 없네. 자네는 그저 아무 생각 말고 앞으로 회사 일에만 충실하게."

박 사장이 이렇듯 초연하게 나오자 이 사장은 더 이상 하소연해 본들 아무 소용이 없을 것 같았다.

이 사장은 어쩔 수 없이 하던 일을 계속했다.

그러나 소문에 대한 충격이 너무 컸던지라 일을 하면서도 전혀 신명이 나지 않았다. 마음 한편이 계속 불편하고 일에 대한 관심도 흥미도 열정도 다 떨어져 버렸다. 주변 사람들 역시 자신의 일거수일투족을 색안경을 끼고 지켜보는 것 같아 괴로웠.

'회사를 위해 열심히 일한 것이 오히려 이런 오해를 받게 되니 열심히 한들 무슨 소용이 있겠나?' 하는 회의가 자꾸 밀려왔다.

게다가 이 사장이 회사에 사표를 냈다는 소문이 나돌면서 평소 격의 없이 지냈던 직원들과의 관계도 다소 뜨악해졌다.

일부 거래처들 중 명광사 사업에 눈독을 들이고 있던 이들로부터는 '이참에 독립해서 같은 업종의 사업을 함께 해보지 않겠느냐?'는 유혹까지 들어왔다.

심지어 아버님께서도 어디서 무슨 소문을 들으셨는지 '명광사는 이이주 덕분에 회사가 돌아간다고 하던데, 이젠 자네도 본인 살길을 좀 챙기고 가족들 장래 또한 생각해야 하는 것 아니냐?'는 식으로 말씀하셨다.

그러나 이에 대한 이 사장의 반응과 대답은 늘 한결 같고 단호한 것이었다.

"절대 그런 말씀들 하지 마십시오. 저는 명광사 입사 이후 꿈에서조차 그런 생각을 결코 해보지 않았습니다. 특히 박 사장님께서는 어려운 처지에 있는 저를 지금껏 보살펴주시고 신임해주신 은인과 같은 분입니다. 저는 그분께 누가 되는 행동은 하늘이 두 쪽 나도 절대 하지 않을 것입니다."

이는 이 사장의 진심이었다. 당시는 물론이고 이후로도 이 사장의 이런 마음은 조금도 변함이 없었다.

그렇게 또 몇 달이 지났다.

하지만 일단 좋지 않은 소문이 떠돈 흔적이란 완전히 지울 수 없었고 끝내 사라지지 않는 것이었다. 특히 이 사장의 빈틈없는 업무역량과 박 사장의 절대적 신임 등에 대해 평소 질시를 해왔던 일부 직원들은 여전히 뒷전에서 이 사장과 관련된 이런저런 소문을 안주 삼아 찧고 빻고 있었다.

이 사장은 그런 소문을 전해 들을 때마다 마음이 더없이 괴로웠다.

견디다 못한 이 사장은 깊은 고민에 빠졌다.

"자, 그렇다면 이제 어떻게 할 것인가? 소문은 소문에 불과한 것이니 그렇다 치더라도 앞으로 나는 내 앞날을 정녕 어떻게 개척해 나갈 것인가? 오직 나를 믿고 결혼한 아내와 곧 태어날 2세의 미래는 또 어찌 책임질 것인가? 이곳에서 계속 이런저런 의심을 받으며 월급쟁이로 안주하고 있으면 과연 내 가족의 미래는 어떻게 보장받을 수 있을 것인가?"

이 사장은 일을 하는 도중에도 자기 삶에 대한 근원적 회의와 걱정과 불안감이 수시로 밀려와 마음이 우울하고 착잡했다.

그리고 이는 또 한편 생각해보면 어느 한 사람에 대한 의리와 도리를 지키는 것으로 해결될 문제도 아니었다. 근본적으로 자기 삶과 직결된 문제였고, 자신이 지켜야 할 가족의 생활과 미래를 책임지는 문제였다. 아무도 대신 해결하거나 보장해 줄 수 없고, 오직 이 사장 스스로 판단하고 해결해야만 하는 일이었다.

따라서 결론과 해법은 하나였다.

어떤 일을 해서든 자신과 가족의 안정된 미래를 보장받을 수 있을 만큼의 경제적 여력을 갖추는 것, 오직 그뿐이었다.

회사에서 받는 월급만으로는 혼자일 경우야 별 문제 없겠지만 일단 결혼하여 아내와 자녀의 안정된 생활을 책임질 만큼 경제적 여력을 갖추기는 거의 불가능한 일이었다.

따라서 결국 자기 사업을 하는 길 외에는 더 이상 방법이 없다는 결론에 이르렀다. 그리고 이는 박 사장에 대한 신의를 저버리지 않고도 충분히 해결 가능한 문제라는 생각이 들었다.

신의를 목숨처럼 중히 여기고

이이주 사장은 한동안 고심을 거듭하다 결국 정면승부하기로 마음먹었다. 그리고 어느 날 박 사장을 만나 이 같은 고민과 생각, 계획 등을 가감 없이 털어놨다. 즉, 이 사장은 '자신과 가족의 미래를 보장하고 개척하기 위해선 결국 사업을 시작할 수밖에 없고, 자신이 사회에 진출하여 배운 일이라곤 오직 구리사업 밖에 없는 터라 사업을 해도 결국 이와 관련된 사업을 할 수밖에 없다'는 것을 솔직하게 얘기했다.

'대신 박 사장님과 경쟁을 피해 제품의 종류와 거래선, 영업 구역 등이 서로 겹치지 않도록 현재 지역과 정반대 쪽 지역에서 차별적 제품으로 사업을 하겠다'는 의지를 밝혔다.

여기에서 혹자는 '자기 사업을 하고 싶으면 그냥 사표내고 하면 되는 것이지 굳이 그리 심각하게 고민하고 상대의 양해를 구할 필요가 있겠느냐?'고 반문할 수 있을 것이다.

그러나 때로 어느 한 사람에 대한 신의와 도리를 지키는 일은 자기 목숨을 지키는 것보다 더 중한 일로 여겨질 수도 있는 법이다. 당시 박 사장에 대한 이 사장의 고민 역시 바로 그런 충정, 충심에서 기인한 것이었다.

이 사장의 솔직하고 진심 어린 얘기를 듣고 난 박 사장은 처음엔 그가 회사를 떠난다는 사실에 못내 아쉬워하며 적극 만류했다. 그러나 이 사장이 '내 사업을 해보고 싶다'는 확고하고도 간곡한 의지를 거듭 밝히자 박 사장 역시 어쩔 수 없이 이를 수락했다. 박 사장은 자신의 욕심만으로 한 젊은이의 앞길을 막을 수 없다고 판단한 것이다.

결국 이 사장의 평소 신념과 지론인 'Heart-to-Heart' 즉, '진심 어린 마음은 서로 통한다'는 이치는 이때에도 어김없이 작용했다.

박 사장은 평소 자신에 대한 이 사장의 충정과 진심을 누구보다도 잘 알고 있었다. 그가 박 사장과의 의리를 저버릴 수 없어 그동안 온갖 유혹을 거절해왔다는 사실 또한 주변 사람들을 통해 익히 전해 듣고 있던 터였다.

그리고 박 사장은 무엇보다도 이 사장이 사업가로서의 자질과 능력을 선천적으로 타고났음을 이미 꿰뚫어 보고 있었다.

예컨대 명광사에 근무하는 동안에도 지입차 형태로 3륜 용달차를 직접 구입, 회사 물류업무를 돕는 한편 소소하게나마 자기수익을 창출하기도 했고, 또한 명절 때면 자신의 고향마을에서 잡은 멸치를 대량 구입, 시장에 내다 팔아 가외의 수입을 올렸을 만큼 사업가로서 도전정신과 자기개척 의지를 타고 났다는 것을 익히 알고 있었던 것이다.

이에 박 사장은 '앞으로 이 사장이 사업에 성공할 수 있도록 물심양면 적극 돕겠다'는 말을 덧붙였고, 이후 실제 그러한 약속을 지켰다. 이 사장 역시 후일 뜻밖의 지병으로 일찍 세상을 떠난 박 사장 아들 임종까지 곁에서 지켰을 만큼 둘 사이는 평생 돈독하고 아름다운 인연을 유지하였다.

이런 곡절과 사연을 거쳐 이 사장은 1976년 근 7년여간의 직장생활을 청산하고 마침내 자립의 길로 들어서게 되었다.

제1장 1977~1982

글로벌삼동의
초석을 놓다

"내가 젊은 나이에 창업을 하게 된 동기와 목적이란 특별한 것이 없었습니다. 흔히 말하듯 미래 거창한 꿈이나 목표 같은 것을 실현하기 위해서도 아닙니다. 단지, 오직, 먹고 살기 위해서였습니다. 남들처럼 학벌이 좋아 번듯한 직장을 구할 처지도 못되고, 부모로부터 물려받은 재산이 있는 것도 아니고, 가진 것이라곤 왜소한 육신 하나가 전부인 상황이다 보니 무슨 거창하고 웅대한 꿈같은 것을 지닐 형편이 못 되었습니다. 그저 가족과 함께 먹고 살기 위해서 그리고 노후의 안정된 생계대책을 마련하기 위해서 당시 내가 할 수 있는 일이란 결국 자기 사업을 하는 길밖에 없었던 것입니다."

- 이이주 대표이사 언론 인터뷰 내용 중

1. 창업의 결행, 자립성취를 향한 힘찬 도전

'성공에 대한 확신도, 실패에 대한 두려움도 없었다'

1977년 1월 이이주 사장은 마침내 자신의 모든 것을 건 과감한 도전을 결행하였다. 명광사에서 퇴직, 자기 사업을 시작한 것이다. 당시 이 사장의 나이 28세, 일반적으로 창업을 하기는 이른 시기였다.

특히 자본도 경험도 부족한 젊은 나이에 창업을 결행한다는 것은 예나 지금이나 상당한 리스크가 따르는 일이었다. 실패확률도 높을 뿐더러 만약 실패했을 경우 본인의 금전적 손실은 물론이고 주변인들에게도 큰 피해를 줄 수 있기 때문이다. 심지어 온 가족이 하루아침에 길거리로 나앉게 될 수 있는 위험한 일이기도 하였다.

이 사장이 창업을 결심하자 주변에선 용기와 격려를 북돋워주는 이들도 있었지만, 걱정과 염려하는 이들이 더 많았다.

하지만 이 사장으로선 달리 길이 없었다. 당시로서는 그것이 최선의 선택이었고 유일한 삶의 활로였다.

사람들은 흔히 창업 동기나 목적 등에 대해 얘기할 때 '미래 꿈을 이루고, 자아를 실현하고, 또 무슨 사회에 뜻있는 기여를 하기 위함'이라고 말들 하지만 이 사장은 아니었다. 단지, 오직, 먹고 살기 위함이었다. 즉, 무슨 거창하고 웅대한 꿈을 실현하기 위해서가 아니라 우선 자신과 가족의 의식주 문제를 해결하고, 여기에 조금 더 욕심을 보탠다면 장래에 보다 안정된 생활을 유지, 보장받기 위함이었다. 그러기 위해서는 결국 사업을 하는 길 외엔 다른 방법이 없었다. 몇 년 후의 장래조차 불확실, 불투명하고, 노후대책은 커녕 몇 달치 생계자금조차 비축이 어려운 개인회사의 월급쟁이 생활로는 자신과 가족들 장래가 암담하다고 생각했던 것이다.

따라서 사람들이 흔히 말하는 '도전과 개척정신, 열정과 패기, 가치 있고 의미 있는 자아실현과 사회적 기여' 같은 창업의 명분이란 당시 이 사장에겐 그야말로 사치스런 말장난에 지나지 않았다.

그때의 상황과 심경은 후일 이 사장이 언론 인터뷰에서 밝힌 소회에서도 잘 드러나 있다. 이른바 기존의 상식과 고정관념에서 완전히 벗어난 새로운 명언, 명구, 명답이었다.

"나는 당시 사업을 시작하면서 성공에 대한 확신도, 실패에 대한 두려움도 없었습니다. 오직 먹고 살기 위해, 돈을 벌기 위해 그 길을 선택할 수밖에 없었고, 또한 열심히 하면 잘 되지 않겠는가 생각했을 뿐입니다."

그랬다. 일면 무모하고 무계획적인 말로도 들릴 수 있겠지만, 그 시절 이 사장에겐 자기사업을 하는 길 외에는 다른 길이 전혀 없었던 것이다. 사업을 시작할 때 역시 이것저것 무엇을 계산하고 따지고 할 상황과 계제도 아니었다. 그저 맨땅에 헤딩하고, 맨손으로 땅을 파는 절박한 심정으로 창업을 결심, 결행했을 따름이었다.

특히 이 사장은 청년 시절 이른바 먹고 사는 일, 나아가 돈을 벌어 경제적 풍요를 이루는 일이야말로 가장 시급하고 중요한 삶의 과제라고 늘 생각했다. 돈을 버는 일이라면 사회의 법도에 어긋나는 일을 제외하고는 어떤 일이든 다 가치 있고 소중하고 대단한 일로 여겼다. 이는 단지, 그가 어릴 때부터 가난하게 살아온 데서 비롯된 일종의 포원(抱冤) 같은 것이 아니라 본질적, 궁극적으로 따져 봐도 이치가 그러했다.

세상 사람들은 흔히 '돈 버는 것을 인생 최고의 목표'라고 말하면 일면 '속되다' 폄하할 것이었다. 그러나 이 사장은 아무리 궁리에 궁리를 거듭해 봐도 돈을 버는 일이야말로 삶에 있어 가장 중요하고 숭고하기까지 한 일이라는 생각이 들었다.

따지고 보면 세상 모든 인류의 비극과 불행, 고통과 시련의 원인 역시 대개는 경제적 빈곤 즉, 돈이 없어서 비롯되는 것들이었다.

당시 이 사장은 젊은 나이임에도 불구하고 이러한 세상사, 인간사의 중요 이치를 오직 스스로의 체험과 사유를 통해 깨닫고 터득한 것이다. 그야말로 삶의 현장에서, 생애 과정에서 순전히 몸으로 부딪치며 깨우친 산지식, 산지혜라 할 수 있었다.

이 사장의 이러한 실사구시적 가치관, 경제관, 삶의 철학은 이후 사업을 하는 과정에서도 변함없이 이어졌다.

삼동금속㈜ 설립, 반세기 기업 역사의 시작

이이주 사장은 창업 준비를 서둘렀다.

그러나 무엇보다 자금이 넉넉지 않다 보니 모든 것을 최소 규모로 계획, 추진할 수밖에 없었다. 수중에 지닌 얼마의 돈과 주변인들로부터 융통한 자금 등을 모두 동원해도 독립적으로 창업을 추진하기엔 매우 미약하고 빠듯한 금액이었다.

이 사장은 일단 준비된 소액의 자금만으로 사업을 시작할 수 있는 공장시설을 물색했다.

여러 곳을 알아본 결과 마침 지인 소개로 적당한 곳을 발견할 수 있었다. 성동구 자양동에 창고를 개조해 만든 허름한 공장건물이 임대매물로 나온 것이다. 그곳 역시 전에 동선(銅線) 관련 제품을 만들던 공장이었다. 부지규모는 150여 평, 건물은 약 50평쯤 되었다.

이 사장은 이 건물을 월세로 임대한 후 필수설비는 100여만 원 정도를 들여 인수했다. 기존 10여 명의 직원들 또한 그대로 근무할 수 있도록 배려하였다.

그렇게 새로 사업을 시작할 여건과 터전을 갖추면서 이 사장이 지녀왔던 자기 사업의 꿈은 마침내 현실화, 구체화되기 시작했다.

이제 남은 일은 사업자등록증을 발급받는 일이었다.

이 사장은 회사의 설립형태를 개인사업체가 아닌 법인기업화하기로 결정했다. 그것이 향후 세금처리와 대외 신용도문제 등 여러 면에서 유리할 것이라 판단한 것이다. 다행히 그 시절은 법인설립에 필요한 최소 자본금이 그리 많지 않을 때였다.

이 사장은 주주구성과 명부작성 등 필요한 준비를 서둘러 마쳤다.

그러나 법인등기를 하려면 우선 회사 이름을 정해야했다

이 사장은 마땅한 이름이 떠오르지 않아 한참 고심하다 주변 친구들에게 의견을 구했다. 노량진 하숙집에서 함께 기숙했던 친구들이었다. 그중 한 명이 말했다.

"자네 고향이 남해군 삼동면이니 회사 이름도 '삼동'을 넣어 짓는 것이 어떻겠는가?"

이 사장은 좋은 제안이라 판단하고 회사명을 〈三東金屬株式會社〉로 결정, 1977년

1월 법인등기를 완료했다.

오늘날 '글로벌 삼동'의 대역사가 태동되는 순간이었다.

신의를 지키기 위한 노력

이이주 사장이 창업을 계획하면서도 그리고 창업을 결행하고 난 이후에도 가장 신경을 썼고 지키고자 노력한 것은 바로 명광사 박 사장과의 신의와 약조였다. 이는 박 사장과의 약속이기 이전에 이 사장 자신과의 굳은 다짐이기도 했다. 즉, 박 사장 회사와 자신의 영업구역이 서로 겹치지 않도록 하는 것, 제품의 품목 또한 서로 동일하지 않게 하는 것이었다.

이 사장이 창업 시 공장을 물색할 때 구로동과는 거리가 먼 자양동 쪽을 택한 것도 이 때문이었다.

또한 이 사장은 향후 자신이 생산할 주력품목도 명광사 제품들과 차별성을 갖도록 세심한 주의를 기울였다.

당시 명광사는 주로 고물상이나 미군부대에서 나오는 폐 전선들을 수집, 이를 용광로에 녹인 후 8mm Rod 동선으로 가공하여 전선회사에 납품했었다. 그러나 이 사장은 이와 아이템이 겹치지 않도록 모터나 변압기, 용접기 등에 사용되는 코일 제품을 만들기로 한 것이다. 판매처 또한 명광사의 거래처를 피해 청계천 공구상 등을 주 대상으로 영업한다는 계획을 세웠다.

따라서 삼동과 명광사는 회사의 영업지역과 제품의 용도와 거래처가 모두 달랐다. 그러면서도 제품생산에 필요한 원재료 즉, 구리는 모두 명광사를 통해 구매함으로써 박 사장과 지속적 정리(情理)와 교류를 이어갔다.

사실 어떻게 보면 박 사장에 대한 이 사장의 이런 세심한 배려는 '굳이 그렇게까지 할 필요가 있나?'라는 의문이 들만큼 다소 지나친 면이 있기도 하였다. 그리하지 않는다 하여 법으로든 윤리적으로든 또는 일반 상도의적으로든 문제될 것이 전혀 없었다. 흔한 말로 '비즈니스 세계에는 영원한 적도 없고 영원한 동지도 없다'는 말이 있듯, 세상 대부분 사람들의 비즈니스 행태란 그렇게 서로 만나고 헤어지고 경쟁관계로 이어지고 발전해 가는 것이 현실이었다.

하지만 워낙 성격이 결곡하고 외골수인 이 사장에게만큼 이런 것이 통하지 않았다. 설령 자신이 누구에게 배신을 당하는 건 참을 수 있지만, 자신이 누구에게 먼저 신의를 저버리는 행동을 한다는 것은 스스로 용납이 안 되었다. 그리고 이 사장의 이러한 삶의 원칙은 비단 박 사장과 관계에서뿐 아니라 이후 거의 모든 인간관계에서 한결같이 지켜온 굳은 신념이자 철칙 같은 것이기도 하였다.

국내 동선(銅線) 사업의 실태와 시장상황

이이주 사장이 삼동금속주식회사(이하 '삼동'이라 함)를 설립한 후 본격적 생산, 영업활동에 착수한 내역을 살피기에 앞서 당시 삼동의 주 사업 분야인 동선(銅線) 가공산업의 개요와 국내 시장실태, 업계상황 등을 잠깐 살펴볼 필요가 있다.

이 사장이 구리코일 즉, 동선 가공사업에 뛰어든 1970년대 후반, 우리나라는 정부의 경제드라이브 정책에 따라 산업전반이 급성장하던 시기였다. 이에 따라 동선제품의 소비량이 날로 증가하고 있었다.

하지만 그 시절 이 분야 산업은 거의 미개척 분야였다.

장항제련소에서 구리 원석을 녹여 동판을 제작, 공급하고는 있었으나 이를 각 용도에 맞게 다양한 규격의 동선제품으로 가공, 시장에 공급하는 곳이 거의 없었다. 따라서 송배전용 전선을 비롯하여 변압기 등 중요 장치에 소요되는 동선의 경우 수입에 의존하거나 또는 몇몇 대기업이 자체 설비를 갖춰 제작, 활용하고 있는 실정이었다.

왜냐하면 그때만 해도 동선제품의 수요가 그리 많지 않았고, 또 이를 생산하기 위해선 상당한 기술력과 시설투자가 필요했기에 중소기업들은 감히 이 분야에 진출할 엄두를 내지 못했기 때문이었다.

그러다 보니 당시 국내 동선 가공업계 및 시장실태란 일반 모터 등 소소한 전기장치에 사용되는 코일 제품에 한해 일부 소규모 업체들이 수공업 형태로 가공, 생산하는 실정이었다.

하지만 국가산업 발전 속도와 추세 등을 감안할 때 동선제품은 향후 수요가 크게 증가하고 성장성이 예견된 분야이기도 하였다.

그 시기 삼동이 뛰어든 시장이 바로 이러한 니치마켓 즉, 아무나 쉽게 보아내지 못하고, 아무나 함부로 진입하기 어려운 블루오션마켓이었던 것이다.

미래 성취를 향해 첫발을 내딛다

삼동 반세기 역사의 정초(定礎)를 놓고, 향후 성장기반을 다지는 창업 첫해, 사업은 순조롭게 시작되었다.

근 10년 가까이 이 분야에서 노하우를 축적해온 이이주 사장의 사업 감각과 역량이 마침내 빛을 발하기 시작한 것이다.

주변에서 염려했던 문제들도 하나씩 술술 풀려갔다.

회사 설립 후 부족한 운영자금은 명광사 근무 당시 신용을 쌓아온 주변 지인들 도움으로 별 어려움 없이 해결했다. 제품을 판매할 거래선 역시 청계천 공구상들과의 오랜 교분으로 이미 상당수 확보해 놓은 터였다. 남은 일이란 이제 공장을 본격 가동, 제품생산에 돌입하는 일 뿐이었다.

이 사장은 '드디어 내 사업을 시작하게 되는구나'하는 생각에 가슴이 뛰었다.

남들이 볼 땐 그저 낡은 창고를 개조해 만든 작은 공장건물에 불과했고, 설비 또한 변변치 않은 사업장이었지만 이 사장에겐 더없이 소중한 자기 일터이자 삶터였고, 미래 꿈을 펼쳐나갈 새로운 근거지, 출발지였다.

그리고 이 허름한 공장이 훗날 세계 1위 시장점유율을 갖춘 글로벌 기업의 전신이자 모태로 성장하리라곤 당시엔 아무도 상상하지 못했다.

01. 02. 창업 초기 제품 '나(裸)평각동선'과 '지권동선(紙捲銅線)'.

01.

02.

창업 첫해, 공장 가동과 제품생산

창업 첫해 삼동의 주 생산품목은 일명 '면(綿)마끼'라 불리던 면권동선(綿捲銅線)과 피복을 입히지 않은 나(裸)평각동선 그리고 수입 절연지를 감은 지권동선(紙捲銅線)이었다. 이는 주로 전기모터를 비롯하여 용접기, 변압기 또는 전압조절기인 트랜스 등을 만들거나 수리할 때 사용되는 동선이었다.

제품을 가공, 생산하기 위한 시설로는 신선기와 압연기 등이 있었으며, 일부 공정은 외주 처리하였다.

영업방식 또한 단순했다. 생산한 제품을 청계천 공구상가로 싣고 가면 그곳 상인들이 이를 저울에 달아 구매하였고, 삼동은 그 대금을 받아 원재료를 구입, 다시 동선을 제작, 판매하는 방식이었다.

삼동이 제품을 생산한 지 얼마 지나지 않아 품질이 좋다고 알려지면서 인근지역 변압기공장 등으로까지 판매처가 점차 늘어났다. 물론 고도의 기술이 필요한 제품은 아니었으나 그 시절에는 동선 가공업체가 거의 없을 때라 주문량은 꾸준히 증가했다. 이에 따라 공장 역시 쉬지 않고 가동되었다.

동선 제작에 필요한 원재료는 이이주 사장이 근무했던 명광사로부터 구매하였는데, 이때에도 박 사장은 외상으로 물건을 내어주는 등 여러 가지 편의를 제공하며 이 사장에 대한 지원을 아끼지 않았다.

이처럼 이 사장을 비롯한 삼동 전 직원들이 생산과 판매에 열성적으로 임한 결과 창업 첫해 매출이 1억 원을 넘어섰다. 사업 시작 연도에 이만한 매출을 올린 것은 당시로선 매우 고무적이고 성공적인 결과였다.

사업 초기 성장탄력을 이어가다

삼동의 성장세는 창업 이듬해에도 꾸준히 이어졌다. 그야말로 순풍에 돛 단 듯 순조로운 항해였다.

이에 따라 일부 설비를 보강하고 직원들도 대폭 충원했다.

거래처 역시 크게 늘었다. 그중에는 당시 변압기공장으로 제법 규모가 컸던 선우전기를 비롯하여 인근지역의 국도전기, 풍성전기, 제일전기 등으로까지 거래선을 확대하였다.

이이주 사장 역시 1인 다역을 맡아 생산, 영업, 관리, 납품과 수금업무에 이르기까지 밤낮가리지 않고 뛰었다. 자신이 열심히 노력한 만큼 상응한 대가가 주어진다는 사실에 이 사장은 힘들어도 힘든 줄 몰랐다.

그 결과 창업 2년 만인 1979년에 이르러서는 매출이 큰 폭으로 증가했고, 직원 규모 또한 100여 명에 달할 만큼 사세가 확장되었다.

특히 이 무렵 삼동은 국내 유수의 해양플랜트 기업인 현대중공업에도 동선제품을 납품하는 성과를 올렸다. 당시 현대중공업은 조선사업에 주력할 때였는데, 선박 건조용 용접기에 필요한 동선 수요가 많았다. 용접기 한 대에만도 50kg 이상의 동선이 들어갔다.

현대중공업은 이에 소요되는 동선제품을 구매하고자 마땅한 업체를 물색했고, 그 결과 삼동이 최종 선택된 것이다. 이 시기 현대중공업에 납품한 용접기용 동선 물량은 삼동 매출액의 상당 부분을 차지했다.

주변에서는 '삼동이 이러한 성장세를 계속 이어간다면 머잖아 괄목할 중견기업으로 발전할 것'이라는 전망까지 나왔다.

사업이 크게 활성화되고 경제적 여유가 생기게 되면서 이 사장은 사업영역을 좀 더 확장하고 싶은 생각이 들었다.

이때 마침 거래기업에 근무하던 지인으로부터 '승용차용 부속 모터를 만들어보면 어떻겠느냐?'는 제의가 왔다. 다각적으로 검토한 결과 사업성이 있어 보였.

이 사장은 즉각 제품개발을 담당할 전문인력을 영입, 모터 개발사업에 착수했다. 그리고 약 1년여의 노력 끝에 마침내 승용차용 모터를 개발, 생산하기에 이르렀다. 납품처도 미리 확보하여 기아자동차와는 공급계약까지 맺었다. 하지만 호사다마라는 말이 있듯 기업 역시 사업이 잘 될 때 꼭 뜻밖의 문제가 발생하는 법이었다. 당시 이 사장은 이 일로 인해 결국 큰 손실을 입고 심각한 경영난을 겪게 되었다.

2. 일생일대의 위기를 맞다

다가오는 먹구름, 거센 波高

대양(大洋)을 항해하는 범선은 때로 예기치 못한 풍랑을 만나기도 하고, 갑자기 나타난 암초에 걸려 큰 위기를 겪기도 한다. 미래 성취를 향해 나아가는 기업의 행로 역시 이와 크게 다르지 않았다. 삼동의 기업사를 돌아봐도 이러한 사업역정은 마찬가지였다.

삼동이 한창 성장세를 이어가던 1979년 국가 초유의 비상사태가 발생하였다. 10월 26일에는 박정희 대통령 시해사건이 일어났고, 곧이어 한 달여쯤 뒤엔 12·12 군사반란 사태가 발발, 사회 전반은 극도의 혼란 속에 빠져들었다. 여기에 신군부에 대한 국민들의 저항운동까지 겹치면서 국가사회는 그야말로 한치 앞을 예견할 수 없을 만큼 암울한 상황에 처하게 되었다.

경제 분야 역시 예외일 수 없었다.

정치, 사회적 혼란이 계속되자 경기는 냉각되고 산업투자는 급격히 위축되었다. 여기에 2차 석유파동 여파까지 겹치면서 국내 경제상황은 그야말로 최악의 상황을 맞게 되었다.

이에 성장일로에 있던 삼동의 사업도 당연히 부진해질 수밖에 없었다.

1980년에 이르자 매출이 급격히 떨어지기 시작했다. 기업들의 신규 투자가 줄어들고 공공부문의 산업인프라 역시 제대로 집행되지 않다보니 동선 수요는 자연 급감할 수밖에 없었다.

문제는 이뿐만이 아니었다.

이듬해 초 삼동은 또 다른 충격적 소식을 접해야 했다.

1981년 2월 28일 정부의 자동차공업합리화조치가 전격 발표된 것이다. 당시 정권을 잡은 신군부세력이 국내 자동차산업을 강제 통폐합한 것이었다. 이 조치에 따라 기아자동차는 '중소형화물차 및 버스 전문생산업체'로 지정받음으로써 승용차 생산이 전면 중단되었다. 기아자동차의 사업구조 역시 완전히 개편되었고, 구조조정 등 심각한 경영난을 맞을 수밖에 없었다.

삼동으로선 그야말로 청천벽력 같은 일이었다.

그동안 많은 자금과 노력을 투입해 승용차용 모터를 개발, 곧 납품을 앞두고 있던 상황에서 기아의 승용차 생산 중단사태로 그 모든 노력과 기대가 일순간 사라졌음은 물론 엄청난 금전손실을 입게 된 것이다. 결국 삼동은 그동안 애써 만들어 놓은 모터를 모두 공장 옥상 위로 폐품처럼 옮겨 쌓을 수밖에 없었다.

예나 지금이나 기업이란 이처럼 기업 자체의 실수와 잘못 없이도 외생변수 즉, 대내외 경영환경 변화에 따라 억울하게 피해를 입는 일이 잦았다. 특히 기업활동에 지대한 영향을 미치는 정치적 결정과 정책의 변화가 있을 경우 많은 기업들이 갑작스런 어려움에 봉착하곤 하였다. 이는 마치 순항하던 선박이 예기치 못한 풍랑을 만나 조난위기를 겪는 것이나 다름없는 일이었다. 그러나 인간의 미약한 힘으론 단지, 그러한 파고가 잦아들 때까지 몸을 움츠려 기다리고 피하는 일뿐 달리 어찌할 방도가 없는 일이기도 하였다.

이런 상황으로 인해 삼동은 창업 4년 만에 그야말로 최대의 경영위기, 총체적 사업난관에 봉착하게 되었다.

예기치 못한 암초, 난파 위기에 처하다

불운은 늘 겹쳐온다는 말이 있다. 또한 엎친 데 덮친 격이란 말도 있다. 당시 삼동이 처한 상황이 그러하였다.

정치, 사회, 경제 전반에 걸친 혼란이 계속되면서 삼동의 매출은 나날이 줄어들고 제반 사업활동은 부진하기만 했다.

그러다 보니 운전자금 부족으로 유동성 위기에 처하게 됨은 당연한 과정이고 수순이었다. 삼동은 은행 당좌를 개설, 3개월 단위 어음을 발행하면서 원자재 대금 등 긴급한 자금을 충당해나갔다. 그래도 부족한 자금은 단기 고리의 사채를 이용하기까지 했다. 그 시절엔 정부의 기업금융지원정책이 미비하여 담보력이 부족한 중소기업들의 경우 은행으로부터 자금대출을 받기란 매우 어려울 때였다.

그러던 어느 날 이이주 사장은 지인으로부터 잠깐 만나자는 연락을 받았다. 부산에서 용접기 회사를 경영하는 박 아무개 사장이었다. 그는 삼동 제품을 구매하는 거래사 대표로 이 사장과 평소 잘 아는 사이였다. 부산에서는 상당한 재력가로 알려져 있었고, 사업 역시 탄탄한 것으로 다들 믿고 있었다.

이튿날 박 사장이 삼동 사무실로 찾아왔다

서로 수인사를 마치고 나자 그가 이 사장에게 말했다.

"이 사장, 우리 어음 좀 교환합시다."

이 사장이 물었다.

"얼마나요?"

"기간은 3개월로 하고 700만 원 정도씩 3장만 바꿉시다."

총 금액이 2,000여만 원, 지금 화폐가치로 환산하면 수억 원에 달하는 큰 액수였다. 하지만 이 사장 역시 회사 운영자금 융통이 급했던 터라 별 망설임 없이 이에 응하기로 했다.

당시엔 중소기업들이 당좌어음을 발행, 이를 거래대금으로 서로 맞교환하여 자금을 융통해 쓰는 것이 거의 관행화되어 있었다. 왜냐하면 자기회사 명의로 발행한 어음은 은행에서 현금으로 바꿔주지 않았을 뿐더러 사채시장에서도 할인받기 어려웠기 때문이다. 즉, 거래대금으로 받은 매출어음이라야 은행이나 사채시장에서 현금을 융통할 수 있었다.

두 사람은 즉석에서 서로 어음을 맞교환했다.

그러나 불행은 늘 예기치 못한 것으로부터 발생하는 법이었다. 이 사장은 이 어음이 문제가 되어 자기 삶과 회사경영에 엄청난 위기를 겪게 되리라곤 상상도 못했다.

결국 어음을 교환한 지 얼마 지나지 않아 박 사장이 부도를 내고 야반도주하였다는 소문이 전해졌다. 이 사장은 그 소식을 듣는 순간 가슴이 쿵하고 무너지는 느낌을 받았다.

박 사장 회사로 전화를 돌려보았으나 그는 이미 연락이 두절된 상태였다. 이 사장은 허겁지겁 부산으로 내려갔다. 주변을 모두 수소문해 보았지만 이미 부도를 내고 잠적한 사람을 찾기란 불가능한 일이었다.

결국 사람을 너무 믿은 것이 문제였다. 이는 당시 젊은 나이였던 이 사장의 세상살이에 대한 경험부족 때문이기도 하였다. 이 사장은 그동안 사회생활을 하면서 많은 이들과 인연을 맺었지만 대개는 자신이 신세를 지고 은혜를 입었던 이들이었다. 그러다 보니 타인에 대한 의심 같은 건 거의 해보지 않았다. 다들 신뢰할 수 있는 좋은 이들이라 여겼다. 그러한 순진함이 발단이고 화근이었다.

결국 이 사장은 허망한 심경으로 서울행 비행기에 다시 올랐다. 정신이 아득하고 온 몸은 기진한 상태였다. 창가에 머리를 기댄 채 깊은 상념에 빠졌.

'나는 이제 어떻게 해야 하나? 그러잖아도 회사가 어려운데 그 많은 액수의 돈을 어떻게 갚아야 하나? 갚지 못할 경우 나와 가족들 그리고 회사 식구들은 또 어떻게 되는 것인가? 거래처 등에 갚아야 할 원자재대금이며 사채며 직원들 임금은 또 어찌해야 하는가?'

머릿속에서 온갖 생각들이 복잡하게 뒤엉켰다.

하지만 이 사장이 처한 상황에서 그만한 금액을 마련한다는 것은 불가능한 일이었다. 어느 정도 작은 액수라면 주변에 융통이라도 해보겠지만 그런 큰돈을, 더구나 단기간에 마련한다는 것은 어림없는 일이었다.

아무리 생각을 해봐도 도저히 방법이 없었다. 흔히 하늘이 무너져도 솟아날 구멍이 있다고들 말하지만, 이 사장으로선 그런 구멍조차 전혀 보이지 않았다.

이 사장은 태어난 후 처음으로 죽음을 생각했다. 그냥 언뜻 생각한 것이 아니라 정녕 깊고 심각하게 고려했다. 그러면서 사람이 병들어 죽거나 사고로 죽는 이유 외에 돈 때문에 즉, 돈이 없어 죽는 경우 또한 적지 않을 것이란 냉혹한 현실이치도 그때 처음으로 깨달았다.

그야말로 어느 연극의 대사처럼 '죽느냐? 사느냐? 그것이 문제'였다. 정녕 당시의 이 사장에게는 그것이 가장 절박한 문제였고, 목전에 닥친 현실적 과제였다.

불가피했던 부도 선언, 뼈저린 자책

사람이란 너무도 어처구니없는 일을 당하면 처음엔 크게 놀라 당황하지만 그것이 아예 불가항력적인 것이라 여겨질 경우 차츰 마음을 비우게 되거나 포기할 것은 포기하게 되는 법이다.

이 사장은 박 사장을 찾아 돈을 받는다는 것은 이젠 불가능한 일이라 판단하였다. 다만, 지푸라기라도 잡는 심경으로 마지막 방법을 시도해보기로 하였다. 즉, 박 사장에게서 어음을 받은 채권자들을 찾아가 어음결제 기한만이라도 얼마간 연장해 달라고 호소해 볼 요량이었다. 어음발행 금액은 아예 손해를 본다 치더라도 일시에 거액을 지급해야하는 어음결제기일이나마 다소 늦출 수 있다면 그래도 조금은 숨통이 트이고 뭔가 길이 있을 것 같았다.

이 사장은 이튿날 다시 부산으로 내려갔다.

그러나 이미 형세가 기울고 불운이 겹친 상황을 역전시키기란 원래 어려운 법이었다. 결과는 역시 허사였다. 어렵사리 수소문해 만난 채권자들은 일언지하에 이 사장의 호소를 거절했다. 전후 상황을 설명하며 아무리 통사정을 해도 그들은 '박 사장 배서(背書)를 보고 돈을 빌려준 것이지 당신 보고 빌려준 것이 아니다'라며 매몰차게 거절했다. 결국 최후의 해결 노력조차 아무런 성과 없이 무위로 끝나고 만 것이었다.

이 사장은 다시 절망적 심경이 되어 서울로 올라왔다. 그리고 사무실에 홀로 앉아 밤을 새며 곰곰이 생각해봤다.

그 결과 자신이 지금으로서 선택할 수 있는 길이란 딱 두 가지뿐이었다. 즉, 이 절체절명의 위기를 모면하기 위해 아예 삶을 포기하거나 아니면 부도를 낸 뒤 후일을 모색하거나 둘 중 하나밖에 없다는 결론을 내렸다. 그러나 삶을 포기한다 하여 회사의 부도가 막아지는 것은 아니었다. 당장 그만한 돈을 마련할 길 없으니 회사 부도는 이래저래 피할 수 없는 노릇이었다.

반면 자신이 이대로 삶을 포기하고 나면 영원히 빚쟁이로 남을 것이지만 끝까지 살아서 나중에라도 빚을 갚을 수 있는 기회를 마련할 경우 뒤늦게나마 자신의 신용을 회복할 수 있다는 생각이 들었다. 그리고 이대로 삶을 포기하는 것은 주변 사람들에 대한 도리도 아닐뿐더러 그들의 신의를 두 번 저버리고, 그들에게 더더욱 고통을 안겨주는 일이란 생각이 들었다.

더구나 그 무렵엔 회사 직원 수가 100명 이상이 되었고, 집안에도 두 살 터울로 태어난 아들 우현과 딸 우람이 아내와 함께 자신만 믿고 의지하고 있었다. 이 사장은 회사 직원과 가족들에 대한 생각을 하니 그야말로 가슴이 미어졌다.

특히 어처구니없는 일로 당한 금전적 손실은 차치하고라도 무엇보다 그동안 자신을 믿어준 주변 분들에 대한 신뢰를 저버리고 제반 책임과 의무를 다하지 못한다는 사실에 기가 막혔다. 이 일로 자신이 지금껏 성실하게 쌓아왔던 신용이 한순간에 무너져 버림은 물론 주변 분들에게 본의 아니게 실망과 피해까지 끼치게 됨이 너무도 한스러웠다.

하지만 그런 것을 한탄하고 있을 때가 아니었다. 어음만기일이 하루하루 목전으로 다가옴에 따라 어느 쪽으로든 시급히 결단을 내려야만 했다.

그러나 달리 방법이 없었다. 앞서 말했듯 죽느냐? 사느냐? 오직 둘 중 하나의 길만 있을 뿐이었다.

이 사장은 결국 후자 쪽을 선택하기로 했다. 이는 삶에 대한 집착 때문도, 죽음을 결행할 용기가 없어서도 아니었다. 주변 분들에게 본의 아닌 실망과 피해만 끼친 채 이대로 생을 마감해선 안 된다는 최소한의 인간적 신의와 도리 때문이었다. 그리고 정녕 삶을 포기하는 것으로 모든 고통을 회피하려는 것은 사람으로서 결코 행해서는 안 될 무책임한 행동이란 생각 때문이었다.

이 사장은 일단 어음을 부도처리한 후 주변 분들의 피해를 어떻게든 보상할 수 있는 길을 모색하자는 쪽으로 결정을 내렸다.

이 사장은 그렇게 작정한 후 회사에 나가 간부회의를 소집했다. 그리고 10여 명의 간부직원들에게 자신이 현재 처한 상황과 생각을 가감 없이 설명했다. 하지만 그들이라고 특별한 이견이나 대안이 있을 리 없었다. 간부직원들 역시 '지금으로선 달리 길이 없으니 일단 회사를 부도처리한 후 재기를 모색해보자'는 쪽으로 의견을 모았다.

이 사장은 이날 간부직원들 앞에서 회사의 부도를 선언한 후 피눈물을 쏟았다. 창업 후 4년 넘는 기간 동안 전 임직원들이 혼신을 다해 키워온 회사가 그야말로 한순간에 망해버린 것이다.

무엇보다 그동안 자신을 믿고 의지하고 따라준 직원들의 침통하고 힘없는 모습을 보고 있자니 억장이 무너졌다. 특히 이 모든 일이 자신의 경험부족과 잠시의 판단 실수 때문이란 자책감, 죄책감, 자괴감에 고개를 들 수 없었다.

마치 미숙한 항해술로 선원 모두를 위험에 빠트린 조난선 선장처럼, 잠깐의 방심으로 아군병사들을 생사의 위기에 몰아넣은 전장의 패장처럼, 이 사장은 그야말로 유구무언, 입이 열 개라도 할 말이 없는 처지가 되었다.

물론 돌이켜보면 이 사장은 이때의 뼈저린 실수와 실패경험을 바탕으로 후일 내실경영의 기반을 다지고 사업의 제반 위험요소를 사전에 방지할 수 있는 값진 교훈과 지혜를 얻기는 했지만 당시로서는 실로 통탄할 일이었다.

결국 그렇게, 이 사장이 세우고 일군 '삼동금속주식회사'는 창업 4년 만에 일단 간판을 내리고 말았다.

1981년 5월 10일, 삼동은 은행 당좌거래가 중지되면서 최종 부도처리 되었다.

재기의 시간을 벌기 위한 고육지책

이이주 사장은 간부회의에서 부도를 선언한 후 우선 가용자금을 모두 끌어 모아 직원들에게 줄 임금부터 다만 얼마씩이라도 지급했다. 그러고 나니 회사 자금사정은 거의 제로상태가 되었다.

당장 지급해야 할 원자재 구매대금과 삼동이 발행한 어음을 받은 다수 채권자들 그리고 사채를 빌려 쓴 이들에 대해서는 그야말로 속수무책, 어찌할 방법이 없었다.

갚아야 할 채무액을 합산해보니 총 1억여 원이 넘었다. 워낙 채무액수가 커서 이는 천상 후일 변제를 기약할 수밖에 없었다.

이 사장은 회사의 부도상황을 채권자들에게 미리 알리고 어떻게든 조속한 기일 내에 꼭 갚겠다는 약속이라도 전하고 싶었다. 하지만 그랬다간 채권자들이 한꺼번에 몰려들어 난리가 날 것이 뻔한 바, 그럴 수도 없는 형편이었다. 예나 지금이나 빚을 갚지 못하는 데엔 이런저런 말이 필요 없기 때문이었다.

또한 그 시절엔 어음수표법까지 엄격해서 당좌어음을 부도낼 경우 형사처벌까지 받아야 했다. 따라서 만약 자신이 채권자들에게 붙잡히거나 법적 처벌을 받아 옴짝달싹할 수 없는 상황에 처할 경우 재기의 기회마저 마련하기가 아예 불가능할 수도 있는 일이었다.

이른바 '소나기는 피하고, 눈 내릴 때는 비질을 하지 말라'는 말이 있듯, 이 사장은 채권자들의 분노와 원성이 다소 잠잠해질 때까지 일단 몸을 피해 사태를 수습할 시간을 버는 것이 우선 급하다고 판단했다.

이에 이 사장은 단 얼마 동안이라도 피신을 하기로 작정했다. 그런 연후 채권자들과 다시 접촉, 채무상환계획과 방법을 설명, 설득함으로써 재기를 모색하겠다고 작정했다.

그리고 이 사장의 이런 생각은 실현 불가능한 것이 아니었다. 비록 은행의 당좌거래정지로 회사가 부도 처리되긴 했으나 여전히 제품을 생산, 판매할 시설과 장비, 영업 루트는 존속했고, 이를 재가동하여 정상적 사업활동을 계속할 수만 있다면 재기가 가능한 일이었다. 물론 거액의 채무를 일시에 상환하긴 어렵겠지만 그 역시 시간을 두고 조금씩 갚아나갈 수만 있다면 크게 문제될 일은 아니었다. 단지, 코앞에 닥친 가장 시급한 문제는 갑작스런 어음부도 소식에 놀라고 화가 난 채권자들 마음을 진정시키는 일이었다. 즉, 그들이 어느 정도 마음을 가라앉히고 이 사장이 정상적 사업활동을 할 수 있도록 믿고 기다려주고 협조할 수 있도록 설득하는 일이 당면과제였다. 만일 채권자들이 한꺼번에 회사로 몰려들어 이 사장을 붙잡고 '당장 돈 갚으라'며 닦달을 할 경우 그야말로 죽도 밥도 안 될 상황이었던 것이다. 따라서 일단 채권자들 마음이 어느 정도 진정되어 그들 역시 감정적 대응이 아닌 합리적 판단과 선택을 할 수 있을 만큼의 시간이 필요했다.

이 사장은 회사 직원들에게도 이 같은 사정과 생각을 설명한 후 '정말 미안하고 또

미안하지만 자신을 믿고 기다려줄 수 있는 이들은 몇 달간만이라도 꼭 기다려 달라'는 당부의 말을 남긴 채 황급히 회사를 나왔다.

'5·10 사변일', 피난길에 오르다

이이주 사장의 생애에서 결코 잊을 수 없는 1981년 5월 10일 삼동 부도일 아니, '5.10 사변일', 이 사장은 피신길 아닌 피난길에 올랐다.

그랬다. 그것은 단순히 자신의 안위만 생각하여 일신을 숨기려는 '피신길'이 아니라 목전에 닥친 불가항력적 난국과 난리를 피해 재기의 기회를 마련하기 위한 '피난길'이었다. 후일의 십보, 백보 전진을 위한 일보 후퇴였다. 즉, 차후 자신이 진 빚을 반드시 갚기 위한, 그 최소의 시간을 벌기 위한 어쩔 수 없는 고육지책이었다.

이 사장은 스스로 그렇게 믿었고 또한 자신에게 일정 기간 시간적 여유만 주어진다면 충분히 재기할 수 있다는 자신감도 있었다. 이는 적수공권으로 창업하여 불과 4년 만에 직원 수 100여 명이 넘는 어엿한 기업을 일군 그의 사업역량과 성과로서도 입증할 수 있는 것이었다.

문제는 가족이었다. 만일 자신에게 딸린 가족들까지 함께 몸을 피한다는 것은 아무리 생각해도 채권자들에 대한 도리가 아니라는 생각이 들었다. 그럴 경우 자신은 그야말로 단순 도피자, 도망자 신세가 되고 마는 것이었다.

비록 이 사장 본인은 부재할지언정 가족이나마 끝까지 자리를 지켜줘야 채권자들 역시 차후 채무를 변제받을 작은 희망이라도 가질 수 있는 일이었다. 또한 채권자들이 누구에게든 찾아가 하소연과 원망이라도 할 수 있어야 그들의 화를 다소나마 누그러뜨리고 마음을 달래줄 수 있는 일이라고도 생각했다.

이 사장은 아내에게 이 같은 사정을 설명하고 이해를 구했다. 말하는 도중에도 울컥울컥 가슴속에서 뜨거운 것이 치밀어 올랐지만 그런 내색을 보이면 아내 또한 마음이 약해지고 너무 슬퍼할까봐 일부러 대수롭지 않게 그리고 냉담하게 '몇 달만 참고 버티며 기다려 달라, 반드시 돌아와 재기하겠다'고 말했다.

이 사장은 그렇게 아내를 위로, 독려한 후 곧장 집을 나와 정처 없는 피난길에 올랐다.

흔히 '빚진 죄인'이라고도 하고, 드센 채권자들을 일컬어 채귀(債鬼)라고 표현하기까지 한다. 따라서 그들의 모진 빚 독촉에 온갖 고초를 겪을 것이 불 보듯 뻔한 상황에서 처자식을 그 아수라장 속에 남겨둔 채 홀로 몸을 피해야 하는 당시 이 사장의 심정이 어떠했을지는 굳이 설명할 필요가 없을 것이다. 또한 어린 자녀들을 데리고 고립무원의 상황 속에 외따로 남겨져 오직 남편의 무사귀환만을 간절히 빌고 기다려야 할 아내의 심경이 어떠했을지도 더는 설명이 필요 없을 것이다. 다만, 후일 이 사장이 회고했듯 '그 당시 다른 채권자들에 대한 금전적 채무는 나중에라도 다 갚았지만, 아내한테 진 마음의 빚만큼은 평생을 갚아도 다 갚지 못할 것'이란 말로 대신할 뿐이다.

3. 뼈아픈 성찰, 새로운 활로의 모색

고시촌으로 들어가다

이이주 사장은 세면도구나 갈아입을 옷가지조차 제대로 챙기지 못한 채 황급히 집을 나왔다. 언제 채권자들이 들이닥쳐 바지춤을 붙잡고 늘어질지 모를 상황이었다. 호주머니 또한 거의 텅 비어 있었다.

경우는 좀 달랐지만 어릴 때 가출경험까지 합치면 도합 세 번째의 무작정, 무일푼 가출인 셈이었다. 이 사장은 내심 '무슨 팔자가 이리도 고단할까' 싶어 한숨이 절로 나왔다.

집을 나왔으나 이번 역시 마땅히 갈 곳이 없었다. 상황이 상황인 만큼 아는 사람에겐 아는 사람대로, 모르는 곳은 또 모르는 곳대로 선뜻 연락을 취하거나 찾아갈 데가 없었다.

세상이 넓다지만 사람이 막상 제 집을 나오고 보면 자신의 작은 몸뚱이 하나 변변히 의탁할 곳도, 반겨 맞아줄 곳도 없다는 사실을 이 사장은 이때 또 한 번 절감했다.

'사업은 부도가 났고, 가진 돈은 없고, 채권자들은 회사로, 집으로 쳐들어와 온갖 난리를 칠 것이 뻔한 이 총체적 난국 속에서 나는 정녕 어디로 몸을 피해 후일 재기를 도모할 것인가?'

고심을 거듭하던 이 사장은 언뜻 한 친구가 생각났다. 그는 명광사 근무 시절 같은 하숙집에서 함께 기숙했던 또래의 친구였다. 당시 서로 흉금을 터놓고 지냈던 사이였던지라 명광사 퇴직 후에도 가끔 안부를 주고받던 터였다. 그 친구가 공무원 시험 준비를 위해 경기도 가평 남한강변의 한 고시촌에서 공부를 하고 있다는 소식을 전해 들은 것이 기억났다. 고시촌이라 하면 한적하고 조용한 곳이어서 지친 심신을 가누며 잠시 시간을 벌고 은둔해 있기에 맞춤하다는 생각이 들었다.

이 사장은 서둘러 가평행 버스에 올랐다. 그리고 낯선 시골길을 물어물어 어렵사리 그곳을 찾아갔다.

당시 송강마을이라 불리던 고시촌은 가평군 청평면에 위치해 있었다. 나룻배를 타고 강을 건너야 닿을 수 있는 외진 곳이었다.

다행히 친구는 반갑게 맞아주었다. 이 사장은 그에게 저간의 사정과 본인 처지를 설명한 후 당분간 함께 지낼 수 있는 방법을 의논하고 도움을 청했다. 친구는 이 부탁 또한 흔쾌히 들어주었다.

그렇게 하여 이 사장은 난데없는 '고시준비생'으로 시골 생활을 시작하게 되었다.

고시촌 한 달 숙식비는 약 5만 원, 30여 명의 고시생들이 모여 기숙하고 있었다. 다들 공부에 전념하다 보니 분위기는 조용하고 아늑한 편이었다.

이 사장의 친구는 함께 생활하는 고시생들에게 이 사장을 '공무원시험 준비 중인 친구'라 소개했고, '앞으로 잘들 지내자'며 서로를 인사시켰다.

감옥살이 같았던 자숙과 성찰의 나날

고시촌에서의 생활은 하루하루 답답하고 적막했다.

그도 그럴 것이 불과 며칠 전까지만 해도 회사 일로 정신없이 바쁘게 뛰어다니던 이이주 사장이었는데, 갑자기 할 일이 딱 끊기고 온종일 시간이 남아 돌다보니 무엇을 해야 할지 몰랐다.

그 시절은 휴대폰마저 없을 때라 어디로 연락을 취할 방법도, 연락이 올 일도 없었다. 회사가 잘 돌아갈 때는 공사다망(公私多忙)해서, 회사의 부도 후엔 그야말로 공사가 다 망해서 사람들과의 연락과 만남이 두절된 것이었다.

집을 나올 때 역시 마땅히 갈 곳이 정해지지 않았던 터라 가족과 회사 직원들조차 이 사장의 행방을 몰랐다. 그러다 보니 세상과 완전 단절된 듯 매일매일 갑갑하고 적조하고 우울한 날들이 이어졌다. 그러나 채권자들 원성이 어느 정도 진정될 때까지 최소 몇 달간은 은둔의 시간을 보내고 재기할 시간을 벌어야만 했다.

이 사장은 내심 이런 상황 역시 자신의 실수에 따른 일종의 형벌이자 감옥 생활이 아닌가도 싶었다.

이 사장은 이후 시간이 점차 지나면서 혼자 방안에 있는 것이 무료해지면 강가로 산책을 나가기도 하고, 다른 고시생들과 어울려 소소한 대화도 나누면서 그야말로 무위도식의 단순 시간 죽이기, 시간벌기 일상을 이어갔다.

그러나 탈속한 도인이 아닌 이상 그런 은둔과 칩거생활에 마음이 편할 리 없었다. 고시생들에게 이런저런 책도 빌려 읽고, 신문잡지도 뒤적여봤으나 그 역시 눈에 잘 들어오지 않았다.

특히 밤이 되면 가족과 회사 직원들 그리고 자신을 믿어주고 챙겨줬던 주변 분들에 대한 미안함, 죄송함에 잠을 이룰 수 없었다. 또 자신으로 인해 금전적 피해를 입고 분기탱천, 망연자실해 있을 여러 채권자들에 대한 죄책감에 더없이 마음이 아팠다. 그동안 앞만 보고 정신없이 내달리며 주변을 제대로 살피지 못한 자신의 여러 불찰과 실책에 대해서도 뼈저린 회한이 밀려왔다.

그렇게 한 달여를 노심초사, 전전반측하다 보니 건강이 점점 나빠져 줄곧 피워오던 담배마저 끊어야 했다.

이 사장은 안 되겠다 싶었다. 이러다간 재기의 기회를 마련하긴 고사하고 곧 폐인이 되고 말 것 같았다.

이 사장은 다시 마음을 굳게 다잡았다. 그리고 머릿속을 어지럽히는 온갖 상념과 고민들을 일단 모두 떨쳐버리고 또는 아예 잊어버리고 오직 향후의 재기, 회생방안만 궁리하려 애썼다. 또한 이 기회에 앞으로의 구체적 사업계획과 목표 같은 것도 재구상, 재정리하기로 결심하였다.

절치부심, 다시 일어서기 위한 다짐과 노력

사람이 어떤 절망적 한계상황에 처했을 때 그것을 견디고 극복할 수 있게 하는 힘은 바로 '지금 이 고비만 넘기면 새로운 길을 찾을 수 있을 것'이라는 희망이었다. 만일 그러한 희망의 불씨마저 꺼져버리고 만다면 누구든 결국 좌절할 수밖에 없을 것이었다. 또한 여기에 더하여 '이대로 무너지거나 포기해선 안 된다'는 강한 집념과 책임감 역시 그러한 위기상황을 극복할 수 있게 하는 동력이 될 수 있었다.

당시 이이주 사장 역시 마음속에 '나는 반드시 재기할 수 있고 또 반드시 재기해야만 한다'는 필연의 희망과 집념이 있었다. 만일 그런 것이 없었더라면 이 사장 역시 아마 그 시절 포기하고 좌절했을지도 모를 일이었다.

이 사장은 더러 가슴속에서 그러한 희망의 불씨가 사그라지려 할 때마다 그리고 의지가 약해지고 마음이 흔들릴 때마다 마치 주문처럼 혼잣말로 되뇌었다.

'지금의 이 상황은 분명 불가항력적 재난상황이다. 몰아치는 비바람을 인력으로 막을 수 없듯 나는 포기한 것이 아니라, 무너진 것이 아니라 단지, 이 풍우가 그칠 때까지 잠시 피하고 기다리는 것뿐이다. 그리고 나는 반드시 재기할 수 있고 또 반드시 재기해야만 한다'라는 말을 수없이 되뇌이며 스스로를 채찍질했다.

정면 돌파를 시도하다

이이주 사장이 고시촌에서 생활한 지 어언 두 달여, 시간의 흐름이란 하루하루를 손꼽아 헤아리고 기다려본 사람만이 절실히 느낄 수 있는 것이었다. 이 사장에겐 그야말로 일각이 여삼추, 시간 흐름이 너무나 더디게 느껴졌다. 정녕 더는 이러고 있을 수가 없었다. 이젠 속도 끓일 만큼 끓였고 애도 태울 만큼 태웠고 고민도 할 만큼 했다는 생각이 들었다.

이 사장은 고시촌에 들어온 이후 남들에겐 별 내색 않고 지냈지만 실상 와신상담(臥薪嘗膽) 즉, 섶에 누워 쓸개를 핥는 심경으로 하루하루를 보냈다.

그러나 이제는 뭔가 사태의 근본 수습방안과 해결대책을 모색하고 실행해야 할 시점이란 판단이 들었다. 은둔생활이 더 길어질 경우 재기가 점점 힘들어짐은 물론 채권자들에 대한 도리도 아니었기 때문이다.

상황을 타개할 방법 또한 충분히 있다고 여겨졌다.

비록 은행어음은 부도가 났으나 회사가 파산절차를 밟은 것은 아니었으므로 상호와 사업자등록증은 여전히 살아 있고, 공장시설 또한 그대로 남아 있기에 이를 재가동, 제품을 생산할 수만 있으면 충분히 회생가능한 일이라는 생각이 들었다. 문제는 이 사장이 공장을 재가동하며 정상적 사업활동을 할 수 있도록 채권자들이 얼마만큼 사정을 봐주고, 이해와 협조를 해주고, 빚 갚을 시간을 연장해주면서 자신을 믿고 기다려주느냐 하는 것이었다. 물론 일시에 모든 채무를 청산할 수는 없겠지만 어느 정도 기일을 두고 조금씩 갚아 나간다면 이 또한 충분히 해결가능하다고 생각했다. 이 사장은 이런 방법을 통해 나름 재기할 자신이 있었고, 또 그랬기에 단지, 일정 기간 시간을 벌고자 본의 아닌 피신, 피난길에 나섰던 것이었다.

고심 끝에 이 사장이 택한 해결방안은 바로 정면 돌파 즉, 채권자들과 직접 대화를 통해 사태해결을 도모하는 것이었다. 예컨대 모든 채권자들에게 현재 자신이 처한 상황을 털끝하나 숨김없이 솔직하게 털어놓고, 앞으로 채무변제를 할 수 있는 현실적 계획과 구체적 방도를 제시한 후 그들의 용서와 이해와 협조를 구하자는 생각이었다. 이 사장은 현재로선 이것이 가장 온당하면서도 효과적이고 합리적인 해결책이라 판단했다.

'그렇다면 어떤 방법으로 이를 실행에 옮길 것인가?'

이 사장은 생각을 거듭해본 결과 지금 자신이 모든 채권자들을 일일이 찾아다니며 직접 만나 대화하는 것은 현실적으로 어렵기도 하거니와 오히려 역효과가 날 수 있다는 생각이 들었다.

결국 이 사장이 선택한 방법은 모든 채권자들에게 자신의 진심을 담은 편지를 써서 전달하는 것이었다. 그것이 채권자 개개인을 직접 대면하여 설명하는 것보다 더 효과적인 방법이라 판단한 것이다.

채권자 수는 모두 20명이 넘었다. 그중에는 삼동의 어음부도로 직접 피해를 본 채권자들도 있었고, 현금을 빌려 쓴 사채업자 그리고 원자재 대금을 갚지 못한 거래처도 다수 있었다.

이 사장의 수첩에는 각 채권자들에게 갚아야 할 채무 내역과 액수, 연락처 등이 빼곡히 적혀 있었다.

이 사장은 이들에게 자신의 진심과 채무변제계획을 담은 편지를 정성껏 쓰기 시작했다. 컴퓨터가 없을 때라 장문의 사연을 한자 한자 일일이 손으로 적었다. 또한 채권자들마다 각기 입장과 사정이 다르다 보니 개별 상황에 맞추어 내용을 쓰느라 며칠 밤을 새워야 했다.

이 사장은 죄스러운 마음의 표현과 함께 용서를 구하는 내용, 채무상환에 대한 현실적 방법과 계획, 현재 자신이 처해있는 처지 등을 단 한마디 보태거나 숨김없이 사실대로 적었다. 그리고 편지 말미에는 채권자들과 어느 하루 날을 정해 직접 해결책을 논의할 수 있는 이른바 채권단 회의를 열 장소와 시간까지 덧붙였다.

남들에게 책임과 의무를 다하지 못하여 구구절절 사죄의 말을 늘어놓은 일은 참으로 괴로운 일이었다. 이는 자존심 문제를 떠나 인간으로서의 존엄성과도 관련 있는 문제였다.

이 사장 역시 자신이 법적 책임을 지고 마는 것으로 모든 문제가 해결될 수 있는 것이라면 차라리 그 길을 택했을 것이었다. 그러나 채권채무관계에서의 책임과 의무란 빚을 갚지 않는 한 끝내 도의적 책임을 면할 수 없고, 자책감과 죄책감에서 벗어날 수 없는 일이었다. 한마디로 '영원한 빚쟁이'로 남을 수밖에 없는 일이었다. 이는 평생 스스로를 괴롭히는 일일뿐 아니라 채권자들에 대한 인간적 도리도 아니었다. 따라서 '죽는 한이 있더라도 빚은 갚고 죽어야 한다'는 것이 이 사장 생각이었다.

당시 이 사장이 쓴 편지는 다소 신파조로 표현하자면 한자 한자 자신의 피와 눈물

STORY IN HISTORY

고시촌 친구들과 다진 우정

1981년 이이주 사장이 고시촌에서 생활했던 약 석 달여의 기간 동안은 그가 생전 처음으로 색다른 경험을 한 날들이었고, 새로운 공부와 수양을 했던 시간이기도 했다. 고시촌의 다른 친구들이 그곳에서 법 공부, 제반 학과 공부를 열심히 했다면 이 사장은 인생 공부, 세상 공부를 열심히 했다고도 할 수 있었다.

또한 그 시절 20대 중후반의 순수한 젊은이들이 매일 얼굴을 맞대고 숙식을 함께하며 지내다보니 서로 간 우정과 의리 같은 것도 생겨나고, 남다른 친밀감도 지니게 되었다.

이 사장 역시 고시촌에서 본의 아니게 '가짜 고시생' 노릇을 하며 생활하긴 했으나, 고시촌을 나올 무렵엔 그들과 서로 흉금을 터놓을 만큼 친한 사이가 되었다. 나중엔 자신이 회사 부도로 잠시 고시촌에 피신한 것이라는 얘기까지 다 밝혔다.

그들은 이 사장의 안타까운 얘기를 들으며 위로와 격려를 아끼지 않았다. 그중 몇몇 나이 어린 친구들은 '이주 형은 그래도 회사를 설립하고 직접 경영해 보기라도 했지만, 우린 아직 회사에 입사해 본 적도 없다'며, '현재의 힘든 경험이 후일 반드시 더 큰 성공의 밑거름으로 작용할 것'이라며 용기를 북돋워주기도 했다.

그 시절 고시촌에서 공부했던 친구들 중에는 후일 사법, 행정고시 합격자도 여럿 나왔고, 고급 공무원시험에 합격, 중앙부처나 세무관서 등에 근무하는 친구들도 다수 배출되었다.

이들은 후일 고시촌 동기생 모임인 '松江會'를 결성, 지속적 교류와 친목을 다졌으며, 이 사장 역시 이 모임에 '특별 옵서버'로 참여, 오랜 교분을 유지하였다. 또한 그 친구들 중에는 훗날 삼동 주주가 된 이도 있고, 법률과 세무 자문을 맡아준 이도 있었다.

을 찍어 써내려 간 혈서(血書)였고 누서(淚書)였다. 그 속에는 절박한 위기상황에 놓인 한 젊은이의 뼈아픈 절규와 회생을 위한 몸부림과 진정어린 호소가 고스란히 담겨 있었다.

이 사장은 며칠 밤을 새우며 정성껏 쓴 편지를 들고 읍내 우체국으로 향했다. 그리고 채권자들 모두에게 이를 발송했다. 이른바 진인사 대천명, 일면 비장한 느낌이 들었다.

이 사장은 우체국을 걸어 나오며 고시촌 생활도 그만 청산하기로 마음먹었다. 이제는 그야말로 죽기 아니면 까무러치기, 채권자들과 정면으로 부딪쳐서 그들에게 진정어린 용서와 이해와 협조를 구한 후 다시 한번 일어서보리라 다짐했다.

이 사장은 송강마을로 되돌아와 고시촌 친구들과 작별인사를 나눴다. 함께 지내는 동안 서로 마음이 통하고 정이 들었던 좋은 친구들이었다. 그리고 이 사장은 자신이 약속한 채권단 회의에 참석하기 위해 서울행 버스에 올랐다.

채권단 회의 결정, 진심이 통하다

1981년 8월 10일, 삼동의 자양동 공장에는 이른 아침부터 사람들이 몰려들기 시작했다. 이날은 이이주 사장이 채권단 회의를 열겠다고 통보한 날이기 때문이다.

3개월여 동안 문을 닫아둔 탓에 먼지가 뽀얗게 쌓인 사무실엔 심각한 표정의 채권자들이 속속 들어와 앉았다. 그리고 마침내 회의가 시작되었다.

자리에서 일어선 이 사장은 채권자들에게 정중히 예를 갖춘 후 비장한 어조로 말문을 열었다. 이 사장이 처해 있는 어려운 상황이나 향후 채무변제계획, 방법 등에 대해서는 이미 편지를 통해 자세히 밝힌 터라 이 사장 말의 요지는 오직 한 가지였다. 즉, '앞으로 빚을 갚을 수 있는 기회를, 시간을 허락해 달라'는 호소, 그것이었다. 그리고 '두 번 다시 채권자들을 실망시키지 않겠다'는 굳은 다짐과 약속이었다.

사실 그때 이 사장으로선 갚아야 할 빚만 산더미 같았을 뿐 더 이상 가진 것도, 잃을 것도 없는 막다른 입장이었다. 못된 채무자 같으면 이런 자리를 마련하기는커녕 끝내 잠적해버리거나 오히려 '배 째라'고 나올 수도 있을 법한 상황이었다.

그럼에도 불구하고 이 사장이 스스로 회의 자리를 마련하고 진심을 담은 간곡한 어조로 용서와 이해와 협조를 구하자 채권자들 표정이 달라지기 시작했다. 대저 안됐다는 기색으로 이 사장 호소에 귀를 기울이고 믿고 수긍하는 분위기였다.

진심의 힘이었다.

'말 한마디로 천냥 빚을 갚는다'는 속담은 바로 이런 경우를 두고 생긴 것인지도 몰랐다.

물론 그중에는 '언제까지 갚겠다는 것인지 분명한 기한을 밝히라'며 다그치는 이도 한둘 있었지만, 대다수 채권자들은 안타까운 시선으로 또는 아예 마음을 비운 듯 체념의 표정으로 이 사장을 지켜봤다. 그중 소액 채권자 몇몇은 '나는 앞으로 이 사장이 돈을 주면 받고 안 주면 포기할 테니 부디 사업 열심히 해서 성공하라'는 말을 남긴 채 그냥 가버리는 이도 있었다.

사실 그들도 이 사장의 딱한 처지를 잘 알고 있을 터였다. 이 사장이 자리를 피한 3개월여 동안 빚 받을 방도를 백방으로 알아봤을 것임은 불문가지였다. 하지만 그들 역시 이 사장을 아무리 닦달해 본들 더 이상 나올 것이 없고, 그나마 재기의 기회라도 주지 않는다면 만에 하나 돈 받을 희망과 기회조차 영영 사라져 버리게 되니 어쩔 수 없는 입장이기도 했을 터였다.

결국 이날 채권자들은 이 사장 말을 한 번 더 믿고, 이 사장에게 재기의 기회와 시간을 주고 기다려 보자는 쪽으로 중론을 모았다.

채권자들이 이런 결정을 한 데에는 당장 현실적으로 이 사장의 채무상환 능력이 없다는 것을 인식했기 때문만은 아니었다. 또한 단순히 어떤 인간적 동정심이나 연민 같은 것 때문도 아니었다. 회의에 참석한 대다수 채권자들의 경우 이미 이 사장과 오랜 거래관계를 유지해왔던 이들인 만큼 평소 이 사장의 반듯한 성품과 철저한 신용관리 그리고 성실성, 진실성에 대해 잘 알고 있었던 것이 큰 몫을 하였다. 이에 더해 삼동의 경영난과 어음부도 사건 역시 이 사장 본인의 잘못이라기보다는 외부 경영환경 악화와 어음사기 사건 등이 겹쳐 빚어진 불가항력적 사고에 의한 것임을 다들 잘 알고 있는 때문이기도 하였다.

이 사장은 이날 채권단 회의를 통해 신용이 돈보다 중하다는 말, 사람이 위기에 처할수록 정직과 원칙을 지키며 정도로 임해야 한다는 말의 중요성을 다시 한번 절감했다.

이날 채권단회의 결정에 따라 이 사장은 힘든 피난살이를 끝내고 마침내 재기를 위한 사업활동에 착수할 수 있게 되었다.

4. 재기를 위한 준비와 노력

다시 조난선(遭難船)의 키를 잡다

3개월여를 비워둔 공장풍경은 스산했다.

각종 불용자재들은 낡은 천막에 뒤덮여 있었고, 공구와 비품 등도 구석마다 쌓여 있었다. 게다가 돈 될만한 기계설비에는 이미 은행의 압류딱지까지 덕지덕지 붙어 있었다.

마치 격랑에 휘말린 난파선, 조난선 내부만큼이나 공장 안은 어지러웠다.

그나마 한 가지 다행이었던 것은 압류된 설비들의 경우 삼동이 임의로 이동하거나 처분하진 못하더라도 공매절차가 진행되기 전까지 기존 용도대로 사용하는 것은 가능했다는 점이었다. 따라서 삼동은 이들 설비를 재가동, 제품생산을 할 수가 있었다.

한편 생산활동이 갑자기 중단되다 보니 공장건물의 임대료 또한 몇 달 치나 밀려 있었다.

당시 건물주는 모 경찰서 현직 간부로 근무하던 분이었다. 이 사장이 후일 더러 과거 얘기를 할 때면 친구들은 '그때 자네가 그 경찰관한테 안 잡혀간 것이 천만다행' 이라며 농담을 던지기도 했다.

건물주는 직업과는 상관없이 마음씨가 매우 너그럽고 인정이 많은 분이었다. 특히 그는 이 사장의 평소 신용과 성실성에 대해서는 물론 이후의 딱한 상황까지도 잘 알고 있었다. 부도를 맞기 전까지 4년여를 세 들어 지내면서도 단 한 번 도리에 어긋나는 일을 하거나 임대료, 관리비 등을 연체한 적 없기 때문이었다.

이에 건물주는 이 사장의 재기를 독려하면서 '밀린 임대료는 앞으로 형편이 나아지게 되면 조금씩 나누어 갚으라'고 배려해줬다. 모두 고마운 분들이었다. 이 사장은 이런 분들의 기대와 신의를 저버리지 않고 다시 돌아와 재기를 도모하게 된 것이 얼마나 다행스럽고 옳은 일이었는지 다시 한번 절감했다.

이 사장은 잠시 공장마당에 서서 지난 몇 년 동안 자신의 땀과 열정의 자취가 서린 주변 풍경을 바라다봤다. 가슴이 저려왔다.

'그래, 이제 새로운 출발이다. 이번 일을 교훈 삼아 앞으로 두 번 다시 실패하지 말자'

이 사장은 입술을 깨물며 다시금 재기의 굳은 결의를 다졌다.

믿고 기다려준 고마운 직원들

사람과 사람이 만나 서로 믿고 정을 나누며 고락을 함께하는 모습이란 언제 어디서나 소중하고 아름다운 정경이 아닐 수 없다. 이는 비단 한 지붕 아래 살아가는 부부나 형제자매들에게만 해당되는 것이 아니었다. 직장의 동료들 역시 같은 삶터, 일터에서 한솥밥을 먹고 지내는 가족들이었다.

삼동은 부도 전만 해도 직원 수가 100명이 넘었다. 그러나 부도가 난 후엔 승용차 모터 생산팀과 입사한 지 얼마 안 되는 사원들은 모두 새 직장을 찾아 뿔뿔이 흩어졌다.

남아있는 직원들은 열댓 명, 대부분 창업 초기 입사한 직원들이었다. 이들 중 몇몇은 이이주 사장이 피신한 후에도 거의 매일 같이 회사에 나와 이 사장의 귀환을 기다렸다. 월급을 못 받으니 집에서 도시락을 싸오기도 하고, 라면도 끓여 먹으면서 공장의 설비들을 지켰다. 아니, 공장 설비를 지켰다기보다 이 사장과의 의리와 정리를 지킨 것이라 함이 더 적절한 표현일 것이었다.

공장을 재가동하기에 앞서 이 사장은 이들에게 물었다.

"자네들은 어찌 그동안 회사를 떠나지 않고 끝까지 나를 기다려줬는가?"

그중 몇몇 직원들이 이구동성 대답했다.

"저희가 회사를 지키고 있는 한 사장님께서는 반드시 돌아오시리라 믿었습니다."

이 사장은 가슴이 뭉클했다.

한편 그 옆에서 혼자 말없이 앉아있던 직원에게도 물었다. 그는 삼동에 근무하는 동안 가장 능력이 출중했던 직원이었다. 자신이 맘만 먹으면 어느 곳이라도 취직하는 것은 전혀 어렵지 않을 친구였다.

"자네는 왜 그동안 다른 직장을 알아보지 않았는가?"

그가 마치 딴전 피우듯 먼 곳을 바라보며 대답했다.

"어디 마땅히 갈 곳이 있어야지요."

이 사장은 순간 울컥했다.

그가 정녕 갈 곳이 없어 여태 회사에 남아 있는 것이 아님을 이 사장은 누구보다 잘 알고 있었다. 단지, 이 사장을 믿고 좋아하고 서로 마음이 통했기 때문이란 말을 하기 쑥스러워 에둘러 그리 표현한 것이었다.

이 사장은 다시 한번 굳게 다짐했다.

'이들은 직장동료가 아니라 생사를 함께하는 전우다. 앞으로 어떤 일이 있더라도 두 번 다시 이들을 힘들게 하지 않고 평생 고락을 함께하리라.'

이 사장의 그런 다짐은 끝까지 지켜졌다. 당시 남아있었던 직원들은 정년을 맞을 때까지 이른바 창업공신으로 삼동과 고락을 함께 했다. 퇴직 후에도 삼동 공장 인근에서 작은 사업장을 운영하는 이도 있고, 공장에 자주 나와 허드렛일을 도와주는 이도 있다.

오늘날 삼동의 발전은 당시 이들이 흘린 땀과 눈물과 정성과 우정이 밑거름되어 이룬 성과라고 할 수 있다.

STORY IN HISTORY

서로 의지하고 위로, 격려하며

1980년 승용차용 모터개발팀 직원으로 삼동에 입사한 후 정년퇴임 때까지 평생 삼동과 고락을 함께해온 권성덕 전 극동산전 대표는 당시 상황을 이렇게 회고하였다.

"삼동이 공장 문을 닫은 후 일부 직원들은 마치 옛 둥지를 떠나지 못하는 멧새들처럼 거의 날마다 공장에 나와 주변을 서성이며 사장님 돌아오실 때를 기다렸습니다. 사장님의 포부와 열정, 진실한 성품이면 반드시 돌아오실 것이고 또 반드시 재기할 것이라는 확신이 있었기 때문이지요. 근 3개월 동안 월급을 받지 못했으니 다들 힘들었지만 우리는 그렇게 믿고 기대하고 서로를 위로, 격려하면서 끝까지 버텼습니다."

특히 권 대표는 이이주 사장과 나이 차이도 많이 나지 않았지만 평생 이 사장을 친형님처럼 존경하고 신뢰하며 따랐다.

사람 사이의 도리와 의리, 정리 같은 것이 날로 각박해지는 현대사회에서 이는 참으로 보고 듣기 힘든 귀한 사연이고 가화(佳話)가 아닐 수 없다.

'삼동 45년, 경영스토리' 편찬을 위한 역사 회고 좌담회에 참석한 권성덕 전 극동산전 대표가 당시를 회고했다(좌측에서 세번째).

대양을 향한 재출범, 마침내 생산활동을 재개하다

1981년 8월 중순, 마침내 삼동 공장에는 첫 기계음이 울렸다. 대양(大洋)을 향한 재출항의 고동소리였고, 미래도약을 위한 힘찬 전진음이었다.

생산활동은 별 어려움 없이 재개되었다.

공장이 멈췄다가 재가동하기까지 꼬박 석 달여가 걸렸지만 그동안 계속해온 일을 다시 하는 것이기에 다들 익숙한 손놀림으로 작업에 임했다.

이이주 사장은 원자재 조달과 영업활동을 위해 정신없이 뛰었다. 거래처들 역시 이 사장이 생산활동을 재개했다는 소식을 듣자 외상으로 원자재를 공급하는 등 적극 도와주었다.

삼동은 생산된 제품들을 바로바로 청계천 공구상에 내다 팔아 현금화했다. 당시엔 동선 가공업체들이 거의 없었던 데다 생산량 또한 전에 비해 소량이었고, 또 한동안 공장가동을 못하다 보니 수요가 밀려있는 상태여서 판매는 어렵지 않았다. 직원들 역시 야근을 마다 않고 생산량 늘리기에 힘썼다.

그렇게 몇 달 동안 생산, 판매활동에 열중하다보니 자금사정에도 어느 정도 여유가 생겼다. 사실 당시 삼동의 경우 승용차용 모터 납품 실패와 어음사기 사건 등으로 누적된 채무가 가장 큰 부담이었다. 하지만 채권자들 동의로 채무상환이 일정기간 유예된 이상 당장의 자금운영에는 별 어려움이 없었다. 오히려 현 상태로 계속 갈 수만 있다면 회사는 금방 어려움에서 벗어날 듯싶었다.

채무연장에 동의하지 않은 사채업자 등 일부 채권자들 역시 삼동을 상대로 더 이상 압류를 할래야 할 수도 없는 상황이었다. 이미 은행권에서 이 사장의 화곡동 자택을 비롯하여 회사 설비 등 돈 될 만한 것에는 모두 가압류를 해놓은 상태였기에 더 이상 압류 당할 것도 없었다. 따라서 그들은 이제 이 사장에게 '빚을 갚으라' 독촉과 닦달을 하기 보다는 다만 얼마라도 빚을 받으려면 오히려 이 사장에게 사정과 협상을 청해야 할 입장이었다. 요즘으로 치면 이 사장은 이른바 개인회생 판정을 받은 것이나 다를 바 없었기 때문이다.

또한 그 시절은 경제상황이 너무 안 좋다 보니 몇 집 건너 한집씩 망했다는 소리가

들릴 만큼 부도사례가 잦았다. 부도기업들 역시 은행권 이용에 제한이 따르는 것과 채권채무관계 당사자들 간 이해다툼을 여하히 조정하느냐가 문제였지 부도가 났다 하여 당장 사업활동을 할 수 없는 것은 아니었다.

삼동 역시 생산설비가 압류된 상태에서도 그 설비를 계속 사용, 제품을 생산 판매하고, 판매한 대금으로 다시 원자재 구매비와 직원들 급여, 운영비 등을 충당해 가면서 사업을 지속하였다.

잊을 수 없는 채권자들, 인질처럼 잡혀 곤욕을 치르기도

이이주 사장은 채권단과의 합의 후 정상적 경영활동을 이어갔다. 그러나 전혀 아무 일 없었던 듯 사업에만 전념할 수 있었던 것은 아니었다. 그 역시 일부 채권자들로 인해 이런저런 고초와 수모를 겪어야 함은 필연이었다. 특히 주변의 몇몇 극성스런 채권자들은 이 사장이 부도 후 몇 달간 잠적한 것을 두고 '재산을 빼돌려 해외로 도피했다'느니, '고의로 부도를 내고 도망갔다'느니 하는 헛소문을 내고 다녔다. 그러나 이런 터무니없는 소문 또한 결국 이 사장이 의심과 불신의 단초를 제공했던 것인 만큼 그에 따른 비난 책임 역시 스스로 져야하고 감내해야 할 몫이었.

이 사장이 공장가동을 재개한 후 밤을 낮 삼아 영업활동에 전력하고 있던 어느 날 회사로 손님이 찾아왔다.

그는 사채업을 하고 있던 노 선생이란 분이었다. 부잣집에서 태어나 세상물정 모르고 살아온 분으로, 노년에 부업과 소일삼아 돈놀이를 하고 있었다. 이 분 역시 평소 이 사장을 좋아하고 신뢰하여 '언제든 돈이 필요하면 연락하라'고 말할 만큼 서로 친숙하게 지냈던 사이였다. 그런 관계로 이 사장은 부도가 나기 전 자금사정이 어렵게 되자 이 분에게도 약 1,000여만 원의 사채를 빌려 썼다.

노 선생은 사무실로 들어서더니 황급히 입을 열었다.

"이 사장. 나 좀 살려주소."

이 사장이 놀란 표정으로 바라보자 그는 더욱 절박하고 다급한 목소리로 말을 이었다.

"나 지금 곧 죽게 생겼소. 그러니 제발 날 한 번만 좀 살려주소."

노 선생 얘긴 즉, 자신이 이 사장에게 빌려준 돈을 받기 어렵게 되었다는 사실을 결국 그의 부인이 알게 되었고, 이로 인해 부인한테 연일 닦달을 당해 그야말로 사망 직전이라는 것이었다.

이후의 구구절절한 사연을 들어보니 노 선생이 자기 부인한테 당한 핍박, 구박이란 이루 말로 다 표현할 수 없는 것이었다. 이 사장은 내심 돈 있는 사람들이 더 무섭고, 부잣집에서 귀하게 자란 이들일수록 마누라에게 쥐어 산다는 말이 틀리지 않는다는 생각이 들었다.

결국 노 선생의 부탁인즉, '이 사장이 지금 당장 자신과 함께 자기 집으로 가서 자신의 부인에게 얘기를 잘 좀 해달라는 것'이었다.

빚진 죄인이란 말이 있듯 이 사장은 어쩔 수 없이 노 선생을 따라 그의 집으로 갔다. 이후 이 사장이 노 선생 부인한테 당했던 수모는 필설로 형용할 수 없는 것이었다. 심지어 옆에 앉아 있던 노 선생의 경우 부인한테 수차례 뺨을 얻어맞기까지 했다. 이를 지켜보던 이 사장이 '차라리 저를 때리라'며 말렸지만 막무가내였다. 이 사장은 '죄송하다. 어떻게든 노 선생님에 대한 채무만큼 다른 빚에 우선하여 최대한 빠른 시일 내에 꼭 갚겠다'는 말을 백번도 넘게 되풀이하며 빌고 또 빌었다.

부도 사태를 맞기 전까지 남에게 잘못이라곤 거의 안 하고 살았던 이 사장으로선 태어나 처음 당해보는 곤경이었고 수모였고 뼈아픈 참회의 시간이었다. 이 사장은 당일 낮 12시쯤 그 집으로 불려가 이튿날 아침에야 겨우 풀려날 수 있었다. 밤새 인질로 잡혀 고문 아닌 고문을 당한 것이었다.

이 사장이 채무로 인해 고초를 겪은 것은 이분만이 아니었다.

어느 채권자는 이 사장을 경찰서 앞마당까지 끌고 가기도 했고, 또 어느 채권자는 자신이 병환으로 세상을 뜨면서 자녀에게 유언을 남겨 그의 아들이 빚 받으러 삼동 사무실을 수시로 드나들기도 했다.

물론 이후 이 사장은 재기에 성공, 노 선생 빚을 비롯하여 다른 채권자들에게 진 빚

01. 이이주 사장이 현재까지 지니고 있는 과거 수첩에는 1981년 회사 부도 당시 채권자들에게 갚아야 할 채무내역과 액수, 연락처 등이 빼곡히 적혀 있었다.

이 사장은 후일 당시 상황에 대해 '남에게 빚을 진 고통이란 어릴 때 겪은 가난의 고통보다 훨씬 큰 것이었다. 또한 남들에게 갚아야 할 돈을 제때에 갚지 못하는 안타까움, 죄스러움이란 남들로부터 받을 돈을 제때 받지 못할 때의 염려나 조바심에 비할 바가 아님을 그때 새삼 절감했다.'라고 술회하였다.

들도 모두 갚긴 했으나, 당시에는 정말 끔찍했던 악몽의 순간이었다.

이 사장은 후일 당시 상황에 대해 '남에게 빚을 진 고통이란 어릴 때 겪은 가난의 고통보다 훨씬 큰 것이었다. 또한 남들에게 갚아야 할 돈을 제때에 갚지 못하는 안타까움, 죄스러움이란 남들로부터 받을 돈을 제때 받지 못할 때의 염려나 조바심에 비할 바가 아님을 그때 새삼 절감했다.'라고 술회하였다.

반면에 두고두고 잊지 못할 고마운 채권자들도 적지 않았다. 삼동의 부도 전 원자재 대금을 다 갚지 못했던 D사, L사, J사 등의 주요 거래처 영업담당자들이 바로 그들이었다. 이들은 채권자들이라기보다 거의 은인에 가까운 분들이었다. 특히 J사에 근무하던 김 모 과장의 경우 같은 채권사인 L사 최 모 과장에게까지 이 사장을 적극 도와줄 것을 부탁하기도 했다.

그는 '나도 젊고 최 과장도 젊고 이 사장 역시 장래가 창창한 젊은 분인데 우리 젊은 사람들이 이 사장을 한번 도와줍시다. 같은 또래인 우리가 안 도와 주면 누가 도와주겠습니까?'라며 진심 어린 부탁과 호소를 하기도 했다.

또 어느 발주처의 한 임원 역시 두고두고 잊지 못할 고마운 분이었다. 이 사장이 사업을 재개한 뒤 얼마 지나지 않았을 시점, 신규 거래처로부터 꽤 많은 량의 일감을 수주하였다. 그러나 제품생산에 필요한 원자재 구매자금이 턱없이 부족했다. 이 사장은 고민 끝에 염치불구하고 선급금을 요청했다. 이에 잠시 난감한 표정을 짓던 그 분은 '삼동 공장시설을 한번 둘러보고 나서 고려해보겠다'고 답했다. 그리고 이튿날 공장을 직접 실사하고 난 뒤 '솔직히 삼동의 허름한 공장설비들을 보면 믿음이 가지 않는다. 하지만 내가 오늘 이이주라는 사람을 보고, 그가 지닌 진심을 보고 간다'며 흔쾌히 선급금을 지급해주어 어려움을 모면하기도 했다.

따지고 보면 기업경영 또한 결국 사람이 하는 일인 만큼 경영자의 인품이 곧 기업의 품질이고 신용임에는 두말할 나위가 없을 것이다. '기업의 크기는 경영자의 크기'란 말이 인구에 회자되는 것 역시 다 그런 맥락에서 나온 말이라고 할 수 있다.

빠른 회복세, 성장의 가속도가 붙다

삼동의 45년 역사에서 결코 잊거나 지울 수 없는 1981년, 회사의 부도사태와 기업주의 피신, 공장가동 중단 그리고 채권단과의 극적인 합의 등 그야말로 한 해 동안 파란만장의 고비를 넘기고 삼동은 1982년을 맞이하였다.

마치 액땜하듯 모질고 힘든 한 해를 보내고 새로 맞은 1982년은 정초부터 주문량이 늘어나는 등 조짐이 아주 좋았다. 흔한 말로 '고진감래', '일익번창'이란 표현은 이 해의 삼동에 가장 어울리는 말이기도 하였다.

삼동의 생산, 영업활동은 활발히 지속되었다. 경영관리 측면에서도 별다른 문제가 없었다. 채무상환에 대한 압박감도 덜어진데다 직원 수 역시 부도 전에 비해 거의 30% 수준으로 줄어 인건비 부담도 훨씬 덜했다. 여기에 제품을 생산하는 즉시 판매가 이루어짐으로써 공장은 쉴 새 없이 돌아갔다.

특히 이즈음 대외 경영환경 또한 호조세로 돌아섰다.

1979년 10·26사태와 2차 석유파동 그리고 정치, 경제, 사회적 혼란 등으로 마이너스성장을 기록했던 경제상황은 새 정부가 출범한 1980년 이후 제반 부문이 안정을 되찾으면서 10% 가까운 높은 성장률을 기록했다.

이에 따라 기업들 투자활동과 정부의 인프라 사업이 활발히 진행되었고, 동선(銅線) 제품의 수요 또한 크게 증가하였다.

국내 동선 수요의 증가는 곧 삼동의 사업 성과 증진으로 이어졌다. 삼동이 대내외 경영 여건의 호조에 힘입어 1982년 한 해 동안 이룬 매출은 거의 회사 부도 직전 년도의 실적에 미칠 만큼 양호했다. 그 덕분에 삼동은 금융권 채무를 제외한 급한 빚들을 상당액 갚을 수 있었다.

원래 사업이란 안 될 때는 1년 안에도 망할 수 있지만, 잘 될 때는 1년 안에도 크게 융성할 수 있는 법이었다.

이처럼 1982년에 이르러 재기를 향해 나아가는 삼동의 항해는 날로 가속도가 붙으며 빠르고 순조롭게 이어졌다.

STORY IN HISTORY

아내가 겪은 고초, 가슴 깊이 묻어둔 미안함과 고마움

남편의 사업부진으로 기업인들 아내가 겪는 고초란 주변에서 항용 볼 수 있는 일이다. 이는 부부지연을 맺고 동고동락을 맹세한 사이로서 일면 당연히 감내해야 할 숙명 같은 것이기도 하다. 또한 이후 남편이 사업에 성공할 경우 아내는 남편과 더불어 오래오래 행복한 삶을 누릴 수 있는 바, 어느 한 때의 고초 역시 그것으로 웬만큼 상쇄되기도 할 것이다. 하지만 이런 점을 모두 감안하고 이해하더라도 삼동부도 당시 이이주 사장의 부인 김경자 여사가 겪은 마음고생 역시 필설로 형용하기 어려운 것이었다. 빚진 남편은 갑자기 자취를 감춰 행방을 알 수 없고, 어린 자녀들과 따로 남겨져 채권자들로부터 온갖 닦달을 당했던 일들은 정말 기억조차 하기 싫은 끔찍한 일이었다. 당시 어음부도로 이 사장이 죽음까지 생각했듯 김 여사 역시 그 모진 고초를 겪으면서 무슨 생각인들 안 했을까 생각하면 그때의 절박한 상황은 충분히 이해하고도 남음이 있다.

그 후 이 사장이 재기에 성공하여 오랜 세월 별 어려움 없이 잘 살아온 것은 천만다행한 일이지만, 그렇다고 한때 극심했던 고통의 기억마저 다 잊어지고 사라지는 것은 아닐 터였다. 이 사장은 그 후로도 과거 아내가 겪은 마음고생에 대해 따뜻하게 위로를 한다거나 미안하다는 말을 거의 한 적 없다. 피난 생활을 마치고 집으로 돌아왔을 때도 마찬가지였다. 김 여사가 '채권자들의 온갖 닦달에 힘들었다'는 얘기라도 꺼낼라치면 이 사장은 '사업가 남편을 둔 아내로서 그 또한 당신 팔자소관'이란 말로 그저 냉담, 무심하게 한 마디하고 넘어갈 뿐이었다. 김 여사는 남편의 이런 태도가 못내 섭섭하게 여겨졌다.

하지만 세상 누구보다 세심하고 사리에 밝고 배려심 깊은 이 사장이 김 여사의 그런 고초를 결코 모를 리 없고, 그동안 내조의 공과 역할에 대해서도 절대 무심할 리 없을 터였다. 또한 당시 장인, 장모님 등 처가댁 식구들의 염려와 마음 졸임에 대해서도 익히 알고 있을 터였다. 단지, 그런 고생담을 나누다 보면 또 억장이 무너지고, 진심 어린 위로와 사죄의 말을 전하려면 다시 목이 메니까, 그때의 상처가 너무 깊고 깊어 두 번 다시 기억하기 싫으니까 그리고 미안하다고 말하는 것조차 너무 미안하니까 짐짓 딴청을 부리고 무심한 척했을 것이다.

이 사장의 이런 성품과 자세는 비단 김 여사에 대해서뿐 아니라 오랜 세월을 함께해온 임직원들에 대해서도 마찬가지였다.

이 사장은 자신과 가까운 사람일수록 살갑고 정겹게 대해주는 것이 아니라 오히려 더 엄격하고 매정하게 대한다. 그래서 때론 상대가 서운함을 느끼는 경우도 있다. 하지만 이 역시 결국 자신과 평생을 함께할 가족이자 벗이자 일심동체의 한 몸이라 생각하기 때문인 바, 결코 서운하게 생각할 일이 아니다. 즉, 이 사장의 신념과 지론이란 '사랑하고 미안해하고 감사해하는 마음은 말로 표현하는 것이 아니라 끝까지 상대를 지켜주고 상대와 고락을 함께하는 실천에 있다'는 것, 그것을 실천하지 못하면 말로 백번 표현한들 결국 다 거짓말, 헛소리가 되고 만다는 것이다.

자택에서 부인 김경자 여사와 함께.

Sam Dong

"삼동은 전기코일 분야 세계 최고 기업입니다. 기술력과 품질, 시장점유율 면에서 모두 그렇습니다. 이처럼 대단한 기업이 세상에 널리 알려지지 않았다는 것이 이상할 정도입니다. 삼동은 그야말로 숨은 강자, 히든 챔피언입니다."

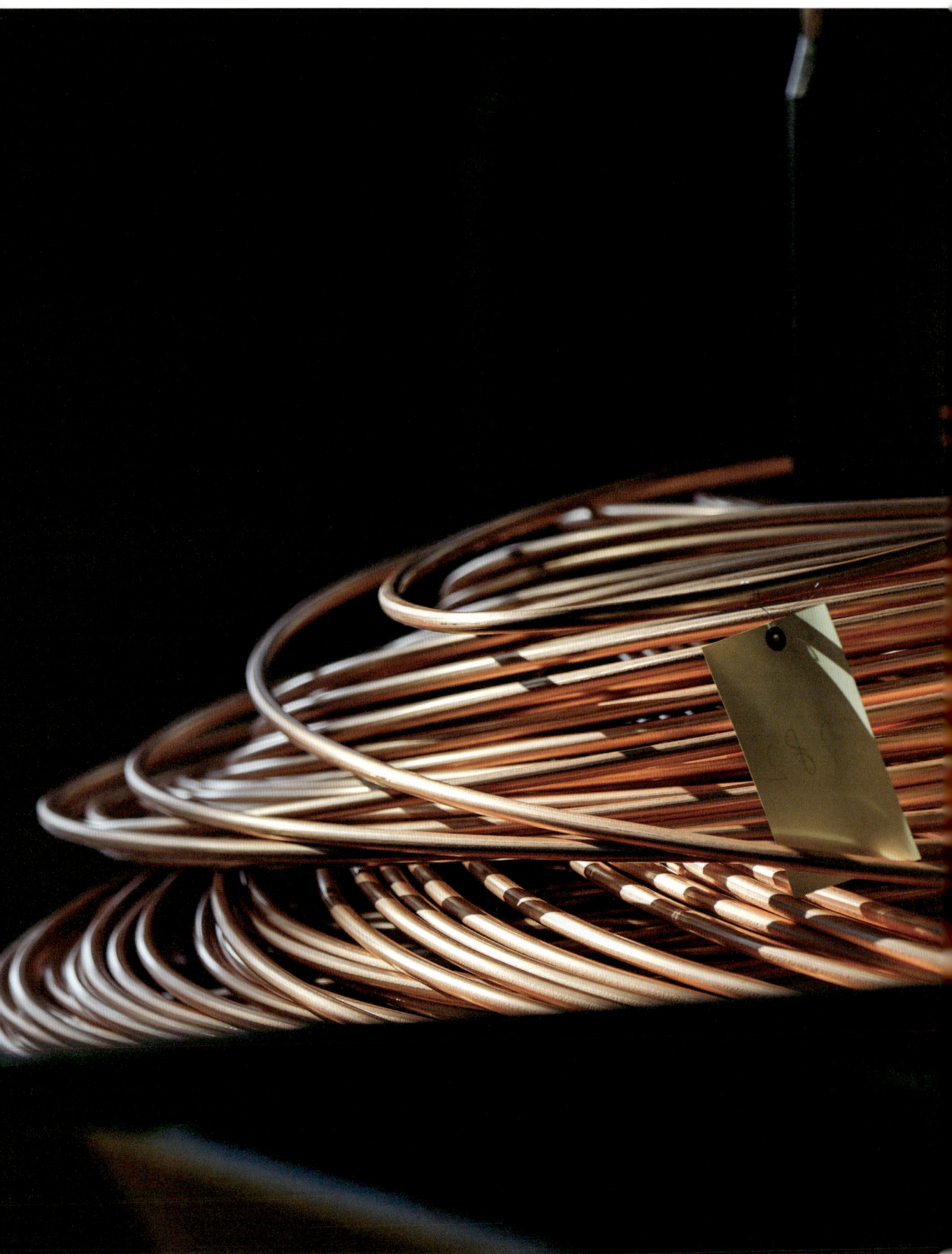

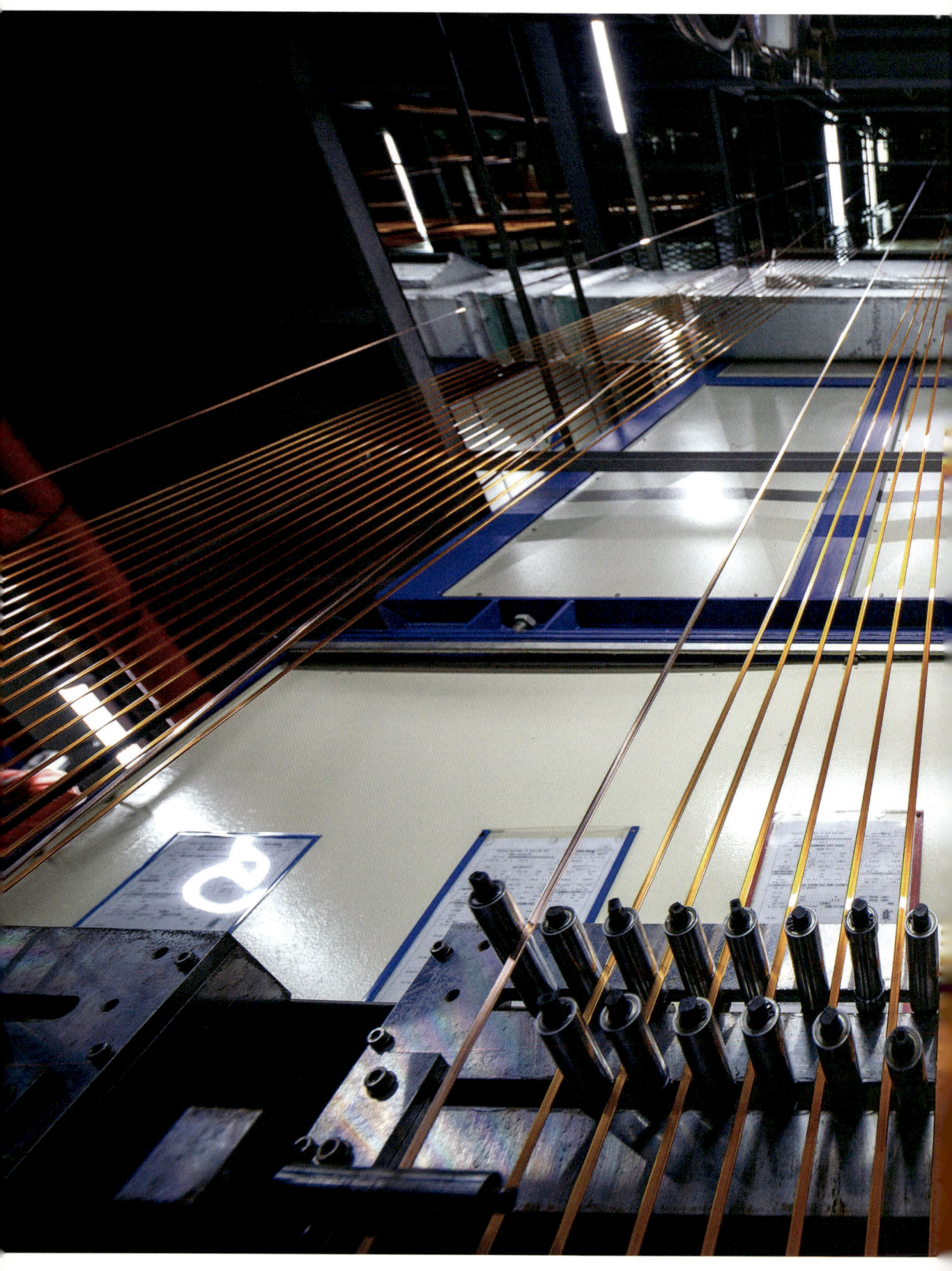

제2장 1983~1989

위기의 波高를 넘어 재출범하다

"경영효율화, 경영합리화를 위한 나의 기본 방침은 그것을 위해 새로운 제도를 만드는 것이 아니라 기존의 비효율적, 비현실적 제도들을 과감히 없애는 것으로부터 출발합니다. 기업에는 남들에게 보여주기 위한 것, 단순 구호에 불과한 것, 형식적이고 의례적인 요소들이 많습니다. 이른바 '新경영'을 표방한 온갖 슬로건, 경영혁신 활동 그리고 각종 이벤트나 홍보행사 등이 그런 것들입니다. 나는 이런 것을 따라하는 것이 아니라 가능한 철폐하는 것이 오히려 경영효율화, 합리화를 이룰 수 있는 우선적이고 효과적 방법이라 생각합니다."

-이이주 대표이사 언론 인터뷰 내용 중

1. '삼동전기금속공업사'로 새로운 출발

적색(赤色) 신용등급의 고충, 타인 명의를 빌리다

삼동이 재기의 항해를 시작한 지 두 해째를 맞는 1983년은 삼동 45년 역사에서 중요한 의미를 갖는 해였다.

종전 회사 상호와 대표자 명의 변경, 서울 자양동에서 경기도 성남으로의 공장 이전 그리고 시설 및 인력 확충 등 삼동의 지속성장, 미래발전을 위한 여러 가지 판단과 결정이 실행되었던 해이기 때문이다.

전년도 성장탄력을 받아 사업활동에 속도를 더해가던 삼동은 이 해 11월 회사 상호를 기존 〈삼동금속주식회사〉에서 〈삼동전기금속공업사〉로 개칭하였다. 회사 설립형태도 종전 법인기업에서 개인사업자로 변경하였으며, 사업자등록증의 대표자 명의 또한 타인 명의로 바꾸었다.

여기에는 그럴 수밖에 없는 필연의 사유와 곡절이 있었다.

우선 회사 상호 및 대표자 명의를 변경한 것은 이태 전 부도사태에 따른 법적, 제도적 문제에 대응하기 위함이었다.

앞서 서술했듯 삼동은 공장설비가 은행으로부터 압류됨에 따라 곧 공매집행을 앞두고 있었고, 기존 설비들을 낙찰 받아 이를 다시 사용하기 위해서는 법률상 이 사장 본인이 아닌 제3자 명의라야만 가능했던 것이다.

또한 이 사장은 어음부도 전력에 따라 신용등급이 '적색'으로 분류되어 은행권의 모든 채무를 상환하기 전까지 본인 명의로는 제도권 금융 이용은 물론 사업활동에도 여러 가지 제약이 뒤따랐기 때문이었다.

따라서 이 사장은 회사 상호와 대표자 명의를 다른 사람 이름으로 변경, 압류된 공장설비를 낙찰 받아 계속 사업을 이어갈 수밖에 없었다. 당시 공장설비들을 새로 구입하기에는 자금 소요도 클 뿐더러 시간적 여유 또한 없었던 바, 이는 불가피한 일이었다.

이 사장은 우선 회사 상호 및 대표자 명의를 변경하기에 앞서 공장설비를 누구 이름으로 낙찰 받을까 고민했다. 그러나 아무리 생각해도 마땅한 사람이 없었다. 가족이나 직계 친인척 명의를 빌릴 경우 그 역시 법적 제한이 따랐다.

그때 마침 채권인단이 추천하여 채권관리인 겸 삼동 이사로 근무 중이던 A라는 인물이 이 사장에게 제의했다.

"사장님. 사업자 명의든 공장설비 명의든 모두 제 앞으로 하면 어떻겠습니까? 그렇게 해주시면 제가 책임지고 사업을 잘 이끌어나가겠습니다."

A 이사는 이 사장 보다 나이가 한참 위로, 동선 업계에 꽤 오래 종사한 경력을 지니고 있었다. 하지만 이 사장과 함께 근무한 기간은 불과 몇 달밖에 지나지 않은 시점이었다. 그의 평소 성격과 언행은 좋게 말하면 활달하고 적극적이었으나 또 일면 유들유들하고 능청맞은 데가 있는 사람이었다.

이 사장은 한참 생각 끝에 결국 그의 제의를 수락하였다.

당시 삼동의 사업이 다시 성장세를 이어가고는 있었지만, 이태 전 부도사태로 채무액수가 적지 않은 상황에서 누군들 사업과 관련된 일로 선뜻 명의를 빌려줄 사람이 없었기 때문이었다. 예컨대 삼동의 향후 성장성을 잘 모르는 외부인들의 경우 '명의 좀 빌리자'는 말만 들어도 십리 밖으로 도망갈 그런 시점이고 상황이었던 것이다.

이 사장은 A 이사의 제안이 다소 의외로 여겨지기는 했으나 그렇다고 마땅히 다른 방법이 없었던지라 그의 제의를 받아들일 수밖에 없었다. 단지, 서류상 명의만 빌리는 것인 만큼 이로 인해 혹 무슨 문제가 발생하리라곤 전혀 생각지 못했던 것이다. 오히려 이 사장은 '이참에 안살림은 A 이사에게 맡기고 나는 필드에 나가 열심히 영업만 뛰면 되겠다'고 내심 편하게 생각하였다.

하지만 세상에는 별의 별일이 다 생기는 법이었다.

결국 이 사장의 이 같은 안이한 선택과 판단, 결정은 채 몇 달이 지나지 않아 큰 문제를 초래하고 말았다. 또한 이후로도 오랫동안 이 사장에게 많은 심적 고충과 금전적 손실을 안겨주는 사단의 단초로 작용하였다.

01. 부도 이후 삼동은 상호를 삼동전기금속공업사로 개칭하였다.

01.
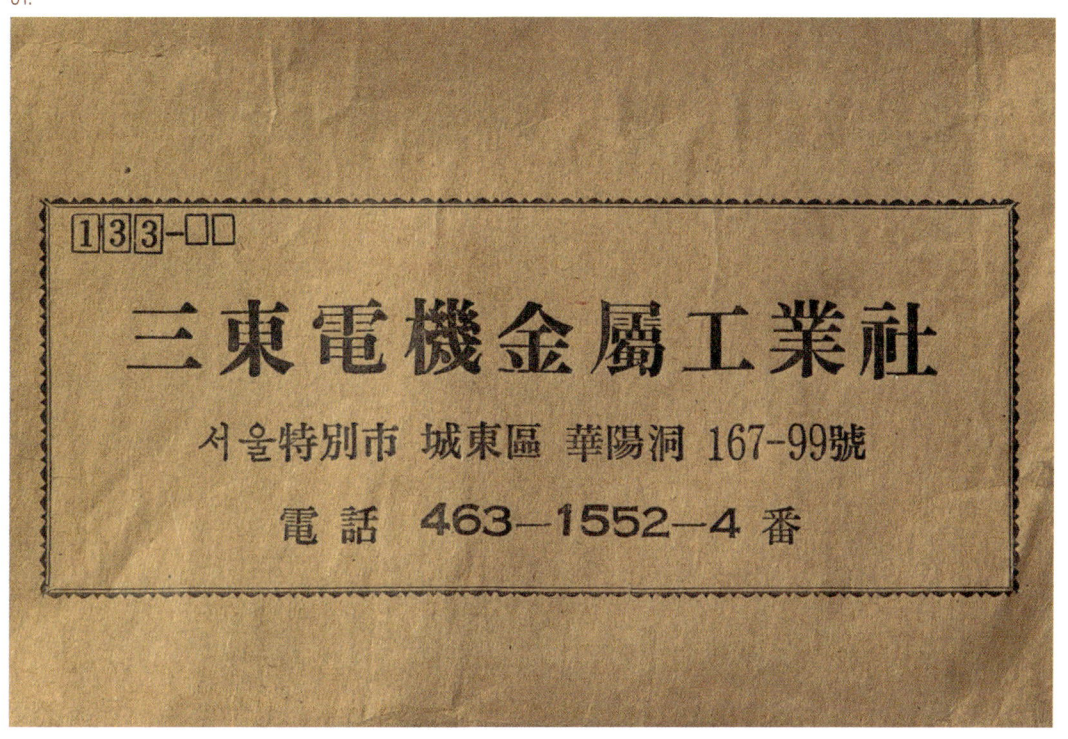

전년도 성장탄력을 받아 사업활동에 속도를 더해가던 삼동은
1983년 11월 회사 상호를 기존 〈삼동금속주식회사〉에서
〈삼동전기금속공업사〉로 개칭하였다. 회사 설립형태도 종전
법인기업에서 개인사업자로 변경하였으며, 사업자등록증의 대표자
명의 또한 타인 명의로 바꾸었다.

압류된 공장설비를 다시 낙찰 받다

1983년 삼동 임직원들이 한창 생산활동에 전념하고 있을 때 압류된 공장설비에 대한 은행의 공매절차가 진행되었다. 미리 예견하고 있던 일이긴 하였으나 막상 공매처분을 당하는 이이주 사장의 심경은 착잡했다.

그나마 다행이었던 것은 부도 후 채무상환소송 과정에서 법원 판결과 공매 집행 절차가 늦어진 덕분에 삼동은 자양동 공장에서 2년 넘게 생산활동을 계속할 수 있었던 점이었다.

삼동은 공매가 진행되자 A 이사 명의로 별 문제없이 모든 공장설비를 낙찰 받을 수 있었다. 당시엔 국내 동선 가공업체가 거의 없던 시절이어서 입찰에 참여한 이는 A 이사 한 사람뿐이었기 때문이다.

하지만 자양동 공장에서 그 설비를 계속 가동할 수는 없었다. 때마침 임대계약 기간이 만료된 데다 건물주 사정으로 공장을 비워줘야만 할 상황이었다. 따라서 공매를 통해 낙찰 받은 설비들을 어디든 다른 곳으로 옮겨 설치해야만 했다.

이 사장은 마땅한 지역과 공장건물을 물색해 본 결과 마침 뚝섬 쪽에 허름한 임대 공장이 월세 매물로 나온 곳이 있어 설비들을 모두 그곳으로 이전, 설치한 후 재가동을 준비했다.

살던 집도 채권자들에게 넘어가고

삼동 이이주 사장이 그해 공매처분 당한 것은 공장설비뿐이 아니었다. 이 사장이 신혼 때 어렵사리 장만한 화곡동 자택 역시 은행의 공매처분으로 남의 손에 넘어갔다.

'빚지곤 못 산다'는 말이 왜 오랜 세월 인구에 회자되는지 빚을 져보지 않은 사람들은 잘 이해하지 못할 터였다.

이 사장은 심경이 복잡했지만 어차피 올 것이 온 것이라 생각하고 마음을 비웠다. 일면 이제 더는 남에게 빼앗길 재산도 뭣도 없다 생각하니 외려 마음이 편하고 홀가분해지기까지 했다. 또한 앞으로 열심히 사업을 하여 나머지 빚들을 조금씩 갚아나가기만 하면 더 이상 자신이 공들여 장만한 설비며 세간들이 남의 손에 넘어가는 마음 아픈 일을 겪지 않아도 된다는 생각이 들기도 했다. 이는 마치 강 건너 남의 집 불난 것을 바라보며 '집 없는 것을 다행으로 여기라'고 식구들을 위로하는 어느 극빈 가장의 '웃픈' 일화를 연상케 하는 일이기도 하였다.

이 사장은 집이 공매로 넘어가 당장 가족들 주거공간이 사라지게 되자 강동구 암사동 소재 13평짜리 조그마한 아파트를 얻어 급히 이사를 했다. 이때가 아들 우현이 초등학교 1학년 무렵이었다.

이사하던 날 이 사장이 귀가하자 아들이 다가오더니 당일 학교에서 있었던 일을 얘기했다.

"아빠. 오늘 담임선생님께서 저를 앞으로 불러내시더니 다른 친구들에게 전학을 가게 된 이유와 작별인사를 말하라고 하셨어요."

이 사장이 내심 뜨끔하여 급히 되물었다.

"그래서 뭐라 했는데?"

우현이 대답했다.

"친구들 안녕~이라고 한마디 하고는 그냥 들어와 버렸어요."

이 사장은 이 말을 듣는 순간 다시 한번 마음이 울컥했다.

비록 어린아이지만 '아버지의 사업 부도로 집이 남의 손에 넘어가 어쩔 수 없이 전학을 가게 되었다'는 창피하고 구차스런 말은 차마 하지 못한 채 나름 꾀를 내어 그럴듯 한마디로 줄여 말한 것이었다.

이후 이 사장은 집 평수를 조금씩 넓혀가며 몇 차례 더 이사를 했지만, 어린 자녀들이 마음에 상처받을 것을 염려, 학교나 학군(學群)만큼 늘 같은 곳으로 유지하고자 애썼다.

견물생심, 어이없는 사태가 발생하다

삼동이 자양동 공장설비를 모두 뚝섬 공장으로 옮기고 재가동을 준비할 즈음, 이 사장은 회사 내부 일을 A 이사에게 맡긴 채 영업활동에만 전념하였다.

그러던 어느 날 지방 출장 중 회사에 연락할 일이 있어 전화를 걸었더니 직원이 뜬금없는 얘기를 했다.

"사장님. 오늘 A 이사가 공장에서 고사를 지냈어요."

"그게 무슨 말이고?"

이 사장은 의아해하며 되물었다.

"직원들을 모두 불러 놓고 삼동이 이젠 자기 회사라며 사업 잘 되게 해달라고 고사를 지냈다니까요."

"……"

이 사장은 어이가 없어 말이 안 나왔다.

일단 '알았다'고 대답한 뒤 서둘러 귀경했다.

회사에 들어와 전후 사정을 알아본 결과 이는 사실이었다. A 이사는 이미 그 이전에도 여러 차례 직원들에게 자신이 마치 삼동의 진짜 주인인 듯 행세하며 이런저런 엉뚱한 말들을 많이 늘어놓았다는 후문도 들렸다.

이 사장은 A 이사를 불러 '어떻게 된 일이냐?'고 따져 물었다.

하지만 그는 '단지, 사업 잘되게 해달라고 고사지낸 것이 무슨 문제냐?'며 시큰둥하게 대답했다. 그 말투나 표정에서 이미 심경의 변화가 확연함을 감지할 수 있었다. 얘기가 길어질 경우 그는 그야말로 말 나온 김에 이판사판 막 나갈듯한 기세를 보였다.

이 사장은 더 이상 얘기해 본들 소용없음을 직감했다. 그를 내보내고 나서 사무실에 홀로 앉아 깊은 고민에 빠졌다.

사실 내부 사정이야 어떻든 법적으로 엄밀히 따질 경우 회사 대표자 명의도, 공장의 설비목록도 모두 A 이사 이름으로 되어 있으니 그의 것이라 주장해도 과히 틀린 말은 아니었다. 명의를 빌릴 때 어떤 계약서를 쓴 것도 아니고 단지, 두 사람 간

믿음을 가지고 이름을 빌려주고 빌린 것이니 만큼 무슨 근거자료 또한 있을 리 없었다. 오히려 그가 법으로 해결하자며 끝까지 버티는 날엔 이후 판결이 어찌 나든 지루한 송사로 이어져 시간손실은 물론이고 사업활동 역시 제대로 할 수 없음은 당연한 일이었다. 이 사장은 생각할수록 참 어이없고 황당하고 난감한 노릇이라는 생각이 들었다.

더욱이 그날 이후로는 A 이사의 태도가 돌변하기 시작했다. 이젠 아예 대놓고 회사가 자기 것인 양 행세하려 들었다.

사람들이 흔히 말하는 '견물생심'이란 말이 새삼 절실히 느껴졌다. A 이사 역시 삼동에 근무하는 동안 이른바 '돈이 들고 나는 전 과정'을 눈으로 뻔히 지켜보았으니 턱도 없는 욕심, 탐심이 생겼을 터였다.

이 사장은 옛말 하나도 틀리지 않다는 것을 절감했다. '이래서 아무리 가까운 사이라도 동업은 절대 하지 말라'는 것이구나 싶었다. 더구나 A 이사와 이 사장은 진짜 동업관계도 아니고 단지, 서류상 회사 대표자 이름과 설비소유권 명의만 대차(貸借)한 사이임에도 이런 터무니없는 일이 발생할 정도니 만일 공동투자라도 했더라면 어떤 사태가 벌어졌을까 생각만 해도 끔찍한 일이었다.

이 사장은 상황이 더 심각해지기 전에 시급히 대책과 해결방안을 마련해야겠다고 생각했다.

주변인들에게 자문과 도움을 구하다

1983년 이이주 사장의 나이 서른 셋, 요즘으로 치면 아직 취업도 못한 백수이거나 또는 초급사원을 갓 면했을까 말까한 젊은 나이였다. 일찍이 사회활동을 시작, 이런저런 경험을 했다고는 하지만 역시 나이가 나이인 만큼 그때까지 세상물정을 잘 알 리 없었다.

'사람이란 반드시 일정 기간의 세월을 살아봐야 비로소 깨닫는 삶의 이치가 있다'는 어느 작가의 명언은 당시 이 사장을 두고 하는 말이라 해도 과언이 아니었다.

또한 불과 이태 전 부산용접기 박 사장에게 어음 사기를 당해 그 혹독한 곤욕을 치르고도 아직 나이가 젊고 천성이 순수했던 탓에 그때까지 철이 덜 들고 정신을 못 차린 것이라는 말을 들을 만도 했다.

물론 세상 모든 사람들이 다 자기 마음과 같을 것이라 생각하는 믿음은 선한 심성에서 우러난 긍정적 사고, 순수한 생각일 수 있다. 그러나 온갖 이해관계가 상충, 대립되는 비즈니스 세계에서 만큼은 이런 생각이란 지극히 위험한 것이기도 하였다.

이 사장은 이튿날 주변인들에게 회사에서 벌어진 황당한 상황을 설명하며 자문과 조언을 구했다.

이 사장 얘기를 들은 주변 사람들은 만인이 공분할 그 어이없고 기막힌 사태에 대해 이 사장보다 외려 더 흥분하고 분개했다. 그중 명광사 박 사장의 경우 당장 달려와 A 이사 멱살이라도 잡을 기세로 펄펄뛰었다.

그러나 화만 내고 걱정만 한다고 해결될 문제가 아니었다. 법적으로든 현실적으로든 뭔가 적절하고 시급한 대책마련이 필요했다.

이 사장은 문득 고시촌 친구인 남수현이 생각났다. 그는 1년여 전 행시에 패스한 후 가까운 성남지역 모 행정관서에 고급공무원으로 근무하고 있었다. 이 사장은 그에게 전화를 걸어 도움을 청했다.

"수현아. 우리 회사에 이런 일이 있는데 어쩌면 좋으냐?"

그는 이 사장 얘기를 다 듣고 나더니 '어차피 그 사람과는 앞으로 사업을 계속하긴 틀린 것 같으니 이참에 따로 나와 새로 시작하라'는 조언을 주었다.

이 사장은 '그럼 성남 쪽 어디에 공장을 운영할 만한 곳이 있는지 좀 알아봐 달라'고 부탁한 후 전화를 끊었다.

삼동이 1992년 충북 음성으로 본사를 이전하기에 앞서 10년 가까이 성남에서 공장을 운영하게 된 데에는 이처럼 우연인 듯 필연인 듯 얽히고설킨 곡절과 사연이 있었다.

합의조건 제시 및 관계정리

이이주 사장은 A 이사 사태와 관련하여 여러 주변인들 조언을 듣고 이를 바탕으로 자신의 생각과 계획을 차분히 정리했다.

그리고 어느 하루 날을 잡아 A 이사와 직접 담판을 지었다.

이 사장이 먼저 입을 열었다.

"회사 대표자 이름과 공장설비들이 모두 당신 명의로 되어 있다 하여 그렇게 터무니없는 억지와 욕심을 부리니 이 회사와 공장설비들 당신이 다 가지시오. 따지고 보면 사람을 너무 쉽게 믿고 방심한 내 잘못도 있으니 당신 소원을 들어드리리다. 그리고 나는 이참에 다른 곳으로 옮겨서 따로 사업을 하겠소. 대신 기존 거래처인 D사와 L사에서 원자재 대금으로 선급금 받아온 것만큼은 당신이 책임지고 다 갚으시오."

그러자 A 이사는 듣던 중 반가운 소리인양 이 조건을 흔쾌히 받아들였다. 아마 이게 웬 떡인가 싶었을 거였다. 그 역시 공장에서 제품만 만들면 곧바로 돈이 되고 이익이 남는다는 사실을 자신의 눈으로 익히 보아왔던 터였다.

이렇게 A 이사와 합의를 마친 이 사장은 그래도 못 미더워 그를 데리고 D사와 L사 영업부 담당자를 찾아가 '삼동이 전에 받아온 선급금은 앞으로 A 이사가 책임지고 다 갚기로 약속하였으니 앞으로 이 사람한테 돈을 받으면 된다'라고 확인까지 시켜주었다.

이런 과정을 거쳐 이른바 'A 이사의 난(亂)'은 일단락되었다.

그러나 악연(惡緣)이란 원래 질긴 법이었다. A 이사로 인한 이 사장의 속 앓이는 이후로도 근 10년 동안 계속되었다.

새로운 생산기지 구축, 경기도 성남으로 공장을 이전하다

이이주 사장은 자양동 공장설비를 A 이사에게 모두 넘겨줌에 따라 또 다시 일시적으로는 빈손이 되고 말았다. 하지만 그런 일에 계속 연연하고 상심해 있을 시간여유가 없었다.

독자적 생산활동을 하기 위해서는 우선 새로운 공장과 설비 마련이 급선무였다. 당시엔 산업경기의 회복과 함께 동선 수요 또한 크게 늘어 제품만 생산하면 곧바로 판매가 이루어지는 상황이었던 바, 시간이 곧 돈이었다.

이 사장은 우선 어느 곳에 새 공장을 마련할 것인가를 고민했다. 지역적으로 볼 때 경기도 성남 쪽이 여러 모로 유리할 것이라는 생각이 들었다. 물류비나 공장매입 비용, 직원들의 출퇴근 거리, 기존 거래선과의 영업활동 여건 그리고 서울에서의 공장 운영에 따른 각종 규제 등을 감안 할 때 그쪽이 가장 적정지라는 판단이 들었다.

때마침 공장건물 물색을 부탁해놓았던 친구 남수현으로부터 연락이 왔다. 성남시 야탑동에 적절한 곳이 있다는 것이었다.

이 사장은 곧 바로 성남으로 내려갔다.

공장건물은 부지가 약 500여 평, 건물이 300평쯤 되는 곳이었다. 비포장 도로변에 소재한 허름한 건물로 원래는 계사(雞舍)로 쓰던 곳이었다. 그러나 공장용도로 사용하는 데에도 별 문제가 없을 듯 했다. 무엇보다 부지와 건물 매입비가 저렴한 것이 가장 큰 메리트였다. 이 사장은 이곳을 새로운 생산기지로 선택, 결정하고 매입 계약을 서둘렀다.

매입비용은 지난 2년 동안 사업활동을 하며 조금씩 빚을 갚아가면서도 알뜰히 모아둔 자금이 있었기에 이를 활용, 공장을 매입할 수 있었다.

동선 생산공정의 특성상 공장건물은 특별히 수선할 것도 별로 없었다. 그저 건물 바닥에 기계장비만 설치하면 제품생산이 가능했기에 제반 준비는 빠른 시일 내 마칠 수 있었다.

생산설비 역시 우선 필요한 것부터 노후장비를 구매하기도 하고 거래처 등으로부터 무상으로 임대하기도 했다.

이 사장이 성남에서 새로운 공장을 가동한다는 소식이 들리자 A 이사 공장에 남아있던 직원들 역시 속속 성남공장으로 합류했고, 기존 거래처들은 공장이 채 가동되기도 전에 일감을 주문하기 시작했다.

01. 02. 1980년대 삼동의 성남공장 전경과 생산 제품들.

01.

02.

한편 이 사장이 이렇듯 성남에서 새로운 생산기지를 구축하고 본격적 사업활동을 시작할 즈음 A 이사의 뚝섬 공장은 그야말로 개점휴업 상태였다. 특히 좁은 동선 업계에서 A 이사가 이 사장 회사를 가로챘다는 소문까지 나돌게 되면서 아무도 그에게 일감을 주려하지 않았다. 따라서 A 이사는 두 달여를 아예 손을 놓고 있는 상태였다. 설령 주문이 들어온다 한들 제품을 생산할 직원이 거의 없으니 회사는 있으나마나였다.

어쩔 수 없는 3인3색의 타협 그리고 재결합

이이주 사장이 성남공장에서 생산, 영업활동 준비에 분주하던 어느 날 D사 간부로부터 전화가 걸려왔다.

'저녁식사나 같이 하자'는 것이었다.

D사는 이 사장의 주요 거래처 중 한 곳으로 그동안 이런저런 도움을 많이 받았던 곳이었다. 또한 삼동이 부도나면서 그때까지 갚지 못한 원자재 선급금이 꽤 많이 남아있던 채권사 중 한 곳이기도 했다. 만남을 청한 그 간부 역시 당시 군 고위 장성의 처남인 데다 능력도 있고 성격도 와일드해 D사에서는 상당한 파워를 지니고 있던 인물이었다.

이 사장은 하던 일을 접고 서둘러 약속장소로 나갔다.

그런데 도착해 보니 그곳엔 웬수 같은 A 이사가 함께 나와 있는 것이었다. 이 사장은 일순 몹시 당황하고 불쾌했지만 그냥 되돌아 나올 수도 없는 입장이었다.

이 사장이 마지못해 자리에 앉자 그 간부는 대뜸 A 이사를 향해 호통을 쳤다.

"어이, A 이사, 당신 나쁜 사람 아니야? 어떻게 이 사장이 공들여 키워온 회사를 날로 빼앗으려고 해?"

그러자 A 이사는 즉시 머리를 조아리며 대답했다.

"잘못했습니다. 한 번만 용서해주십시오."

그 간부는 다시 A 이사를 향해 말했다.

"이 사장한테 당장 사과하시오."

A 이사는 마치 어른 말을 고분고분 따르는 어린아이처럼 이 사장에게 고개를 숙여 사과했다.

"제가 잠시 뭣에 홀렸나봅니다. 앞으로 두 번 다시 이런 일 없을 겁니다. 너그러이 용서를 바랍니다."

그러자 그 간부는 이번엔 이 사장을 돌아보며 강한 어조로 말했다.

"이 사장, 앞으로 우리 회사 돈을 다 갚을 때까지라도 A 이사와 동업을 계속하시오. 따지고 보면 이 사장 역시 책임이 큰 것 아니요?"

사실이 그러했다. D사에서 선급금을 받은 것은 이 사장이었지 A 이사는 아니었던 것이다. 이 사장이 A 이사에게 그 빚을 대신 갚으라고 한 것은 단지, 두 사람 간 문제일 뿐 그런다고 D사 채무에 대한 이 사장의 책임이 면해지는 것은 아니었기 때문이다. 또한 D사와는 앞으로 거래관계 등을 고려할 때 그 간부의 부탁 아닌 '요구'를 거절할 수도 없는 입장이었다.

이 사장으로선 난감했다. 한참 고민에 빠졌다.

'이 일을 어찌해야 하나? 저런 막무가내인 사람과 앞으로 또 다시 엮여 어떻게 사업을 계속해야 하나? 이후로인들 문제를 일으키지 않으리란 보장이 있나?'

이 사장은 갑작스런 상황에 판단이 잘 서지 않았다.

추측컨대, 오늘 이 자리는 아마도 A 이사의 사업이 가망 없다고 판단되자 D사 간부가 선급금을 받기 위해 A 이사에게 타협을 적극 권유했거나, 아니면 A 이사가 D사 간부에게 먼저 찾아가 사정을 호소하고 도움을 요청했거나 둘 중 하나가 아닐까 싶었다.

그리고 D사 간부가 저렇듯 강경하게 나오는 것을 볼 때 만일 이 사장이 그 제의를 거부할 시엔 채무상환에 관한 법적 조처까지 검토할 태세임을 감지할 수 있었다. 그럴 경우 그동안 비축해 두었던 여유자금은 새 공장 마련하느라 거의 바닥난 상황에서 이 사장은 또 다시 곤경에 처할 수밖에 없는 노릇이었.

이 사장은 고심을 거듭한 끝에 어렵게 말을 꺼냈다.

"좋습니다. 그렇다면 조건이 있습니다."

D사 간부는 이 사장을 쳐다보며 말했다.

"말씀해 보시지요."

이 사장이 그 자리에서 내건 조건은 크게 세 가지였다.

첫째, A 이사 이름으로 낙찰 받은 모든 공장설비는 즉시 성남공장으로 이전할 것 둘째, 새로 시작하게 될 성남공장 사업자 명의는 이 사장의 6촌 동생과 A 이사 공동명의로 할 것 셋째, A 이사와의 동업기간은 D사 채무상환을 완료할 때까지로 할 것 등이었다.

이 사장이 사리에 맞는 합당한 조건을 제시하자 두 사람 역시 반대할 이유가 없었다. 결국 합의가 이루어졌다.

그날 저녁 제각각 서로 이유와 사정과 목적이 달랐던 세 사람의 반억지성 합의는 이렇게 하여 대략 정리되었다.

그리고 이 합의 결과에 따라 1983년 11월 기존 〈삼동금속주식회사〉의 법인 상호를 폐지하고 개인사업체인 〈삼동전기금속공업사〉로 개칭, 이 사장 6촌 동생 이공주와 A 이사를 공동대표자로 등록하면서 삼동은 다시 새로운 상호로 새 출발을 하게 되었다.

2. 본격 성장궤도로 진입하다

대내외 경제환경 호조와 사업의 성장세 지속

삼동은 복잡다단했던 1983년을 보내고 새해를 맞이하였다.

변함없이 이어지는 시간의 흐름이지만 한 해를 지나고 새로운 연도를 맞는 각오와 의미란 각별한 것이었다. 특히 지난 한 해 동안 생산설비의 불하 및 이전, 성남 신공장 마련, 회사 상호와 사업자 명의 변경 등 제반 경영현안들을 정리하고 새해,

STORY IN HISTORY

질긴 인연의 시작과 끝

1983년 D사 간부의 주선으로 이른바 3자 합의가 성립됨에 따라 A 이사와 이이주 사장 간 질긴 인연, 악연은 또 다시 이어지게 되었다. 다행히 A 이사는 그 후로 큰 문제를 일으키진 않았다. 그러나 사람의 타고난 성정이란 어쩔 수 없는 것이어서 그는 툭하면 이런저런 일로 이 사장 심기를 불편케 했음은 물론 직원들에게도 불만을 사는 일이 잦았다. 또한 대외적으로 삼동의 사장, 회장 직함으로 행세하고 다니기도 했으나 이미 업계의 평판이 너무 안 좋아 그를 신뢰하는 이들은 거의 없었다.

심지어 주변인들은 이 사장에게 '미운 사람, 싫은 사람을 만나는 것도 인생팔고(人生八苦) 중 하나라는데 어찌 저런 사람과 얼굴을 맞대고 계속 일을 할 수 있느냐?'고 의아히 여기며 묻기도 했다. 그럴 때마다 이 사장은 '그 또한 모두 나의 업보'라는 말로 받아 넘기곤 했다.

이후 A 이사는 D사와의 채무상환이 끝난 시점인 1980년대 말까지 삼동에 근무하다 이 사장이 공장 이전에 따른 부지매입과 설비투자 등에 대한 공동입보를 요청하자 이를 일언지하에 거절한 후 결국 퇴직하였다. 자신에게 조금이라도 불리한 일은 절대 하지 않는 그의 성정상 공동 입보 요청을 받아들일 리 만무했다. 또한 그는 퇴직할 때 역시 이 사장으로부터 충북 진천의 땅 4,000여 평과 함께 거액의 합의금을 챙겨갔음은 물론이다.

그 후로는 오랫동안 소식이 끊겼었는데, 2013년 삼동의 기업성공 스토리를 담은 KBS특집프로그램 〈히든 챔피언〉이 전국에 방영되자 이를 어디서 보았던지 전화로 삼동의 한 직원을 찾아 '이이주 사장 좀 만날 수 없겠느냐?'고 물어왔다. 이에 그의 사람됨을 잘 알고 있던 직원은 '우리 사장님 요즘 바쁘십니다'라고 대답한 뒤 전화를 탁 끊어버렸다.

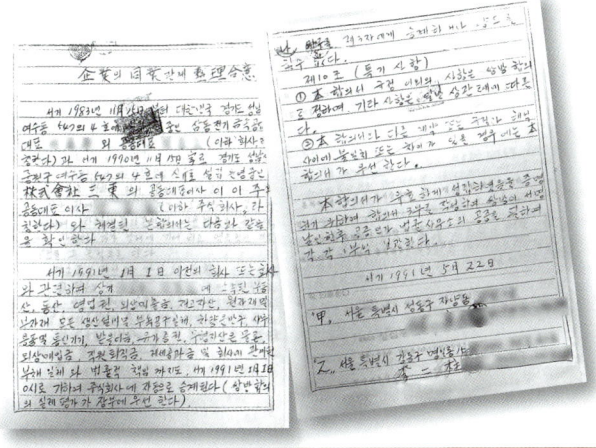

이이주 사장이 직접 작성한
A 이사와의 합의문.
그 내용과 필체는 전문가 수준을
능가할 만큼 명문, 명필이다.

제2장/1983~1989년

새로운 마음가짐과 사업체제로 본격 성장을 준비한다는 점에서 그러하였다.

이 시기 국내 경영환경은 매우 양호하였다. 특히 산업경기는 전례 없는 호조세를 나타냈다. 1980년 정치적 격변으로 마이너스 성장률을 기록했던 경제상황은 이듬해부터 안정을 되찾기 시작해 1984년에 이르러 10% 가까운 성장률을 기록했다.

전기전자통신 분야의 민간투자와 인프라스트럭처 또한 크게 늘어나면서 동선 수요도 급증세를 보였다.

삼동은 이러한 대내외 경영환경의 호조세를 기반으로 1984년부터 본격 성장궤도 진입을 추진하였다.

자가 공장 마련의 의미, 성남에서의 생산활동

일반인들에게 내 집 마련이 삶의 중요한 목표이고 소망이라면 사업가들에겐 자체 사옥이나 공장을 마련하는 일 역시 그러한 것일 수 있다. 이는 자기 삶의 안정된 보금자리를 마련한다는 차원에서도, 자신만의 독립적이고 자유로운 활동공간을 확보한다는 점에서도 의의와 가치가 큰 것이었다.

삼동 역시 창업 6년여 만에 비로소 어엿한 자가 공장을 마련함으로써 보다 안정된 환경에서 생산, 영업활동을 추진할 수 있게 되었다.

특히 성남 신공장 마련 당시 이이주 사장의 감회는 남다른 것이었다. 신혼 때 내집 마련 이후 두 번째 가져보는 자신만의 아성(牙城)이자 미래발전을 위한 전초기지였으니 그 보람과 긍지, 기쁨이 크지 않을 수 없었다.

직원들 역시 삼동이 자체 공장을 마련하게 되면서 회사에 대한 애정도 높아지고 안정감과 자신감, 향후 약진의지를 더욱 공고히 다지는 계기가 되었다.

물론 당시 공장건물은 계사로 사용하던 허름한 벽돌건물이라 시설이나 외관 등은 볼품없었다. 하지만 그동안 비좁은 남의 건물에서 이 눈치 저 눈치 보며 셋방살이 하던 임직원들에게는 마치 대궐과 다름없는 곳이었다. 포장도 안 된 외진 주변도로와 구석마다 잡풀이 돋아있는 공장마당 또한 일면 그만큼 넉넉하고 자유롭게,

01. 1988년 성남공장 시절 직원들의 근무 모습.

01.

모두가 마음대로 공간을 활용할 수 있는 장점도 있었다.

이후 성남공장은 외관과 시설 등을 점차적으로 수선, 개조하여 어엿한 생산기지로서의 면모를 갖춰 갔지만, 입주 초기엔 제품생산이 워낙 급하고 바쁘다 보니 그런 일에 신경 쓸 여유가 없었다.

특히 삼동은 전년도 새 공장 마련과 설비이전 등으로 시간과 비용 소요가 컸던 만큼 모든 임직원들이 생산활동에 더욱 박차를 가해나갈 것을 다짐했다.

성남공장에서의 생산공정과 품목, 판매시스템은 이전 자양동 공장에서의 그것과 크게 다르지 않았다. 대한전선, LS전선 같은 대기업에서 Rod 동선을 들여와 이를 다시 면권동선, 지권동선, 나평각동선으로 가공, 청계천 공구상이나 변압기공장, 조선소, 용접업체 등에 납품하는 방식이었다.

삼동은 성남공장 이전 후 생산 인프라도 일부 확충하였다.

뚝섬 임대공장의 설비들을 모두 성남 신공장으로 옮겨 설치하는 한편 인발기 등 몇몇 기계장치와 생산인력 또한 보강했다.

당시 30여 명의 직원들은 주야를 가리지 않고 제품생산에 전념했고, 이 사장 또한 거제도 대우조선소를 비롯하여 각지로 뛰면서 영업, 납품 활동에 주력하였다.

삼동은 이제 회사 내부의 제반 현안들을 모두 정리, 해결한 만큼 앞으로 열심히 제품을 생산, 판매하여 수익을 축적하고, 그것으로 또 조금씩 빚을 갚고 알뜰히 저축도 하면서 지속성장, 미래발전을 이루어가는 일만 남은 것이었다.

해외 첫 수출 길을 트다

삼동이 성남으로 공장을 이전한 다음 해인 1985년은 삼동 역사에 의미가 깊은 해였다. 삼동이 창업 이후 첫 수출을 시작함으로써 오늘날 글로벌 삼동의 도약기반을 마련한 해였기 때문이다. 미래 더 큰 발전을 이루기 위해 해외시장 개척을 늘 염두에 두고 있었던 삼동으로선 마침내 그 첫걸음을 내딛는 시발점이기도 하였다.

1985년 삼동이 창업 후 최초로 수출 길을 트게 된 기회 역시 일면 우연인 듯 또 일

01. 02. 1985년 성남공장 시절 삼동이 싱가포르로 첫 수출했던 제품.

01.

02.

면 필연인 듯 어느 날 홀연히 찾아왔다.

그 사연의 전말은 이렇다.

일본 유명 전기기기 제조기업 메이덴샤(MEIDENSHA)는 당시 싱가포르에 현지공장을 신설, 세계 각국으로 변압기 등을 제조, 수출하고 있었는데 여기에 사용할 동선이 필요했다. 그러나 당시는 미국이 주도한 이른바 '플라자 합의' 여파로 엔고(円高)가 막 시작되던 때라 일본에서 동선을 사올 경우 가격경쟁력이 떨어질 수밖에 없었다. 이에 메이덴샤는 동선을 구매할 한국기업을 물색했고, 당시 국내 최대 전선기업인 대한전선으로 문의한 결과 삼동을 소개받게 된 것이다.

이이주 사장은 일본 바이어의 공장방문 소식을 듣는 순간 마음이 설렜다. 언젠가는 해외수출 길을 열리라 막연한 꿈만 지니고 있었는데, 이제 그 길로 들어설 수 있는 기회가 왔다고 생각하니 가슴이 뛰었다. 하지만 그때까지 수출경험이 전혀 없었던 이 사장으로선 바이어에게 무엇을 보여주고 어떤 준비를 해야 할지 가늠할 수 없어 한편 몹시 긴장하였다.

그때까지도 삼동의 공장환경이나 생산시설은 볼품없었고, 특별히 내세워 자랑할 것도 마뜩치 않았다. 보여줄 것이라곤 오직 정성들여 생산한 제품과 그 제품생산에 임하는 직원들의 열성어린 모습뿐이었다. 이 사장은 한참을 고민 끝에 마침내 작심했다.

'좋다. 특별히 보여줄 것이 없다면 우리의 정직과 진심, 열정만이라도 보여주자.'

이런 결심이 서자 이 사장은 마음을 비우게 되었고, 별다른 준비 없이 평소 작업하던 그대로의 모습으로 바이어를 맞았다.

메이덴샤 측 바이어는 싱가포르 현지공장의 후쿠다(ふくだ:福田) 상으로 직위는 전무였다.

이 사장은 당시 외국어를 잘하지 못했던 때라 두 사람은 통역을 사이에 두고 대화를 주고받았다. 상담을 나누는 동안 이 사장은 그가 물으면 묻는 대로 한 치의 더함도 덜함도 없이 있는 그대로의 사실만 얘기하고자 애썼다.

이 사장과 한참 대화를 나누고 난 후쿠다상은 공장을 잠시 둘러보겠다며 일어섰다. 이 사장이 얼른 앞장서 그를 안내했다. 하지만 삼동의 취약한 공장시설을 살펴보는 그의 표정이 점차 굳어졌다. 실망하는 기색이 역력했다.

다시 사무실로 돌아온 그는 한동안 말이 없었다. 이 사장은 초조한 심정으로 그의 말을 기다렸다.

잠시 후 후쿠다상은 결심한 듯 이 사장의 손을 덥석 잡으며 말했다.

"공장시설을 보고는 도저히 발주가 어렵지만 오직 당신을 믿고 1차 발주를 해보겠다."

그 말을 듣는 순간 이 사장은 눈앞에서 잠시 서광이 번쩍함을 느꼈다.

삼동이 일본 유수의 기업에 납품을 하게 될 경우 지속적 수익창출은 물론 그 자체로서 품질에 대한 인정과 신뢰를 받고 삼동의 인지도 또한 크게 높일 수 있는 절호의 기회였기 때문이다. 또한 이를 계기로 일본을 비롯한 아시아 여러 기업들에 납품을 할 수 있는 길도 열릴 수 있었다. 이 사장은 만일 이런 천재일우의 기회를 놓친다면 평생 후회할 것이라는 생각이 들었다.

후쿠다상은 첫 주문제품과 물량을 제시했다. 시제품을 겸한 것이기에 주문량은 많지 않았다. 그러나 이 사장은 후쿠다상이 요구한 사양에 맞춰 모든 제품을 정성껏 제작했다. 혹시라도 하자가 있을까 제품 하나하나를 몇 번씩 점검하고 또 점검했다. 그리고 며칠 뒤 이를 인천항 컨테이너선에 실었다. 삼동의 첫 수출품이 해외로 나가는 순간이었다.

이 사장은 제품을 실어 보내고 난 뒤 마치 숙제검사를 기다리는 어린 학생의 심경으로 결과 통보를 기다렸다.

드디어 며칠 후 후쿠다상으로부터 연락이 왔다. '시제품을 사용해본 결과 품질이 좋으니 앞으로 계속 거래하자'는 것이었다.

순간 이 사장은 기쁨의 탄성이 절로 나왔다. 그에게 고맙다는 인사를 열 번도 더 한 듯 했다. 이 사장은 그날 밤 전 직원들과 회식자리를 마련하고 함께 기쁨을 나누었다.

한편 후쿠다상은 이후로도 이 사장에게 많은 도움을 주었다.

STORY IN HISTORY

귀한 인연, 아름다운 기억

'우연도 거듭되면 필연'이라는 말이 있다. 이이주 사장의 삶과 경영 역정에서 어려운 고비 때마다 그리고 새로운 전환기를 맞을 때마다 어김없이 나타나 도움을 줬던 여러 지인, 은인들. 그들과의 만남과 인연 역시 단순 우연만은 아닐 것이다.

특정 종교를 가지지 않은 이 사장이지만 불가의 인과법(因果法) 같은 것을 굳이 부정하지 않는 이유 또한 본인이 살아오는 동안 이런 의외의 고마운 인연들을 숱하게 맞고 경험한 데서 비롯된 것이라 할 수 있다.

1985년 처음 만난 일본의 후쿠다상 역시 이 사장이 평생 잊지 못할 고마운 분이었다. 이 사장보다 열 살쯤 위인 그는 몇 해 전 노환으로 타계했지만, 이 사장 머릿속에는 아직도 그와 함께했던 소중하고 아름다운 기억들이 생생히 남아 있다.

그중 짧고 재미있는 일화 하나.

이 사장이 후쿠다상과 교류를 지속한 지 3년쯤 지난 어느 날, 당시 메이덴샤 싱가포르공장 현지 책임자 제임스라는 분과 함께 저녁식사를 할 기회가 있었다. 이 자리에서 제임스가 후쿠다상에게 말했다.

"후쿠다상!"

"예쓰!"

"저는 한 가지 궁금한 게 있습니다."

"무엇입니까?"

"이 사장과 후쿠다상 두 분은 만난 지 3년이나 지났건만 아직도 언어가 서툴러 서로 의사소통이 잘 안 되는 것 같은데, 도대체 첫 거래를 할 때는 어떻게 했고, 그 이후엔 또 어떻게 그리 친해질 수 있었던 것입니까?"

후쿠다상이 웃으며 대답했다.

"하트 투 하트!"

이 사장이 평소 자주 얘기하는 'heart-to-heart'란 말은 바로 이 자리에서 나온 말이었다.

제임스가 다시 그에게 물었다.

"후쿠다상은 이이주 사장을 처음 만났을 때부터 남다른 신뢰감과 호감을 느꼈다고 늘 말씀하셨는데 어떤 점에서 그랬습니까?"

이 물음에도 후쿠다상은 서슴없이 대답했다.

"진실성과 정직성입니다."

인간 관계에서든 비즈니스 관계에서든 진실함과 정직함만큼 중요한 것이 없음을 단적으로 나타내주는 예화이다.

또한 1980년대 후반 일본 시장 개척을 추진하던 이 사장은 후쿠다상 외에도 여러 지인들로부터 이런저런 도움을 많이 받았다. 특히 동선 사업을 하던 Meiko Trading CO.,LTD(吉野商店)의 요시노 사장, 전기기기 회사를 경영하던 Toho Densokuki CO.,LTD(東邦電測器)의 모리타 사장으로부터는 일본 내 주요 변압기 제조업체들을 소개받음으로써 이후 삼동이 대일(對日) 수출기반을 다지는 데 큰 힘이 되었다. 이 사장은 이들과 형제의 우의를 다지며 집안 경조사에도 빠지지 않고 참석함은 물론 해외출장 시엔 누가 먼저랄 것 없이 서로 예비까지 챙겨주는 돈독한 관계를 이어갔다. 특히 요시노가(家)의 경우 할아버지에서 아들, 그 손자에 이르기까지 현재 3대에 걸쳐 거래를 지속하고 있을 만큼 깊고 오랜 교분을 다졌다. 이는 단순한 상거래를 통해 맺어진 인맥 관계를 떠나 서로의 진실함과 신뢰, 두터운 우정을 바탕으로 오랜 세월 이어온 아름다운 인연이며, 이해타산을 우선으로 여기는 비즈니스 현장에선 보고 듣기 힘든 휴먼스토리라 할 수 있다.

이이주 사장과 당시 메이덴샤 싱가포르 공장의 후쿠다 전무(앞줄 오른쪽에서 세번째).

주문물량을 계속적으로 늘려갔음은 물론이고, 삼동이 수출경험이 전혀 없어 업무에 애로를 겪자 당시 도카이뱅크 서울지점장까지 소개해 주며 LC개설 등을 도와주라 부탁했다.

뿐만 아니라 메이덴샤 일본 본사에도 이 사장을 소개해주었고, 이것이 계기가 되어 삼동은 훗날 후지, 미쓰비시, 히타치, 도시바 등 일본 유수의 기업으로 납품처를 넓히며 일본 시장 진출의 발판을 마련할 수 있었다.

경영정상화 기반을 다지다

1980년대 중반에 이르러 정부의 수출드라이브 정책과 비교우위산업 육성을 위한 노력 등 신산업육성 정책이 다각적으로 추진되었다. 당시 정부는 산업구조를 기존 중화학공업 중심에서 전기전자, 반도체 등 첨단산업 위주로 재편, 고부가치산업으로의 구조 전환을 촉진하였다. 특히 이때부터 시작된 이른바 '3저 호황'은 단군 이래 유례를 찾아보기 어렵다 할 만큼 국내 경기의 진작과 산업 활성화를 불러왔다. 이로 인해 한국경제는 1986년부터 1988년까지 매년 10% 넘는 성장률을 기록하며 고도성장기에 진입했다. 또한 86아시안게임과 88서울올림픽 개최 등으로 국내 기업들의 글로벌시장을 향한 기반이 조성되기도 하였다.

기업활동이란 정부의 정책 기조 등 대내외 환경변화에 크게 영향을 받게 마련이었다. 삼동 역시 이 같은 대외 경영환경의 호조 하에서 사업활동을 공격적으로 추진, 짧은 기간 동안 괄목할 성과를 거둘 수 있었다. 특히 이 시기 전기전자 및 조선업종 수출 활황에 따른 동선 수요의 급증세는 곧 삼동의 수익증대로 이어졌고, 이는 다시 생산역량 확충을 위한 곳에 재투자되거나 사내 이익금으로 축적되었다.

이러한 선순환이 지속되면서 삼동은 1986년에 이르러 1980년대 초의 기업 부도와 관련된 급한 채무를 거의 청산하고 경영정상화의 기반을 굳혀가게 되었다.

사업역량과 노력 그리고 時運이란 것

기업의 성패란 결국 경영자와 구성원들이 지닌 사업역량과 그에 투입된 노력의 총량에 의해 좌우되기 마련이다. 그 외의 성공요소를 한 가지 더 꼽는다면 바로 '시운(時運)'이라 할 수 있다. 사람들이 흔히 얘기하는 '무슨 일이든 연때가 맞아야 성공한다'는 말도 이를 두고 하는 말이다. 하지만 '시운'이란 요소 역시 대저 남보다 앞서 준비하고 남보다 더 열심히 노력하는 이들에게 우선적으로 주어지는 일종의 프리미엄 같은 것이다.

삼동이 동선 산업의 미래 성장성을 일찍이 예견하고 남들보다 앞서 시장에 진출, 제반 기술과 노하우를 꾸준히 축적, 준비하지 않았다면 설령 시운이 따라줬어도 소기의 성과를 거두지 못했을 것이다. 따라서 삼동이 1981년 공장 재가동 후 단기간에 사업 활성화, 경영정상화의 기반을 마련한 것 역시 단순히 대내외 산업환경 호전에 따른 결과가 아니라 이이주 사장을 비롯한 삼동 구성원들이 지닌 역량과 노력의 산물이며 성과라고 할 수 있었다.

미래도약을 위한 새로운 결단과 투자

1980년대 후반에 이르러 삼동은 미래 더 큰 도약을 이루기 위한 새로운 결단을 내려야 했다.

정부의 분당 신도시개발계획이 발표됨에 따라 성남공장 부지와 건물이 수용될 상황에 놓인 것이었다. 이에 삼동은 향후 보다 안정적으로 사업을 추진할 수 있는 새로운 생산기지를 확보해야만 하였다. 그동안 자양동에서 뚝섬으로 뚝섬에서 다시 성남으로 이리저리 사업장을 옮겨다니다 보니 여러 가지 불편과 비효율, 낭비가 뒤따랐다. 이참에 어느 곳에서든 평생사업의 터전을 확보하고 보다 장기적이고 안정적인 사업을 지속할 필요가 있었다.

이이주 사장은 적정부지 물색에 나섰다. 그러나 새 공장입지를 선정하는 데에는 여러 요소들을 고려해야만 했다. 우선 회사의 자금여력에 맞아야 했고, 교통여건과 작업환경, 직원들의 출퇴근 거리 그리고 미래 주변환경 변화에 이르기까지 두루 검토, 분석해야했다. 하지만 그 모든 요건을 충족시키는 입지를 물색하기란 쉬운 일이 아니었다.

우선 수도권의 경우 땅값이 워낙 비싸고 환경규제 등이 심해 대상지에서 일단 제외하고 나면 결국 중부권밖에 없었다. 중부권 역시 직원 자녀들의 교육문제 등을 감안할 때 가능한 수도권과 가까운 곳이어야 했다.

이 사장은 각처로 부지를 물색한 결과 충북 진천과 음성 두 곳의 입지를 최종 선택했다.

이 같은 결정에 따라 1987년 초에는 진천에, 같은 해 말에는 음성에 각각 4,000여 평씩의 공장부지를 매입하였다.

당시는 중부고속도로 개통 전이어서 두 곳 모두 땅값은 그리 비싸지 않았다. 부지 매입대금 역시 그동안 비축해둔 자금으로 충당이 가능했다.

이렇게 하여 삼동은 미래의 지속성장, 더 큰 도약을 위한 새로운 터전을 확보하고 향후 토지수용 등으로 인한 사업환경변화에 대비하였다.

가족 같은 회사 분위기, 서로 믿고 의지하며

삼동이 성남공장에서 성장기반을 다지던 1980년대 후반, 삼동 구성원들은 약 50명 남짓했다. 이들 중 상당수는 창업 초기부터 근무해온 장기근속자들이었다.

당시 대다수 중소기업들이 그러했듯 삼동 역시 그때까지는 특별한 노사문화 같은 것도 없었고, 조직과 제도 운영에 관한 규범이나 개념 같은 것도 거의 없을 때였다. 그저 모두가 한 지붕 아래서 함께 일하며 한 솥밥을 먹는 식구들이라 여기며 지냈다.

당시 삼동은 성장단계에 있었으므로 제반 근로환경이나 임금수준, 복지제도가 취약할 수밖에 없었다. 하지만 노사 모두 그런 것은 별로 따지지 않았다. 회사가 발전하고 수익이 높아지면 직원들에 대한 처우는 당연히 나아질 것이라 믿었고, 그

01. 1980년대 후반 직원 체육대회에서(뒷줄 좌측 첫번째가 이이주 사장).

01.

그 시절 삼동 직원들은 열악한 공장환경과 근로여건 속에서도 다들 열심히 일했다. 여름철이면 뜨거운 생산설비 앞에서 구슬땀을 흘렸고, 겨울이면 난방도 안 되는 공장건물에서 다들 추위를 견디며 작업에 임했다. 당시 생산공정은 수작업이 많아 직원들 대부분은 생산직이었고 관리직은 몇 되지 않았다.

반대인 경우 역시 노사가 함께 어려움을 감내하면서 극복해 나갈 수밖에 없다고 생각하였다. 돌아보면 지극히 소박하고 단순하고 순수한 의식을 지녔던 시절이었다. 그러다 보니 자연 노사는 수직적 관계가 아닌 수평적 관계로, 대립적 관계가 아닌 상호 이해와 신뢰에 바탕을 둔 협력적 관계를 유지했다. 말 그대로 모두 한 배를 타고 고락을 함께 하는 가족공동체나 다름없었다.

그 시절 삼동 직원들은 열악한 공장환경과 근로여건 속에서도 다들 열심히 일했다. 여름철이면 뜨거운 생산설비 앞에서 구슬땀을 흘렸고, 겨울이면 난방도 안 되는 공장건물에서 다들 추위를 견디며 작업에 임했다. 당시 생산공정은 수작업이 많아 직원들 대부분은 생산직이었고 관리직은 몇 되지 않았다.

이 사장이 지금도 이른바 '産先後管' 즉, 관리직보다 생산파트 직원들을 늘 우선으로 여기고 예우하는 것은 일찍이 본인이 체험을 통해 생산현장 직원들 노고와 고충을 누구보다 잘 알고 있기 때문이다.

또한 그 시절은 일감이 밀려들다 보니 야근은 물론이고 모든 직원들이 거의 쉬는 날 없이 생산활동에 전념했다. 이는 누가 억지로 시켜서가 아니었다. 그야말로 이심전심, 의기투합, 모두는 당연히 그리해야한다 생각했고, 다들 자발적으로 그리하였다. 힘든 일을 할지라도 하기 싫은 일을 억지로 하는 것과 스스로 하고 싶어 하는 일과는 그 마음가짐에서는 물론 효율과 성과 면에서도 큰 차이가 나게 마련이었다. 당연히 생산성은 높아지고 품질은 나아질 수밖에 없었다.

물론 그 시절엔 직원들 권익을 대변할 노조도 없었고, 노동법이 지금처럼 엄격하게 적용되지도 않았을 때라 이 같은 격무가 가능했던 것일 수 있다. 하지만 이후 그러한 법과 제도가 생겨나고 강화되었을 때보다 오히려 그 시절이 노사 모두에게 더 좋았고 더 신바람 났던 시절이었다. 그런 법과 제도가 없이도 회사는 직원들을 진심으로 한 식구처럼 존중하고 예우했으며, 직원들 역시 회사에 대한 애정과 신뢰가 높았을 뿐 아니라 불만 또한 거의 없었기 때문이다.

결국 사람 관계에 대한 문제는 어떠한 법과 제도를 통해 해결되는 것이 아니라 근본적으로 상대의 입장을 헤아리고 존중하고 배려하려는 마음가짐에서 비롯되는

01. 1988년 삼동 직원들의 근무 모습.

01.

1980년대 후반에는 일감이 밀려들다 보니 야근은 물론이고 주말도 잊은 채 생산활동에 전념했다. 이심전심, 의기투합, 모두는 당연히 그리해야 한다 생각했고, 다들 자발적이었다. 힘든 일을 할지라도 하기 싫은 일을 억지로 하는 것과 스스로 하고 싶어 하는 일과는 그 마음가짐에서는 물론 효율과 성과 면에서도 큰 차이가 나게 마련이었다. 생산성은 높아지고 품질은 나아질 수밖에 없었다.

것이었다.

회사 내의 분위기도 더없이 화목하고 오붓했다. 모두들 작업은 힘들었지만 노사 간에도, 직원들 간에도 정이 넘쳤고, 협력과 소통 또한 어느 시기보다 잘 이루어졌다. 예컨대 일반 가정의 경우에도 가난하고 힘들었던 시절이 오히려 가족 간 우애가 더 깊고 각별하듯 당시 삼동의 경우도 마찬가지였다.

이 사장 역시 직원들이 힘들게 일을 마친 저녁시간이면 수시로 회식자리를 마련, 이들의 노고를 위로하며 기탄없는 대화를 나눴다. 작업 시의 개선사항이나 제반 건의사항 같은 것도 대부분 회식자리에서 의견을 수렴하고 협의하여 이루어졌다. 특히 젊은 직원들은 이 사장을 마치 집안 형님처럼 의지하고 따랐으며, 이 사장 또한 이들을 동생처럼 따뜻이 대했다.

이 사장은 평소 직원들의 애로와 고충을 해소하는 일에도 적극 관심을 기울였다. 회사 형편상 비록 충분한 대우와 보상은 못했지만 마음만큼은 진심으로 직원들을 자신과 일심동체라 생각했다. 직원들 업무 관련 고충은 물론 집안의 대소사까지 일일이 기억하고 챙기는 한편 매년 회사 형편껏 다만 얼마씩이라도 임금을 인상해주고 복지지출을 늘리는 등 세심한 관심과 배려를 기울였.

노사가 이처럼 두터운 가족의식을 다짐으로써 1987년 6·29선언 이후 전국 산업 현장에 마치 들불처럼 번졌던 노사분규의 거센 불길도 삼동의 담장을 넘지는 못했다. 오히려 삼동 구성원들은 그런 사태들을 보면서 더욱 단합하고 화합하고 결속해야겠다는 의지를 다졌다.

이후로도 삼동 직원들은 1992년 음성으로 공장을 이전할 때까지 늘 화기애애한 직장 분위기 속에서 충실히 근무에 임했고, 당시 직원들의 그러한 열성적 자세와 노력, 헌신은 오늘날 글로벌 삼동을 있게 한 밑거름으로 작용했다.

마침내 모든 채무를 청산하다

1980년대를 마감하는 시점에도 삼동의 성장세는 계속되었다.

01. 02. 1980년대 후반 삼동의 생산 제품들.

01.

02.

대내외 경영환경 역시 호조세를 이어갔다. 특히 국산 변압기 수출이 본격화됨에 따라 이에 소요되는 동선 제품의 수요가 크게 늘었다. 그 시절 국내 주요 변압기 제조업체들은 자체 설비를 갖춰 동선을 생산하기도 하였지만, 외주에 의존하는 기업들도 적지 않았다. 그러나 당시 변압기용 코일 제품을 가공, 생산하는 업체는 삼동을 포함, 소수에 불과했다. 이에 따라 삼동의 제품 생산량, 판매량은 가파르게 상승했다.

조선산업 호황에 따른 동선 수요증가도 삼동의 성장세를 이끄는 데 한몫했다. 1980년대 후반에 이르러 국내 조선산업은 초유의 중흥기를 맞이하였다. 선박 건조공정의 특성상 용접작업이 주를 이뤘고, 용접기용 동선 수요 또한 컸다. 이에 삼동은 변압기회사에서부터 현대, 대우 조선사 관련 업체에 이르기까지 거래선을 다각도로 늘려나갔다.

특히 이 무렵 국내 유수의 변압기 제조회사인 효성중공업에도 납품을 하는 성과를 거뒀다.

당시 변압기 수출에 주력하던 효성중공업은 1980년대 이전까지는 자체적으로 변압기용 동선 가공설비를 운영하고 있었다. 그러나 1980년대 말 기존의 효성중공업 영등포공장이 창원공단으로 이전하게 되면서 동선제품을 외주처리하게 되었고, 이때부터 삼동이 납품을 시작하게 된 것이었다.

이처럼 거래선과 납품물량이 크게 늘면서 삼동의 재정상태는 어느 때보다 탄탄해졌다.

1989년에 이르러 삼동은 마침내 과거 부도로 인한 채무를 모두 청산하였다. 이이주 사장 역시 근 10년 만에 신용을 완전히 회복, 정상적 금융거래와 사업활동이 가능하게 되었다.

무엇이든 쓰러지고 무너지는 건 한 순간이지만 그것을 다시 재건, 복원하는 데엔 오랜 시간이 걸리는 법이었다.

삼동은 1981년 부도 후 그 충격과 손상의 흔적들을 온전히 회복할 때까지 그리고 미래도약을 향해 다시 힘찬 항해를 시작하기까지 이처럼 근 10년간 각고의 노력, 혼신의 열성을 기울여야 했던 것이다.

술과 사업 그리고 인간 관계

1980년대까지만 해도 사업하는 이들은 술을 마시지 않고서는 영업이 힘들었다. 심지어 '영업은 술로 한다'는 말이 있을 만큼 요즘과는 접대문화가 많이 달랐다. 하지만 이이주 사장은 젊은 시절부터 술이 체질에 맞지 않았다. 알콜 알러지 때문에 한두 잔만 마셔도 몸이 견디기 힘들었던 것이다. 그러다 보니 거래처 접대라도 있는 날이면 여간 고역이 아니었다. 심지어 보리차를 양주병에 부어 술 대신 마시기까지 했다.

그럼에도 불구하고 이 사장의 인간관계는 대부분 오래고 깊었다.

이에 주변사람들이 물었다.

"이 사장님은 술도 못 하시는데 어찌 여러 사람들과 그리 친해질 수 있고, 오랜 세월 돈독한 교분을 유지합니까?"

이 사장이 대답했다.

"술로 친해진 사이는 술 깨고 나면 그만일 수 있지만, 마음으로 친해지면 평생 가는 것 아니겠습니까."

이 사장다운 답변이었다.

특히 이 사장은 술을 못 마시는 대신 술자리에 참석하면 항상 겸손하고 매너 있는 자세로 상대 이야기를 끝까지 경청함은 물론 자신의 속내 또한 진솔하게 얘기하곤 했다. 화제도 풍성하여 경제, 사회, 문화 등 다방면에 걸쳐 늘 재미있게 이야기꽃을 피웠다.

이 사장의 이러한 성정과 모습이 오히려 밤새도록 흥건히 술판을 벌인 사이보다 인간 관계를 더욱 돈독하게 하고, 상대로 하여금 친밀감과 신뢰감을 느낄 수 있게 하였다.

"변압기 제작에 사용되는 핵심 소재인 구리코일은 만에 하나라도 문제가 발생할 경우 경제적 손실은 물론 대규모 정전사태를 유발, 사회적으로 큰 재난을 초래합니다. 이를 미연에 방지하기 위해서는 무결점 최고 품질의 코일을 사용하는 길밖에 없습니다."

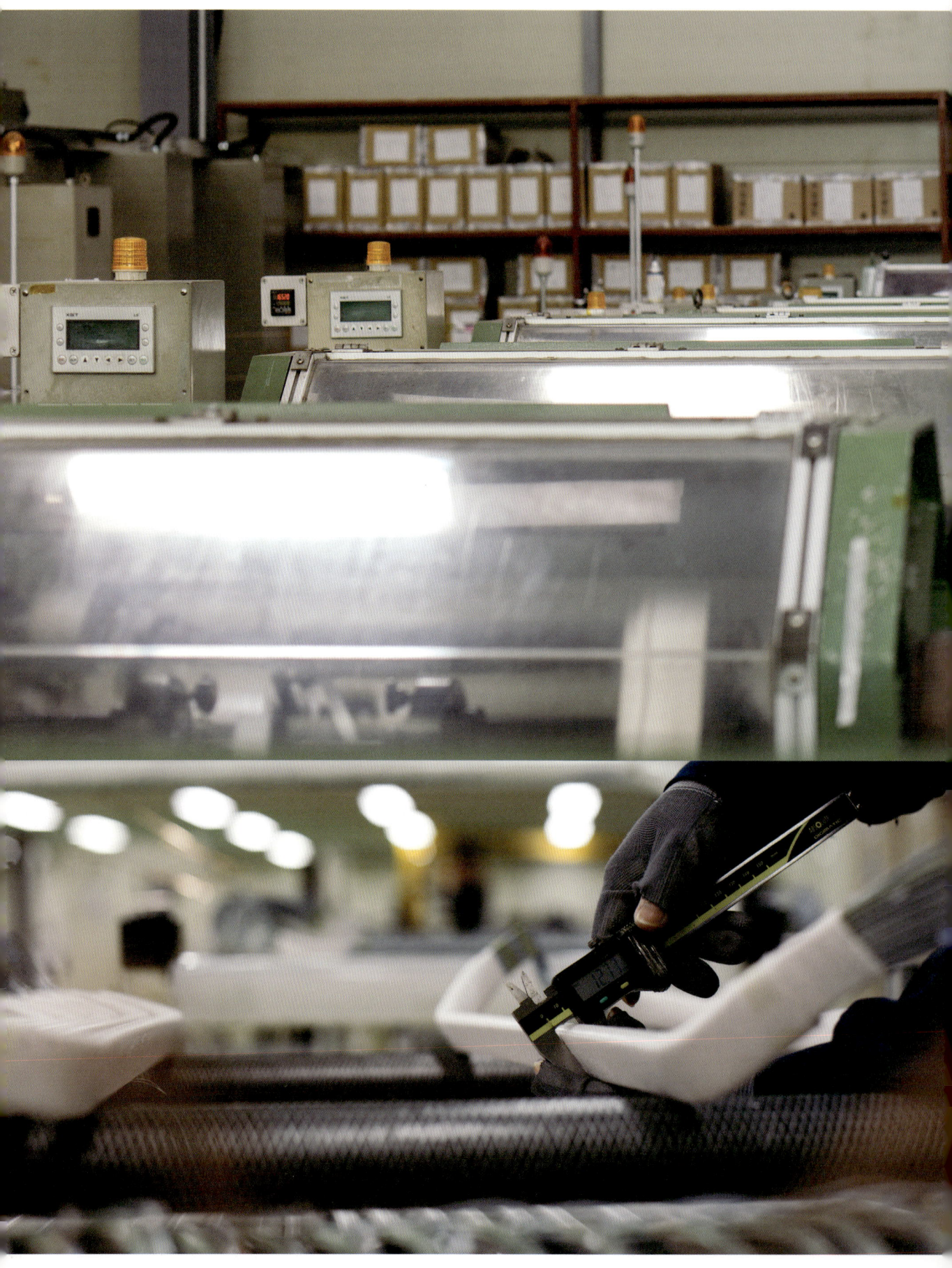

제3장 1990~1999

성장의 가속화를 추진하다

"변압기 제작에 사용되는 핵심 소재인
구리코일은 만에 하나라도 문제가 발생할 경우
경제적 손실은 물론 대규모 정전사태를 유발,
사회적으로 큰 재난을 초래합니다.
이를 미연에 방지하기 위해서는 무결점
최고 품질의 코일을 사용하는 길밖에 없습니다."

-이이주 대표이사 독일 산업계 초청세미나 강연내용 중

1. 제2창업, 충북 음성 本社 시대의 개막

지속가능경영을 위한 기반 구축

회사 부도와 재기 도전, 경영정상화를 이루기 위한 각고의 노력으로 점철되었던 1980년대가 지나고 새 희망의 1990년대가 도래하였다.

삼동 역사에서 1980년대가 심한 성장통을 겪으며 미래 발전 기반을 다진 시기였다면 1990년대는 이이주 사장 본인을 대표이사로 하는 〈주식회사 삼동〉의 설립과 충북 음성으로의 생산기지 이전, CTC(Continuously Transposed Cable) 및 무산소동(銅) 국산화 개발, 수출 2,000만 불 달성 그리고 충남 아산공장, 경북 문경공장 설립 등에 이르기까지 글로벌 기업으로의 도약 기반을 확고히 굳힌 연대라 할 수 있다.

특히 제2창업기라 할 수 있는 이 시기 삼동은 해외시장 개척에 주력하는 한편 날로 증가하는 제품 수요에 맞추어 생산기지를 크게 확장하였다. 또한 생산제품의 다각화, 품질과 기술의 고도화를 추진하며 미래 성장기반을 더욱 탄탄히 다져나갔다.

㈜삼동 설립, 새로운 상호와 명의로 재출발하다

기업 대표자 명의와 상호를 설정하는 일은 법률적, 사회적 신분 정립과 더불어 조직의 정체성, 주체성, 미래지향성까지 나타내는 의미 깊은 일이다.

1983년 타인으로부터 회사 대표자 명의를 빌렸다가 10년 가까이 온갖 곤욕을 치렀던 이이주 사장은 1990년에 이르러 과거 기업 부도로 인한 모든 채무를 청산함에 따라 회사의 지배구조 및 명의 등을 새롭게 재정비하였다.

이전 개인기업이었던 〈삼동전기공업사〉에서 법인격의 〈주식회사 삼동〉으로 상호 및 기업형태를 변경, 격상함과 아울러 대표이사 명의 역시 2인 공동대표체제에서 이이주 사장 단독 명의로 등기를 마친 것이다.

이는 단순히 회사의 경영구조나 명의 변경 차원을 넘어 기업과 기업주의 명예와 신용을 회복, 재확립한 일이기도 하였다.

삼동은 이로써 1981년 부도 이후 꼬박 10년 만에 명실 공히 완전한 재기와 경영정상화를 이루게 되었다. 1980년대 초 대내외 경영환경 악화와 불의의 어음사고 등으로 절체절명의 난파위기에 처했던 때를 생각하면 그야말로 금석지감을 느낄만한 일이었다.

삼동은 이처럼 오랜 기간 갖은 노력과 극적인 회생, 반전과정을 거쳐 마침내 재기에 성공, 더 큰 성취와 도약을 향한 새로운 질주 채비를 갖추게 되었다.

흔히 말하듯 넘어졌다 다시 일어나면 그것은 실패가 아니었다. 그 역시 성공을 위한 과정이고, 값진 경험과 교훈이었던 것이다.

새 사업장으로의 이전 준비

1990년 미래 진군의 대오와 전열을 새롭게 정비한 삼동의 사업활동은 한층 속도를 높여갔다.

이이주 사장의 지휘 아래 전 임직원이 혼연일체가 되어 공격적 사업활동을 전개해 나갔다.

신규 설비투자도 과감히 단행했다. 삼동은 이 시기 독일과 일본으로부터 평각선 생산을 위한 압연기와 무다이스 신선 설비, 스트립 생산설비 등을 새로 도입, 설치함으로써 품질과 생산효율을 높였다.

특히 1991년에는 충북 음성으로의 공장 이전과 새 사업장에서의 생산계획 등을 수립, 준비하는 일로 바빴다.

정부의 성남신도시개발계획이 본격 추진됨에 따라 삼동은 늦어도 이듬해 초까지는 성남공장을 비워줘야 했기 때문이다.

예나 지금이나 거래처의 납기가 가장 중요했던 삼동으로선 성남공장에서 음성으로 이전하는 과정에 조금의 시간손실이나 생산차질도 없어야만 했다.

01. 주식회사 삼동 음성 본사의 현판.
02. 음성 본사를 방문한 해외 고객과 함께한 이이주 사장과 전주흠 공장장.
03. 충북 음성 본사 공장 1차 신축.

이에 삼동은 성남공장에서의 생산활동과 더불어 충북 음성 신공장 건설사업을 병행, 추진해 나갔다.

한 가지 다행이었던 것은 당시 성남공장 소재 지역의 경우 신도시 조성공사를 맡은 시공사가 바로 삼동 고객사인 H사 건설사업부였다는 점이다. 따라서 다른 구역 소재 건물들에 대해서는 시공사가 사전 주변도로를 폐쇄하고 철거를 독촉하기도 했지만 삼동의 경우 시공사로부터 최대한 편의를 제공받을 수 있었다. 그렇다고 이는 일방적 특혜가 아니었다. 해당 시공사는 인근 건물의 철거작업에 필요한 지게차 등 중장비를 삼동으로부터 자주 빌려 썼고, 삼동 역시 이들의 요청이 있을 때마다 적극 협조하였다. 이러한 협력관계가 한동안 이어지면서 건설사는 삼동이 음성공장 건축공사를 완료할 때까지 다소간 시간적 여유를 두고 건물을 철거할 수 있도록 배려해 준 것이었다.

개인이든 기업이든 평소 주변인들과 우호적 신뢰 관계를 다져 놓으면 그것이 언젠가 크고 작은 보상으로 되돌아옴을 보여준 작은 사례이기도 하였다.

본사 및 공장의 충북 음성 이전을 완료하다

1992년 초에 이르러 마침내 삼동의 음성공장 건설공사가 완료되었다. 대지면적 26,836 ㎡, 건축 연면적 12,257 ㎡ 규모의 신축건물이었다. 토목공사에서부터 건축공사까지 근 1년의 기간이 소요되었다.

삼동은 같은 해 4월 1일, 새로운 사업터전인 충북 음성군 대소면 삼양로 816-41 현재 공장으로 이전을 완료했다. 공장 이전작업은 전문업체에 의뢰, 성남공장의 설비 일체를 그대로 옮겨 설치했기에 별 다른 어려움이 없었다.

성남공장에 근무하던 직원들 역시 단 한 명 예외 없이 전원 음성공장으로 출근했고, 심지어 구내식당을 운영하던 부부까지 음성공장으로 함께 내려와 식당을 계속 운영했다.

회사가 원거리의 지방으로 이전하였음에도 직원들 전원이 그곳으로 함께 옮겨왔다는 것은 당시 모든 구성원들이 회사에 대해 그만큼 깊은 애정과 신뢰를 지니고

01. 충북 음성으로 본사를 이전한 후 작업에 열중하는 직원들.

01.

성남공장에 근무하던 직원들 역시 단 한 명 예외 없이 전원
음성공장으로 출근했고, 심지어 구내식당을 운영하던 부부까지
음성공장으로 함께 내려와 식당을 계속 운영했다.
직원들 전원이 그곳으로 함께 옮겨왔다는 것은 당시 모든 구성원들이
회사에 대해 그만큼 깊은 애정과 신뢰를 지니고 있음을 증명하는
일이기도 하였다.

있음을 증명하는 일이기도 하였다.

삼동은 수도권에서 출퇴근하는 직원들을 배려하여 소형 통근버스를 운행하는 한편 독신 근무자들을 위한 기숙사도 공장 인근에 마련, 직원들에게 숙식과 생활편의를 제공해주었다. 그 무렵 음성지역에는 공장들이 대거 들어설 때라 직원기숙사용 임대아파트가 여러 곳 건설되었고, 삼동은 이 아파트 수십여 호를 임대, 직원들에게 숙소로 제공한 것이다.

삼동은 이렇게 하여 충북 음성에 영구적 사업터전을 마련, 정착하게 되었고, 공장 이전일인 4월 1일을 제2창업일로 정하여 매년 창립기념식을 가졌다.

2. 품질경쟁력 강화, 기술 고도화를 위한 노력

국내 최초 CTC제품 개발, 기술자립을 이루다

1992년 삼동이 음성으로 공장을 이전하고 난 뒤 이이주 사장은 향후 회사의 경영방향과 전략에 대해 이런저런 생각이 많았다.

회사의 비축자금을 대거 투입하여 새 공장을 건축하고 제반 설비 또한 크게 확충한 바, 앞으로 주문량 또한 그에 걸맞게 확보해야 함은 필수과제였다.

그러나 당시 국내의 동선 수요는 제한적이었다.

각 분야의 산업발전과 전력인프라 확충이 이루어지고 있었으나 그것으로는 기본수요만 확보할 수 있을 뿐 회사의 비약적 성장이나 매출증대를 기대하기 어려운 실정이었다.

따라서 해외시장 개척은 필연이었다. 특히 해외 동선 시장에서 경쟁력을 갖추기 위해서는 신제품, 신기술 개발이 가장 시급한 과제였다. 기존의 제품만으로는 수요의 한계가 있을 뿐 아니라 해외시장에서 경쟁력을 가지기 힘든 때문이었다.

이 사장은 그동안 동선 사업에 종사해온 경험과 지식, 국내외 시장전망 등을 바탕

STORY IN HISTORY

음성공장 부지 매입과 건축공사 관련 일화

삼동의 음성 공장부지 매입과 공장건물을 건축할 당시 몇 가지 특기할 스토리가 있다.
1988년 삼동 성남공장이 신도시개발구역에 편입됨에 따라 새로운 공장부지를 물색하던 이이주 사장은 마침 이 지역에 연고가 있는 지인 소개로 음성 공장부지를 매입할 수 있었다.
그러나 매입 당시에는 입지환경이 좋지 않았다. 약 4,000평 규모의 새 공장부지는 잡목과 수풀이 우거진 임야였고, 주변에는 이장(移葬)해야 할 분묘도 여러 기(基) 산재해 있었다. 또한 자동차도로가 개설되어 있지 않다 보니 공장부지에 진입하려면 좁은 농로로 걸어 들어가야만 했다. 당시에는 중부고속도로도 개통 전이라 수도권에 거주하는 직원들이 출퇴근하는 것 역시 문제였다. 이런 사유로 주변에서는 부지 매입을 만류하는 이들이 많았다.
하지만 이 사장의 생각은 달랐다. '입지주변의 환경은 차츰 정비하면 될 것이고, 앞으로 중부권에는 공장시설이 집중될 것인 바, 교통여건 또한 분명 좋아질 것'이란 확신이 들었기 때문이다. 그리고 무엇보다 메리트가 있었던 것은 입지여건이 다소 불편한 만큼 부지가격 또한 그리 높지 않다는 점이었다. 따라서 이 사장은 이곳을 새 공장입지로 결정하였고, 인근 지역보다 비교적 낮은 가격에 매입할 수 있었다.
결국 이 사장의 예측과 판단은 정확히 맞아 떨어졌다. 부지 매입 후 얼마 지나지 않아 중부고속도로가 개통되면서 대소IC가 생겼고, 인근에도 공장들이 속속 들어섰다. 또한 제반 교통여건이나 인프라가 확충되면서 주변환경 역시 훨씬 좋아져 현재 음성군 대소면 일대는 중부권 산업시설의 집적지, 요충지로 발전하였다. 주변 지가(地價) 역시 크게 올랐음은 물론이다.
한편 건축 공사와 관련된 곡절과 에피소드도 있었다. 삼동이 공장부지를 매입한 후 막상 공장건축공사를 시작하려고 하자 예기치 못한 문제가 발생한 것이다. 그 시절엔 농촌지역에 공장이 들어설 경우 환경오염 문제 등을 제기하며 지역주민들의 반대가 심했다.
삼동의 경우 역시 해당 지역 카톨릭농민회 등에서 공사장 진입로를 경운기로 막고 건축공사를 방해하는 바람에 많은 어려움을 겪었다. 결국 오랜 실랑이 끝에 경찰력의 도움을 받고서야 간신히 공사를 진행할 수 있었다.
이처럼 우여곡절을 겪으며 1992년 초 마침내 1차 공장건물을 완공하였다.
이후 삼동은 인근 부지를 추가로 매입, 수차에 걸쳐 공장건물을 증축했고, 현재는 대지면적 49,814 m^2, 건축 연면적 18,175 m^2 규모의 대단위 생산기지 위용을 갖추게 되었다.

으로 면밀한 연구 분석에 착수했다. 그리고 얼마 후 회사의 지속성장을 도모할 수 있는 장기발전전략을 수립했다.

그것은 바로 초고압 변압기에 사용되는 연속전위권선(連續轉位捲線) 즉, CTC(Continuously Transposed Cable)제품과 기술을 국산화하는 전략이었다. CTC란 고압 변압기 제작 시 전기 손실 감소는 물론 생산성 증대, 제작비용 및 시간 등을 획기적으로 줄일 수 있는 동선 제품이었다. 이는 에나멜 코팅 평각동선을 최소 5가닥에서 84가닥까지 연속 전위한 후 절연지로 피복한 제품이었다. CTC제품을 초고압 변압기에 적용할 경우 권선 작업 시 전위 작업이 필요 없게 됨에 따라 제작 공수를 줄일 수 있고, 도체의 다중 전위에 의한 Eddy Current를 절감하는 등 여러 가지 장점이 있었다.

당시 동선 시장은 국내외적으로 초고압 변압기 생산량이 증가하였고, 이에 따라 변압기용 CTC제품 수요 또한 점차 늘어나는 추세였다. 그러나 CTC제품의 경우 국내에는 생산기업과 시설이 없다보니 변압기 제조회사들은 이를 전량 수입에 의존하고 있었다. 따라서 국가 전력산업발전을 위해서도, 기업의 자체 성장과 기술 자립을 이루기 위해서도 CTC제품과 기술의 국산화는 꼭 필요한 일이었다.

하지만 CTC 설비와 기술도입에는 대규모 투자가 뒤따라야 했다. 또한 국내외 주요 변압기 제조회사들에 납품을 못할 경우 판로도 보장되지 않았다. 그러다 보니 필요성만 절감할 뿐 누구도 선뜻 이를 국산화하려는 엄두를 내지 못했다. 특히 삼동과 같은 중소기업 입장에서 고가의 설비와 기술을 도입한다는 것은 리스크가 큰 모험이었다. 왜냐하면 그때까지 CTC제품에 대한 국내 수요처는 효성중공업, 현대중공업 같은 몇몇 변압기 제조회사들뿐이었고, 이를 해외시장에 판매한다는 것 역시 막연한 기대사항, 희망사항에 불과했기 때문이다.

따라서 이 사장이 CTC제품 생산을 결심하고 설비 도입계획을 밝히자 업계에서는 '그것을 만들어 대체 어디에, 어떻게 판매할 것이냐? 괜히 무리한 투자로 위험을 자초하는 것 아니냐?'며 말리는 이들이 많았다.

그러나 이때에도 이 사장의 생각은 달랐다. CTC제품이 당시로서는 비록 수요도

01. 삼동이 국내 최초로 개발, 생산한 연속전위권선(C.T.C).
02. 1993년 삼동이 국산화에 성공한 CTC제품은 이후 국내는 물론 세계 주요 국가에서 높은 시장점유율을 기록하며 삼동의 주력상품이 되었다.

01.
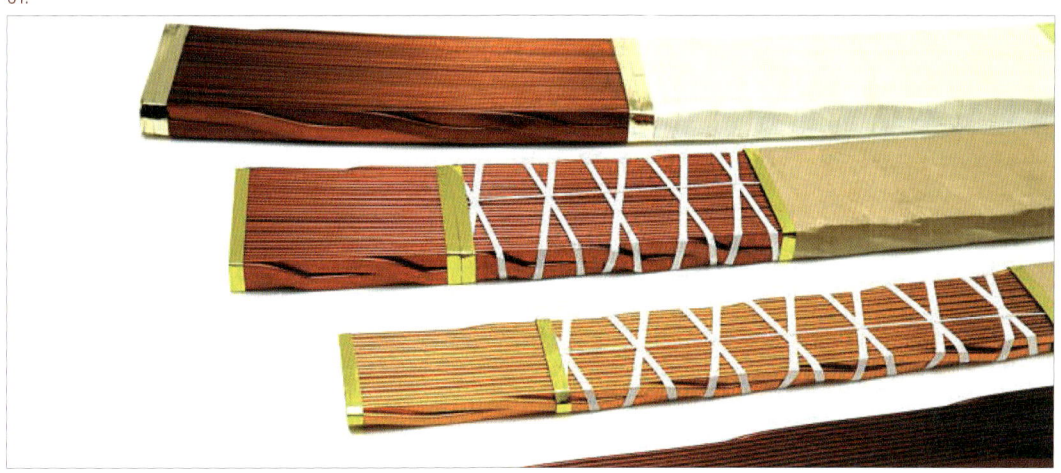

02.

적고 납품처도 정해지지 않았지만 앞으로 전력산업의 변화 발전추세 등을 감안할 때 이는 충분히 투자가치가 높고 전망이 밝다고 판단한 것이다. 국내외에서 초고압 변압기 수요가 계속 증가하는 추세인 만큼 양질의 제품만 생산한다면 판로개척은 어렵지 않다고 확신했다. 그리고 이런저런 리스크가 두려워 신제품, 신기술 개발을 소홀히 할 경우 결국 삼동은 기존의 제품만으로 회사를 유지하기에 급급하거나 현재 수준에서 안주할 수밖에 없을 것이라고 생각했다.

이 사장은 깊은 고민 끝에 결국 CTC 설비를 도입, 제품을 자체 생산하기로 과감한 투자결단을 내렸다. 많은 주변인들의 반대를 무릅쓰고 홀로 내린 외로운 선택이고 결정이었다. 만에 하나 실패할 경우 회사는 또 다시 1981년 부도 당시처럼 큰 위기를 맞을 수도 있는 일대 모험이고 도전이었다.

사실 기업의 대규모 설비투자란 판로가 확실히 보장될 때 실행하는 것이 일반적 관례이고 상식이었다. 그렇게 할 경우에도 실패하는 예가 적지 않았다. 하지만 이 사장의 전략은 일단 설비부터 들이고 제품부터 만들자는 것이었다. 주변에서 볼 때는 일면 황당하고 무모한 전략으로 비칠 수도 있었다.

그러나 여기에는 남들이 잘 보지 못하는 부분이 있었다. 그것은 바로 수십 년간 동선 사업에 종사해 오면서 이 사장만이 발견하고 감지할 수 있는 미래 사업전망과 시장수요와 산업의 흐름이었다.

결국 그의 예측과 전략은 이번에도 어김없이 적중했다. 당시 이 사장의 선구안적 혜안과 투자결단, 연구개발 노력은 삼동 발전의 획기적 전기를 마련할 만큼 큰 성과를 거뒀다.

1993년 국산화에 성공한 CTC제품은 이후 국내는 물론 유럽, 미주, 아시아 등 세계 주요 국가에서 높은 시장점유율을 기록하며 삼동의 효자상품, 주력상품으로 기업성장을 견인한 것이다. 당시 이 사장의 과감하고 신속한 투자결단이 없었다면 오늘날 글로벌 삼동의 위상 또한 없었을 것이었다.

삼동은 이후로도 국내외 공장에 지속적으로 CTC 설비투자를 늘려감으로써 CTC 설비 보유 및 생산량 면에서 세계 1위 기업으로 도약하는 기반을 다지게 되었다.

01. 현재 음성공장 CTC 설비. 세계 주요 변압기 제조회사들은 품질이 검증된 삼동 제품을 사용하도록 권장하고 있다.
02. CTC제품 품질 검사.

01.

02.
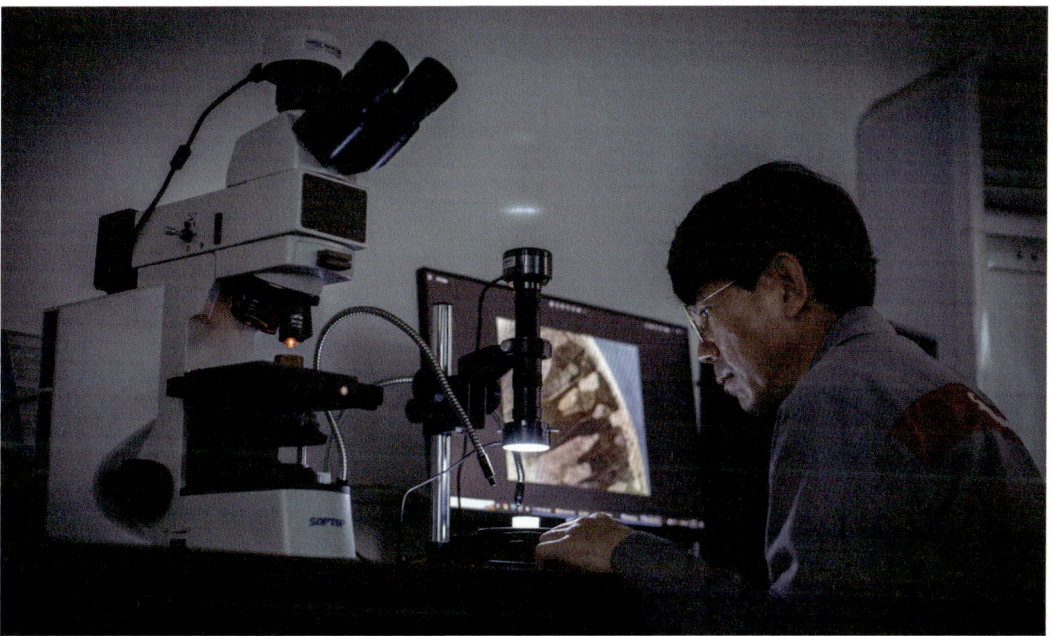

CTC제품의 개발배경 그리고 도움을 주었던 고마운 분들

1993년 삼동이 CTC제품 국산화 개발이라는 기념비적 성과를 거두게 된 배경과 과정에는 삼동의 성장역사가 대체로 그러했듯 이때에도 시운(時運)이 따라주었고, 적극적으로 도움을 준 이들도 있었으며, 여러 가지 사연과 곡절 또한 많았다.

우선 설비 도입 시 뜻밖의 정부 지원금을 받게 된 일부터가 그러했다. 그 시기 우리나라는 문민정부가 들어서면서 중소기업육성정책이 크게 강화되었다. 특히 부품소재개발 중소기업에 대한 금융지원이 중점적으로 시행되었고, 이에 삼동은 CTC제품 국산화 자금을 지원받을 수 있었던 것이다.

당시 CTC 설비 1대 도입 가격은 200만 달러, 원화로는 20억 원에 달하는 큰 금액이었다.

삼동은 당초 자체 자금을 조달, 설비를 도입할 예정이었으나 망외의 정부 지원금으로 이를 구입할 수 있었으니, 후일 이이주 사장 표현대로 '천우신조'라고 할 만한 일이었다. 따라서 삼동은 회사 자금을 거의 들이지 않고 독일 라크라트 유니온사로부터 CTC 설비를 전격 도입, 설치할 수 있게 되었다.

또 한 가지 특기할 점은 당시 삼동이 도입한 CTC 설비는 원래 변압기 제조사인 효성중공업이 먼저 도입하려 했었다. 그러나 정부의 중소기업 우선육성정책에 의해 삼동이 지원대상업체로 선정되면서 효성은 삼동에 양보를 하게 된 것이었다. 이 또한 행운이었다.

뿐만 아니라 삼동의 오랜 거래처였던 효성중공업 관계자들은 이때에도 여러 가지 도움을 주었다.

삼동이 처음 CTC 설비 도입계획을 세울 때만 해도 이 사장은 CTC 생산공정이나 기술에 대해 아는 바가 거의 없었다. 이에 효성 측은 자신들이 CTC제품을 수입해오던 미국 회사에 이 사장이 직접 방문하여 생산공정 등을 둘러보고 참고 기술과 지식을 익힐 수 있도록 적극 배려해주었던 것이다.

이 사장은 당시 효성 관계자들이 아무런 이해타산 없이 단지, 거래처에 대한 우호적 선의와 배려에서 그처럼 적극 도움을 준 것에 대해 '두고두고 생각해도 참 고마운 일'이라고 후일 회고하였다.

CTC 설비를 들여온 뒤부터는 설비 판매사인 독일기업 라크라트 유니온과 제휴를 맺고 제반 생산기술을 익혔다. 이들 역시 삼동이 제품을 생산하는 데 차질이 없도록 성심껏 기술을 전수해주었다. 특히 이 회사 기술 매니저 볼프강 펠렛의 경우 이 사장에게 각별한 호감을 가지고 자신의 모든 역량과 노하우를 전해주었다.

삼동은 이런 과정을 거쳐 1992년 10월 마침내 CTC 설비 1호기를 음성공장에 최초 설치하고 가동에 돌입했다.

그러나 생산 초기에는 당초 주변의 우려대로 주문량이 거의 없었다. 몇 달 동안 시제품만 생산하며 이곳저곳 납품처를 찾아다녀야 했다. 다행히 시간이 차츰 지나면서 효성중공업과 현대중공업에 잇달아 납품을 하게 되었으며, 이후 일본과 대만, 호주 지역까지 시장을 넓혀갔다. 1990년대 중반에 이르러서는 CTC 설비 1대만으로는 생산량이 부족하여 추가로 1대를 더 들여와야 할 만큼 주문량이 크게 늘었다.

하지만 설비가격이 워낙 고가이다 보니 자체 자금이 부족, 은행대출을 활용할 수밖에 없었는데, 이때에도 산업은행 측의 적극적 도움으로 추가 설비를 도입할 수 있었다.

삼동은 이후로도 CTC 설비를 1대씩 계속 늘려갔고, 현재는 국내외 생산기지에서 총 10여 대가 넘는 CTC 생산설비를 보유하게 되었다.

또한 근래에는 중국 등 신흥국에서도 CTC제품을 생산하고 있으나 초고압 변압기의 경우 워낙 중요장비이다 보니 이에 사용되는 동선 만큼은 품질이 확실히 검증된 삼동 제품을 사용하도록 세계 주요 변압기 제조회사들이 권장하고 있다.

이에 대해 이 사장은 'CTC제품 개발을 선진국보다 늦게 시작했지만 현재는 세계 1위의 생산량과 설비 보유기업이 되었고, 제품의 부가가치 또한 높아 삼동의 주력제품, 효자제품으로 자리매김했다'며, '특히 CTC제품의 경우 다른 전기전자제품과는 달리 그 사양이 오랜 기간 바뀌지 않는 만큼 새로운 스펙 개발에 추가비용이 들지 않는 것 역시 큰 장점'이라고 밝혔다.

01.~04. 음성 제2공장 준공식과 공장 시설.

01.

02.

03.

이이주 사장은 'CTC제품 개발을 늦게 시작했지만 현재는 세계 1위의 생산량과 설비 보유기업이 되었고, 제품의 부가가치 또한 높아 삼동의 주력제품, 효자제품으로 자리매김했다'며, '특히 사양이 오랜 기간 바뀌지 않는 만큼 새로운 스펙 개발에 추가비용이 들지 않아 큰 장점'이라고 밝혔다.

04.

 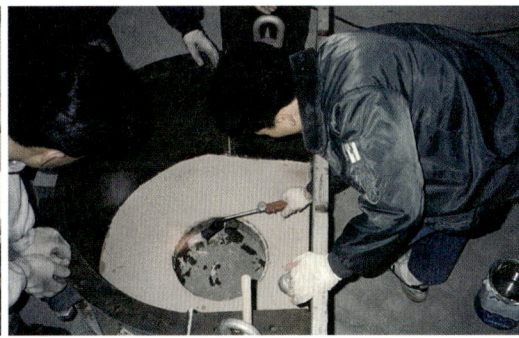

국내 최초 무산소銅 개발, 세계적 품질수준을 갖추다

1993년 CTC제품 국산화에 성공한 삼동은 여세를 몰아 이듬해엔 무산소銅 개발에 착수하였다. 또 한 번의 국내 최초 국산 기술개발 기록에 도전한 것이다.

무산소동이란 정제된 고품질의 전기동을 사용, 환원성 상태에서 용해 주조하여 산소함유량이 10ppm 미만인 동을 말한다. 일반 동보다 높은 전도율을 지녀 초고압 변압기 등 정밀성과 내구성이 요구되는 중요 전력장치에 사용되는 핵심소재였다. 따라서 무산소동 개발은 동선 생산기업의 시장경쟁력과 품질수준을 높이는 데 필수과제였다.

그러나 결국 '어떻게 개발할 것이냐?' 이것이 문제이고 관건이었다.

무산소동 생산설비 역시 CTC 기계 못지않게 고가인데다 생산기술 또한 간단히 배울 수 있는 것이 아니었다. 따라서 자금력이 취약한 중소기업으로선 선뜻 투자 엄두를 내기 어려웠다.

이이주 사장은 다시 고민에 빠졌다.

'지금 글로벌 동선 시장은 무산소동을 사용한 고품질 CTC제품이 대세를 이루고 있는데, 이를 자체 생산하지 않고서는 품질과 가격, 제품경쟁력 면에서 뒤처질 수밖에 없다. 특히 전년도 국산화한 CTC제품에 무산소동을 원재료로 사용할 경우 삼동은 명실 공히 세계 최고 수준의 품질경쟁력을 갖출 수 있을 뿐 아니라 회사가 한 단계 큰 도약을 이룰 수 있을 것'이라는 생각에 다다랐다.

이 사장은 결국 한 해라도 빨리 무산소동 개발을 서두르는 것이 회사의 지속성장, 미래도약을 이룰 수 있는 유일한 길이라 판단, 1994년 무산소동 국산화 개발에 착수하였다.

이때에도 역시 행운이 따라줬다.

당시 우리나라에는 D전선, K전선 등이 내수용 전선생산을 도맡고 있었는데, 여기에 신동제품을 주로 생산하던 P금속이 전선업에 뛰어들고자 핀란드에서 무산소동 제조설비를 들여온 것이다. 그러자 기존 전선업계가 크게 반발했다. '만일 P금속이 전선사업에 참여한다면 우리도 P금속이 생산하는 신동제품 시장에 뛰어들

01. 02. 1994년 삼동이 국내 최초로 개발한 무산소동(銅) 공장 준공과 무산소동(銅) 제품.

01.

02.

겠다'며 거세게 저항하였다.

이 같은 공방이 한동안 계속되면서 결국 P금속이 전선사업 진출계획을 접게 되었다. 그리고 미리 들여온 무산소동 제조설비는 가동도 못한 채 중고 기계시장에 내어 놓게 된 것이다.

무산소동 국산화개발을 오랜 숙원으로 꿈꿔왔던 이 사장은 이 정보를 접하고 서둘러 구매에 나섰다. 놓칠 수 없는 절호의 기회였다.

삼동은 P금속 측과 몇 차례 가격협상을 거쳐 1994년 5월 마침내 제조설비 일체를 시장가격보다 훨씬 낮은 가격으로 구매, 설치할 수 있게 되었다.

설비 도입 후 제조 및 가동 기술은 핀란드 제작회사로부터 교육을 받는 한편 P금속 엔지니어들을 영입, 본격 생산에 돌입하였다.

이렇게 하여 삼동은 우연한 계기에 그리고 비교적 낮은 투자비용으로 국내 최초 무산소동을 자체 생산할 수 있게 된 것이다.

이후 1990년대 중반부터는 고순도 무산소동을 사용한 CTC제품을 대량 생산하였고, 2000년대 이후에는 경북 문경공장과 미국 오하이오공장에도 무산소동공장을 새로 준공하면서 삼동은 마침내 전력용 동선 분야 세계 최고 수준의 품질과 생산량을 자랑하는 글로벌 기업으로 도약할 수 있게 되었다.

선제적 설비투자의 확대

1990년대 고품질 신제품 생산을 위한 삼동의 선제적 설비투자는 CTC와 무산소동 개발에 그치지 않았다.

음성공장 이전 초기 에나멜 평각선 생산에 필요한 압연기와 코팅기, 무다이스 신선설비 등을 독일과 이탈리아, 일본으로부터 들여와 최초 설치함으로써 품질경쟁력을 높여나갔다. 에나멜 평각선은 CTC 생산에 필연적으로 적용되는 제품으로 관련 설비 도입에도 상당한 비용이 투자되었다.

또한 1994년에는 무산소동 생산을 위한 주조 용해로를 최초 설치했으며, Rod 압연기와 인발기, 지권 설비 등도 핀란드와 독일, 일본으로부터 도입했다. 이 같은 과감한 설비투자는 당시로서는 자금 부담이 컸지만 이후 시장경쟁력과 매출을 높이는 데에 결정적 요인으로 작용했다.

특히 이이주 사장은 새로운 설비를 도입할 때면 대리점을 통하지 않고 제작회사와 직거래함을 원칙으로 삼았다.

이는 이 사장의 오랜 경영철칙이기도 하였다. 왜냐하면 대리점이나 중간 판매상으로부터 설비를 도입할 경우 가동기술을 온전히 전수받기 어렵고, 설치 후 문제가 발생했을 시 A/S 또한 힘들기 때문이었다. 제작회사의 엔지니어를 부를 경우 적지 않은 시간, 비용을 소비해야만 했다. 따라서 이 사장은 신규 도입하는 고가 설비의 경우 제작회사의 이런저런 까다로운 요구조건 등을 모두 수용해가면서도 반드시 본사와 직접 접촉, 협의한 후 설비를 들여왔다. 그리고 설비 도입 시엔 삼동 직원들을 제작회사로 파견, 가동기술을 숙지하도록 했다. 이 사장의 이런 방침 역시 오랜 현장경영 경험을 통해 체득한 실무적 지혜와 전략이라 할 수 있었다.

3. 성장 가속화, 미래도약을 위한 토대 구축

화합과 협력, 교류와 소통의 조직문화

삼동이 음성공장으로 이전한 후 회사 내부의 환경이나 직원들 근무여건 또한 좋았다. 특히 복잡한 수도권에 비해 주변이 조용하고 아늑하고 여유로웠다. 공장이 들판 한 편의 나지막한 임야에 위치해 있다 보니 계절이 바뀔 때마다 사방엔 시골 전원풍경이 그림처럼 펼쳐졌고, 청량한 새소리 물소리도 들려왔다. 그야말로 '숲 속의 일터'였다.

새로 지은 건물이라 공장 내부의 시설과 직원들 근무환경도 청결하고 쾌적하고 편안했다. 직원들 복지를 위한 구내식당과 휴게 공간 역시 깔끔하게 설계되었으며, 인근의 기숙사 또한 생활에 전혀 불편함이 없었다.

구성원들 간 화합과 교류도 원활했다. 대부분의 직원들이 성남공장에서 근무했던 터라 다들 한 식구처럼 친밀하게 지냈으며, 일부 신입 직원들 역시 이러한 회사 분위기에 잘 적응해주었다.

직원들 단합과 소통, 친목도모를 위한 사내 행사도 자주 가졌다. 매년 분기별 또는 계절별로 한마음 체육대회와 야유회, 워크숍, 등산대회 등 다양한 행사를 열어 직원들의 근무의욕을 높이고 화합을 다졌다.

특히 소탈하고 자상한 성품의 이이주 사장은 모든 직원들과 마치 형제처럼 다정하고 격의 없이 지냈다. 당시만 해도 40대 젊은 시절이다 보니 휴식시간 또는 휴일이면 직원들과 함께 회사 운동장에서 족구나 배구시합을 자주 가지곤 했다. 때로 퇴근이 늦는 날엔 서울 자택으로 귀가하는 대신 인근 직원 기숙사에 들러 여러 직원들과 편한 차림으로 둘러앉아 카드놀이 등을 즐기기도 했다. 한마디로 쉬고 놀 때면 계급장 다 떼고 다들 형제처럼, 친구처럼 다정하고 허물없이 지냈던 것이다.

이들 모두에게 삼동은 평생 일터임과 동시에 즐거운 삶터, 편안한 쉼터이기도 했다.

01. 삼동가족 체육대회, 야유회 등 직원들 단합과 친목도모를 위한 사내 행사를 자주 가져 직원들의 근무의욕을 높이고 화합을 다졌다.
02. 평소 이이주 사장을 존경하던 직원들은 이 사장에게 결혼식 주례를 부탁하기도 했다.

01.

02.

인재 육성을 위한 교육훈련의 강화

1990년대 초중반 신규 설비들이 대거 도입되고 주문량이 증가하면서 삼동의 직원 수 역시 크게 늘었다.

이에 따라 직원들에 대한 교육훈련도 한층 강화되었다. 품질 제고, 생산성 향상을 위한 직무교육과 해외 선진기업들의 생산공정을 둘러보는 견학활동 또한 본격화되었다. 당시 이이주 사장이 직원들에게 늘 강조하고 당부했던 말은 '주인정신과 장인정신 함양, 고객만족을 위한 품질 제고'였다.

이 사장은 '좋은 품질의 제품을 생산하기 위해선 좋은 설비와 좋은 원자재를 사용해야 함은 물론 직원들의 정성 어린 노력과 기술이 담겨져야 한다는 것'을 항상 강조했다. 이 사장의 이 같은 경영철학은 오늘날 삼동 기업정신인 '세계 제일의 사람이 세계 제일의 제품을 만든다'는 슬로건과 맥을 같이 하는 것이었다. 특히 이 사장은 직원들의 기술역량을 높이기 위해 해외 선진기업들에 대한 견학과 연수를 중점 실시하였다. 일찍이 1980년대 후반부터 일본 메이덴샤, 후지, 미쓰비시 등에 직원들을 파견, 실무기술을 익히게 하였고, 1990년대 이르러서는 매년 말 장기근속 직원을 비롯하여 주요 생산업무 담당 직원들에게 정기적인 해외연수 기회를 부여하였다. 이는 비용과 시간 여력이 부족한 중소기업으로선 쉽지 않은 일이었다.

심지어 이 사장은 해외 거래처에 출장을 갈 때에도 늘 생산직원들과 동행하여 선진시장의 기술과 정보를 익히도록 배려하였다.

1989년 삼동에 입사, 시설 및 자재관리, 생산업무 등을 두루 담당해온 이우인 상무는 '1990년대 이르러 거래처 방문과 전시회 관람 등을 위해 사장님과 함께 동남아를 비롯하여 유럽지역으로 자주 출장을 갔고, 그곳에서 다양하고 유익한 기술정보들을 배우고 익힐 수 있었다'며, '특히 기억에 남는 일은 예나 지금이나 사장님께서는 해외에 나가서도 절대 본인 짐을 직원들에게 들게 하지 않았고, 숙소나 식당에서도 사소한 심부름조차 시키는 일이 없었다'며 이 사장의 결곡한 성품을 회고했다. 이는 직원들을 위한 이 사장의 사려 깊은 배려임과 동시에 솔선수범의 리더십을 통한 인성과 예절의 산교육이기도 하였다.

01. 1990년대 삼동은 품질 제고, 생산성 향상을 위한 직무교육과 국내외 선진기업들의 생산공정을 둘러보는 견학활동 또한 본격화하였다.

01.

STORY IN HISTORY

사소한 것의 중요함, 小心함과 細心함의 차이

'사람은 큰 산에 걸려 넘어지는 것이 아니라 조그만 돌부리에 걸려 넘어진다'는 말이 있다. 주변의 사소한 일들에 대해서도 늘 주의 깊게 살펴야 한다는 의미다. 삼동 이이주 사장 역시 평소 직원들에게 이 같은 점을 자주 강조하곤 했다. 특히 고객 관련 업무나 생산현장의 업무, 안전관리 업무 등에 대해서는 더욱 그랬다. 비록 작은 일이라도 소홀히 여기지 말고 늘 조심하고 유의하여 제반 업무를 처리하도록 당부했다. 더구나 초고압 변압기 동선을 만드는 삼동의 경우 이런 의식과 자세는 무엇보다 필요한 것이었다. 예컨대 전력 시스템 고장으로 대규모 정전사태가 발생하는 것도, 누전 등으로 대형 화재가 발생하는 것도 근본원인을 알고 보면 대개 작은 부품의 결함이나 작업자의 사소한 부주의에서 비롯되기 때문이다.

이 사장은 이처럼 큰일을 결정, 추진할 때의 담대함뿐 아니라 사내외의 작은 일들 역시 평소 꼼꼼히 챙기고 점검, 확인하는 세심한 성품을 지녔다.

이에 대해 일부 직원들은 '사장님 성격이 너무 소심한 것 아닌가?' 하는 생각을 할 수도 있을 것이다. 그러나 이는 '소심함'과 '세심함'의 차이를 잘 모르는 데서 비롯된 생각이다.

소심함과 세심함이란 일면 비슷한 말 같지만 그 용어가 지닌 함의와 간극은 실로 크고 또 전혀 다른 것이다.

'소심함이란 주로 자신의 이익이나 안위를 챙기고 우려하는 데서 비롯되는 마음인데 비해, 세심함이란 남의 어려움 또는 주변의 안위를 우선 염려하고 배려하거나 향후 큰 실수, 위험 등을 미연에 방지하려는 마음에서 기인하는 것'이기 때문이다.

'소인(小人)은 소심(小心)하고, 군자(君子)는 세심(細心)하다'는 말도, '성공한 기업가들의 공통점은 평소 사소한 것들을 중시하는 자세'라고 하는 말도 모두 이 같은 맥락에서 회자되는 격언들이다.

따라서 이 사장은 담대함과 세심함의 소양, 덕목을 모두 갖춘 천생 사업가, 타고난 기업가라 할 수 있다.

한편 국내에서의 직무교육은 공업표준협회, 생산성본부와 같은 산업교육전문기관에 직원들을 보내 위탁교육을 받도록 하였으며, 품질교육 또한 현대중공업 등 주요 납품처 기술진이 직접 삼동을 방문, 실무교육을 실시함으로써 직원들 기술 및 품질의식을 제고하였다.

01. 삼동은 1980년대 후반부터 일본에 직원들을 파견하여 실무기술을 익히게 하였다.
1990년대 이르러서 매년 장기근속 직원을 비롯하여 주요 생산업무 담당직원들에게 정기적인 해외연수 기회를 부여하였다.

01.

4. 더 넓은 시장으로, 글로벌마켓 개척을 위한 전사적 노력

일본 시장의 공략, 후지와 히타치, 미쓰비시를 고객사로

1990년대 삼동 역사의 핵심 키워드는 무엇보다 공격적 해외시장 개척활동으로 향후 글로벌 기업으로 도약기반을 확고히 다진 점이다.

1990년대 중반 CTC와 무산소동 개발로 세계적 품질수준과 기술역량을 갖춘 삼동은 이때부터 해외시장 개척활동에 전사적 노력을 집중하였다. 오늘날까지 삼동과 거래가 이어지고 있는 해외기업들 중 유럽과 미국기업을 제외한 상당수는 모두 이 시기 개척한 곳들이다.

특히 세계시장으로의 진출은 이이주 사장이 창업 초기부터 꿈꿔온 오랜 숙원이었고, CTC와 무산소동 개발 역시 이를 목표 삼은 사전 포석이었다. 따라서 이 사장은 가까운 아시아지역은 물론 미주와 유럽, 오세아니아대륙까지 해외시장 개척을 위해 밤낮 가리지 않고 직접 발로 뛰었고, 그에 상응한 성과를 거두었다.

그러나 앞서 언급했듯 CTC제품 개발 초기에는 여러 가지 애로와 염려가 많았다. CTC제품과 무산소동을 개발하긴 했으나 국내 시장만으로는 수요에 한계가 있었고, 해외시장을 개척하지 않고는 안정적 운영은 가능하겠지만 획기적 기업성장을 이루기 어려웠기 때문이다. 결국 삼동의 지상과제, 절대명제란 해외시장 개척일 수밖에 없었다.

이 사장은 그 주된 공략지로 우선 일본 시장을 목표 삼았다.

일본의 경우 일단 지역적으로 가까운 데다 일찍이 1985년 메이덴샤 첫 수출을 계기로 거래선이 점차 확장되는 단계에 있었기 때문이다. 특히 삼동이 CTC제품을 생산한다는 소식이 알려지면서 도움을 주는 지인들이 늘어나기 시작했고, 호의적 반응을 보이는 일본기업들도 적지 않았다. 특히 삼동 제품을 크게 신뢰하고 있던 메이덴샤 싱가포르의 후쿠다상을 비롯하여 메이덴샤 일본 본사 임직원들 그리

01. 삼동을 방문한 일본의 요시노 사장(중앙), 일본 후지의 시바공장 방문 시 모리타 사장과 함께(왼쪽 첫번째가 모리타 사장).

01.

일본 주요 기업들과 선대로부터 오랜 교분을 다져온 재력가 출신 2세 기업인 모리타상의 경우 그들을 찾아가 '만일 삼동의 품질과 신용에 문제가 생기면 자신이 모든 책임을 지겠다'는 말까지 해가며 삼동에 대한 무한 신뢰와 애정을 보여주었다.

고 1980년대 후반부터 이 사장과 막역지교를 다져온 전기기기 제조 사업가 모리타상 등이 당시 삼동의 일본 시장 진출에 큰 도움을 주었다. 특히 후지와 히타치, 미쓰비시 등 일본 주요 기업들과 선대로부터 오랜 교분을 다져온 재력가 출신 2세 기업인 모리타상의 경우 그들을 찾아가 '만일 삼동의 품질과 신용에 문제가 생기면 자신이 모든 책임을 지겠다'는 말까지 해가며 삼동에 대한 무한 신뢰와 애정을 보여주었다.

이런 배경과 연고 아래 삼동은 자체 개발한 무산소동 CTC제품을 기반으로 일본 시장을 적극 공략하기 시작했다. 시장개척의 첨병역할은 당연히 이 사장이 도맡았다. 품질과 기술에 자신이 있었던 만큼 어느 기업, 어느 누구를 찾아가도 거리낄 것이 없었다. 더구나 요소요소에 여러 지인들이 든든한 지원군, 응원군 역할을 하며 뒤를 받쳐주고 있었다. 이에 이 사장은 일본을 수시로 오가며 많은 업계 관계자들을 만나고 상담을 벌였다. 그 결과 1990년대 중반에 이르러 일본 3대 전기기기 메이커인 후지와 히타치, 미쓰비시 등 주요 기업들에 CTC제품을 납품하는 성과를 거둘 수 있었다.

후지전기에는 1994년 CTC제품 약 12톤 정도의 납품을 시작으로 이후 꾸준한 물량증가와 상호 두터운 신뢰관계 속에 거래를 지속했으며, 미쓰비시와 히타치에도 이때를 기점으로 제품을 대량 납품하기 시작하였다. 기업 간 상역(商易)이란 일단 거래만 트고 나면 품질과 납기 등 상호 신뢰관계에 문제가 없을 경우 지속성, 확장성을 갖기 마련이었다.

특히 그 무렵 일본 동선 제조 기업들은 CTC제품을 생산한 지 이미 30년 이상 경과하다보니 제반 설비가 대부분 노후해 있었던 반면 삼동은 새로 도입한 설비라 품질이 우수하고 생산성이 높아 단가 면에서도 경쟁력이 있었다.

또 한 가지 특기할 점은 원래 일본의 경우 태풍과 지진이 많은 나라여서 당시 각 지역 전력청은 변압기 제조에 있어 품질이 확실히 검증 안 된 수입 동선 사용을 엄격히 제한하고 있었다. 따라서 후지, 미쓰비시, 히타치 등 주요 변압기 제조기업들의 경우 국내용에는 모두 일본 제품을 사용했으나 수출용에는 거의 삼동 제품을 쓰기 시작했다는 점이었다.

그러나 이후 세계 주요국에서 삼동 제품의 품질과 기술력이 검증되자 일본 변압기 제조기업들 역시 관할 전력청을 설득, 내수용에도 삼동 제품을 사용하기 시작했으며, 이에 따라 주문량은 점차 늘어났다.

이런 과정을 거쳐 삼동은 일찍이 1990년대 중반부터 일본 시장에서 CTC 분야 메이저 공급업체로서의 입지를 굳혀가기 시작했다.

호주 시장의 개척, 품질은 기본, 고객에 정성을 다하다

1990년대 중반 일본 시장을 개척하여 큰 성과를 올린 삼동은 다음 공략지로 호주와 대만을 택했다.

당시 호주는 국가 전력망 부족과 시설노후화 등으로 전력산업 구조개편과 설비확장을 앞두고 있었다. 이에 따라 변압기 등 전력인프라 투자가 확대될 전망이었고, 이는 곧 동선 제품의 수요증가로 이어지게 됨은 필연이었다.

그 시절 호주에 진출해있던 ABB나 지멘스, 알스톰 등 다국적 변압기 제조기업들은 CTC제품을 모두 유럽에서 들여왔다. 하지만 유럽에서 호주까지 제품을 운송하는 데엔 두 달 이상 기간이 소요되었다. 반면 한국 제품을 사용할 경우 30일 이내에 운송이 가능하고 물류비는 물론 납기와 단가 면에서도 큰 이점이 있었다.

이러한 사업환경을 분석, 인지한 이이주 사장은 서둘러 호주 시장 공략에 나섰다. 이때에도 어김없이 도움을 준 이들이 나타났다. 당시 싱가포르에서 절연제품을 생산하던 거래처 지인과 삼동에 CTC 생산기술을 전수해준 독일 라크라트 유니온의 기술 매니저였다. 삼동은 이들의 소개로 1994년 ABB 오스트레일리아에 첫 납품을 시작할 수 있었고, 이듬해에는 호주에 진출해있던 알스톰과도 거래를 성사시킬 수 있었다. 물론 처음에는 시제품으로 소량 납품하였으나 이후 품질을 인정받게 되면서 점차 물량이 증가하였다.

이렇게 호주 시장에서도 성과를 얻자 이 사장은 1년에 두세 차례씩 호주 출장을 가게 되었고, 그런 열성적 노력에 힘입어 거래선과 물량은 계속 확대되었다.

또한 호주는 기업문화가 비교적 공정하고 합리적이라 특별한 연고관계 없이도 거래가 가능하다는 장점이 있었다. 구매담당 실무자 선에서 품질과 가격을 비교, 기존 제품보다 낫다고 판단되면 바로 납품여부를 결정했다.

당시 삼동의 경우 제품생산 설비 및 기술도 유럽에 기반하고 있었던 데다 독일 지멘스와 기술제휴한 국내외 기업 등을 비롯하여 일본 주요 변압기 메이커에도 납품실적을 지녔기에 비교적 쉽게 품질을 인정받을 수 있었다. 또한 운송비나 납기, 단가 면에서도 유럽 기업들보다 훨씬 좋은 조건을 갖추고 있었다.

특히 이 사장은 호주에 출장 갈 때마다 승용차를 렌트, 직접 현지 지리와 교통상황 등을 일일이 체크해가며 약속시간에 늦지 않도록 하는 등 세심한 주의와 노력을 기울였다. 거래처 담당자들을 만날 때도 최대한 정중하게 예의를 다하며 진실하고 정직한 모습을 보였다.

그렇게 거래기업을 자주 방문하며 친교를 다진 결과 이후 구매담당 부서는 물론 타 부서 직원들까지 동석하여 식사를 같이할 만큼 친숙한 관계로 발전하였다.

이 사장이 품질과 가격, 납기 등을 만족시킴은 물론 인간적으로도 최선의 정성과 노력을 기울이자 어느 날 그들이 이구동성으로 말했다.

"당신은 참 호감이 간다. 유럽 쪽 거래회사들은 1년이나 2년에 한 번 정도 호주를 방문하는데 비해 당신은 1년에도 몇 번씩 찾아와 제품에 대한 만족도와 고객 니즈를 체크하니 성의가 놀랍다. 거기에 품질과 가격, 납기 등의 면에서도 유럽 기업들보다 앞서니 앞으로 당신 회사 제품을 계속 사용하도록 하겠다"고 속내를 밝혔다.

뿐만 아니라 그들은 자신들의 계열사 및 거래사에도 삼동 제품을 적극 소개하고 홍보해줬다. 한 사람을 만나면 그 사람이 다른 사람을 소개해주어 거래선은 갈수록 늘어났다.

이렇게 하여 삼동은 오늘날 호주에서 시장점유율 100%라는 경이적 기록을 수립할 기반을 다졌다. 아울러 1995년에는 호주, 일본, 대만 시장 수출만으로 '1,000만 불 수출의 탑'을 수상하는 성과를 거두기도 하였다.

01. 제32회 무역의날 기념 1,000만 불 수출의 탑 수상.
02. 우수 수출상품 우수상 수상.

01.

삼동은 호주에서 시장점유율 100%라는 경이적 기록을 수립할 기반을 다졌다. 1995년에는 호주, 일본, 대만 시장 수출만으로 '1,000만 불 수출의 탑'을 수상하는 성과를 거두기도 하였다.

02.

대만 시장 진출, 그 배경과 전설 같은 일화

일본과 호주 시장에서 성과를 거둔 삼동은 다음 공략지로 대만을 겨냥했다. 대만은 경제산업의 성장역사는 물론 전력산업의 변화 발전과정 역시 한국과 비슷했다. 1980년대 첨단공업 분야 투자가 대대적으로 이루어졌고, 1990년대부터는 IT산업 등의 발달과 함께 전력설비에 대한 수요 또한 크게 증가하였다. 그리고 당시 대만의 경우에도 호주와 마찬가지로 전력산업에 필요한 동선 제품을 독일 등 유럽에서 들여왔는데, 역시 거리가 멀었던 관계로 물류비나 납기 등의 면에서 애로가 많았다.

이이주 사장은 이 같은 시장환경을 분석, 대만으로의 진출을 본격화했다.

이때에도 조력자가 있었다.

호주 시장개척 때와 같이 삼동에 CTC기술을 전수해 주었던 라크라트 유니온의 기술 매니저 볼프강 펠렛이었다. 그의 적극적 소개와 권유로 삼동은 1996년 마침내 대만의 변압기 제조기업 포춘일렉트릭(FORTUNE ELECTRIC)에 첫 납품을 하게 된 것이다.

여기에는 동선 업계에 이른바 전설처럼 회자되는 한 가지 재미있는 일화가 있다.

당시 포춘일렉트레닉은 일본 히다치와 초고압 변압기 제조기술을 제휴했는데, 히타치는 포춘에게 CTC제품만큼 반드시 히타치 계열사가 생산한 제품을 쓰도록 못 박았다. 표면적으로는 품질이 우수하다는 점을 이유로 들었지만, 내심 자사 제품의 판매증대를 염두에 둔 요청일 터였다. 이에 포춘일렉트릭은 비싼 가격임에도 불구하고 히타치 제품을 구입, 일정 기간 변압기를 제조했다. 그러나 히타치 제품을 사용해 본 결과 가격만 비쌀 뿐 품질 면에서 타사 제품과 별다른 차이점이 없었다.

이에 다른 기업 제품을 알아보기 시작했고, 마침 독일 라크라트 유니온 기술진으로부터 삼동 제품을 적극 권유받게 된 것이었다.

포춘 회장은 지리적 운송여건이나 품질, 가격 등 모든 면에서 삼동 제품을 사용하는 것이 유리함을 곧바로 인식했다. 이에 히타치를 방문, 기술진에게 '삼동 제품을 쓰면 안 되겠느냐?'고 물었다. 그러자 히타치 측에선 '품질과 기술을 누가 보장할

STORY IN HISTORY

사람이 지닌 기운과 매력, 그 자연과학의 원리

삼동 이이주 사장은 어릴 때부터 성장기에 이르기까지 그리고 사업을 시작, 성공하기까지 주변인들로부터 많은 도움을 받았다. 중요한 고비, 필요한 시기마다 반드시 조력자들이 나타나 적극적으로 그를 도왔다. 그렇다고 이 사장이 누구에게든 먼저 도움을 청한 경우란 거의 없었다. 주변에 폐 끼치기를 무엇보다 싫어하는 그의 성정상 자기편익을 위해 남들에게 먼저 아쉬운 소리를 한다는 건 생각하기 힘든 일이었다. 대개는 주변인들이 자발적으로 먼저 나서 그를 성심껏 도운 것이다.

혹자는 이를 두고 '이 사장은 태어날 때부터 인복을 타고났다'느니, '전생에 공덕을 많이 쌓았다'느니 운명론적 얘기를 하기도 했다. 그러나 이는 근거 없는 운명론이 아닌 일면 과학적 이론과 법칙에 따른 결과이자 현상이라고도 할 수 있다.

예컨대 양자역학 이론대로 사람 역시 원자(原子)로 구성된 하나의 물질이라 정의했을 때 전자기장의 '인력(引力)과 척력(斥力) 법칙'처럼 각자의 지닌 성질이나 기운에 따라 상대를 끌어당기는 힘(引力)을 가진 이도 있고, 상대를 밀어내는 기운(斥力)을 가진 이도 있는 것이다. 따라서 이 사장은 상대를 끌어당기고 포용하는 강한 인력(引力)을 지닌 사람이라는 의미다.

흔히 주변에서 '이 사장을 만나면 저절로 기분이 좋아진다'거나, '이 사장은 참 바르고 좋은 사람이라는 느낌을 갖게 된다'거나 하는 평들도 모두 이런 법칙에서 비롯된 감각작용, 반응현상이라 해도 틀린

집무실에서의 이이주 사장

말이 아니다.

따라서 이 사장과 오랜 교분을 지닌 어느 지인의 다음과 같은 말 역시 과학적, 논리적, 현상적으로 충분히 일리 있는 말이다.

"이 사장은 사람을 끌어당기는 인력(引力)뿐 아니라 사람을 편안하고 따뜻하고 기분 좋게 해주는 능력 또는 무엇이든 나누어주고 싶고, 어떤 것이라도 도움을 주고 싶게 만드는 매력을 지닌 사람이다. 한 마디로 그는 '좋은 기운을 지닌 좋은 사람'이고, 그 좋은 기운의 본질은 결국 그 마음 즉, 이이주라는 원자 물질의 핵(核)에서 풍기고 배어나는 '바르고 선량하고 진실한 기운'인 것이다."

것인가?'라며 단호히 거절했다. 그런 일이 있는 지 얼마 후 포춘 회장이 공장견학차 히타치 계열사를 방문하게 되었다. 그런데 그곳에 삼동의 CTC제품이 잔뜩 쌓여 있는 것이었다. 즉, 히타치도 이미 삼동 제품을 사용하고 있었던 것이다. 히타치의 생산설비가 노후한 상태라 품질 면에서 오히려 삼동 제품이 우수하다는 점을 자신들 역시 진즉 알고 있었던 때문이다.

포춘 회장은 깜짝 놀라 '당신들도 삼동 제품을 쓰면서 왜 우리한테는 못 쓰게 하냐?'며 이견을 제기했고, 결국 포춘은 히타치의 동의를 얻어 그 후부터는 삼동 제품을 사용, 변압기를 제조하게 되었다.

이렇게 하여 삼동은 대만 시장에도 첫 발을 내딛었으며, 이후 꾸준히 시장을 넓혀갔다.

대만 시린 일렉트릭, 타퉁을 비롯하여 일본의 다이헨 코포레이션, 니신 일렉트릭, 호주의 윌슨 트랜스포머 등도 모두 이 시기 첫 거래를 시작한 기업들이었다.

특히 삼동 이 사장의 수출전략은 오직 정직과 신용, 변함없는 인간적 의리였다. 따라서 삼동과 한 번 거래를 시작한 기업은 수십 년이 지나도 여전히 상호 신뢰관계를 기반으로 거래를 지속하고 있음은 물론이다.

1990년대 일본, 호주, 대만 시장을 집중 공략, 성과를 올린 삼동의 세계시장을 향한 거침없는 질주는 이후 아시아 시장을 교두보 삼아 2000년대부터 전력산업기술의 본고장인 미국, 독일, 프랑스 등 미주와 유럽 시장으로 이어졌다.

해외 각국에서의 다양한 에피소드

삼동이 해외시장 개척에 주력하던 1990년대, 이이주 사장을 비롯하여 임직원들이 지구촌 곳곳을 누비고 다니다보니 재미있는 에피소드와 해프닝도 많았다. 당시만 해도 해외시장 개척 초기라 임직원들이 외국 지리와 문물, 언어에 서툴렀던 때라 더욱 그랬다.

그중엔 독일에서 지갑과 여권 등을 몽땅 잃어버려 국제 미아가 될 뻔했던 직원도

01.~03. 1990년대 이이주 사장과 삼동 임직원들은 이 사장과 함께 세계 각 곳의 현장체험을 통해 해외의 문물과 시장의 트렌드, 선진 기술정보를 익혔고, 이것이 오늘날 글로벌 삼동의 초석을 마련하는 밑거름이 되었다.

01.

02.

03.

있었고, 프랑스 지하철역에서 일행을 놓치고 혼자 발만 동동 굴렀던 직원도 있었고, 공항에서 날치기를 당해 곤경에 빠진 직원도 있었다.

또한 거래기업 견학을 통해 볼트 하나를 조이고 푸는 데에도 몇 시간씩 신중에 신중을 기하는 선진국 기술진 모습을 보면서 한국인의 성급한 업무 스타일을 성찰하기도 했고, 고객을 자기 회사 사장보다 더 우선으로 섬기고 예우하는 영업맨들로부터 국제 비즈니스 매너를 익히기도 했다.

이처럼 당시 삼동 임직원들은 이 사장과 함께 세계 각지를 발로 뛰고 몸으로 부딪치며 현장체험을 통해 해외의 문물과 시장의 트렌드, 선진 기술정보를 익혔고, 이것이 오늘날 글로벌 삼동의 초석을 마련하는 밑거름이 되었다.

5. 선제적 투자와 공격적 경영 그리고 외형의 급성장

생산기지의 확장, 충남 아산공장과 음성 2, 3공장 설립

무산소동 CTC제품 개발로 국내외 시장에서의 주문량이 급증하자 삼동은 1990년대 여러 차례에 걸쳐 생산기지 확장을 도모하였다. 기존의 음성공장만으로는 밀려드는 오더를 소화하지 못했기 때문이었다.

삼동은 우선 1996년 7월 충남 아산공장을 매입, 생산량 증대와 포토폴리오의 다각화를 추진하였다. 대지면적 8,699 ㎡, 건축 연면적 5,591 ㎡ 규모의 현대식 공장이었다. 이 공장은 원래 한국빠이롯트공업주식회사의 자회사로 마그네트 와이어를 생산하던 곳이었는데, 회사가 부도나면서 공매 매물로 나온 것이었다.

당시 사각 동선을 주력제품으로 생산하던 삼동은 사각선 수요 감소에 대비함과 아울러 향후 환동선 생산 또한 병행하고자 한국자산관리공사로부터 이 공장을 전격 인수하였다.

이후 아산공장은 사각 동선과 에나멜 환동선 등을 생산하며 2000년대 중반 매각

01. 1990년대 삼동의 충북 음성 본사 전경.

01.

삼동은 1990년대 초중반 음성 제2공장과 제3공장을, 1999년에는 경북 문경공장을 설립하는 등 생산기지를 지속적으로 넓혀 나갔다.

할 때까지 음성공장과 함께 삼동의 중심 생산기지 역할을 하였다.

또한 삼동은 1990년대 초중반 음성 제2공장과 제3공장을, 1999년에는 경북 문경공장을 설립하는 등 생산기지를 지속적으로 넓혀 나갔다.

먼저 1993년 건축한 음성 제2공장은 대지면적 3,323 ㎡, 건축 연면적 501 ㎡ 규모였으며, 이듬해 건축한 제3공장은 대지면적 13,172 ㎡, 건축 연면적 5,416 ㎡ 규모의 큰 공장이었다.

삼동은 음성공장으로 이전한 후 생산기지 확장을 위해 당초 매입한 공장부지 주변을 추가로 매입, 이곳에 제2공장과 제3공장을 증축함으로써 증가하는 국내외 주문량을 소화해낸 것이다.

다만, 한 가지 아쉬운 점은 처음부터 공장 전체 구도를 설계, 건축한 것이 아니라 추가적으로 증축을 거듭하다 보니 생산시스템의 연계성이나 효율성 면에서는 다소 미흡한 면이 있었다. 그러나 이는 당시의 자금사정이나 사업여건 아래서는 부득이한 일이기도 하였다.

삼동은 이처럼 지속적, 선제적 설비투자로 생산량을 꾸준히 늘려갔고, 그 결과 매출규모 또한 가파르게 상승하였다.

1992년 음성공장으로 이전한 해 처음으로 매출 100억 원을 넘긴 이래 매년 성장을 거듭, 1990년대 말에는 연 매출 700억 원에 이르는 비약적 외형성장을 이루게 되었다.

직원규모 증가와 삼동 노동조합의 설립

1990년대 중반 삼동의 생산기지와 설비가 크게 확장됨에 따라 소요 인력을 확충하는 일 역시 시급한 과제였다. 하지만 그 시절 국민소득 수준이 크게 높아지면서 이른바 3D업종에 대한 젊은이들의 취업 기피현상이 심했다. 더구나 지방 소재 기업인데다 전력용 동선이라는 특수제품을 생산하는 공장이다 보니 인력 구하기가 쉽지 않았다. 그렇다고 외국인 근로자를 채용할 수도 없었다. 그 시절에도 산업연

01. **1998.04.01.** 창립 제21주년 기념식.
02. **1999.04.01.** 창립 제22주년 기념식.

01.

02.

수생제도 시행으로 외국인 근로자들이 국내에 대거 들어와 있었지만, '인력이 부족하다고 외국인들에게 일자리를 내어주는 것은 허용할 수 없다'는 것이 예나 지금이나 이이주 사장의 확고한 경영방침이었기 때문이다.

삼동은 부득이 이곳저곳 구인광고와 수소문 등을 통해 신규인력을 채용, 현장에 투입할 수밖에 없었다. 다행히 생산시스템이 어느 정도 자동화되어 있어 주요 공정을 제외한 단순 생산직무의 경우 일정기간 실무교육만 이수하면 업무수행이 가능했다.

이처럼 직원 수가 크게 늘어나면서 회사 분위기도 전과는 사뭇 달라졌다. 신규직원들 중엔 기존 조직문화에 쉬 적응하지 못해 회사에 대한 이런저런 이견이나 불만을 제기 하는 이들도 없지 않았다.

더욱이 1995년 민주노총 출범을 기점으로 전국 각 사업장에는 노동운동의 열기가 거세게 일었다.

삼동 역시 이러한 시대적 흐름을 비켜갈 수 없었다.

당시만 해도 노동운동을 사회이념의 차원에서 열혈적으로 전개하는 이들이 적지 않았고, 이들을 일일이 선별, 채용에서 제외하기란 힘든 일이었다. 또한 노동운동 역시 사회적 명분과 필요성을 지닌 합법 활동이었기에 기업의 입장에선 좋은 싫든 이를 수용할 수밖에 없는 일이었다.

1996년 마침내 삼동에도 노동조합이 설립되었다.

그리고 이때부터 회사와 직원들 관계는 '勞와 使'라는 분리 개념으로 재정립될 수밖에 없었다. 그동안 한 지붕 아래서 한 가족처럼 이심전심 신의와 정리를 기반으로 이어온 공동체 관계가 상호 법적, 제도적 권리주장을 논하는 양립적 관계로의 전환점을 맞게 된 것이다.

노사관계에서의 쟁점과 난제

현대사회 모든 조직체들의 운영 실태와 규범이 제각기 다르듯 기업 역시 업종과 업태, 조직규모, 사업체제, 수익구조 등에 따라 그 경영상황이나 관리방식, 운영규범 또한 저마다 다를 수밖에 없고 또 다른 것이 당연한 것이었다.

기업의 이러한 특성과 제반 정황 등에 대한 깊은 인식, 통찰, 고려 없이 외부에서 일률적으로 정한 제도적 규율에 의해 근로자와 사용자가 상호 권익을 따지고 논하는 노사규범, 노사문화란 태생적으로 여러 가지 문제점을 내포하고 있을 수밖에 없었다.

특히 노사협상 과정에서는 그러하였다. 예컨대 노측이 근로자들의 임금문제와 근로환경 개선, 복리증진 의제 같은 기본적 협상범위를 넘어 더러 무리한 요구를 해오거나 또는 사측이 마땅한 법적, 도의적 책무를 다하려 하지 않을 경우 어느 기업에서든 협상이 난항을 겪게 됨은 물론 이로 인해 상호 대립각을 세울 수밖에 없는 일이었다. 특히 노사 간 입장과 이해가 상충, 상반되는 제반 쟁점들에 대해서는 그 기준을 명확히 정립하기도 어려운 일이었다. 근본적으로 어디까지가 근로자들의 권리내역이고, 어디까지가 사용자들의 책무범위이며, 어디까지가 협상과 논의의 대상이고 또 어느 선까지가 상호 요구와 양보의 한계점인지 관련 법령에서는 물론 전문가들조차 그 개념 기준을 합리적으로 구분, 정리하지 못했다. 쉽게 말해 노측의 요구에도 끝이 없을 수 있고, 사측의 양보에도 한계가 따를 수밖에 없는 일이기 때문이었다.

궁극적으로 따지고 들면 이야말로 인간의 욕구심리, 대중의 행동성향, 저마다의 주관과 사고논리 등에 의한 문제로서, 끝내 정답도 해답도 찾을 수 없는 불가지 불가해의 화두이자 모든 기업들의 영원한 난제, 숙제이기도 하였다.

따라서 노사협상이란 결국 각 기업별로, 각 사안과 상황별로 적절한 타협점을 찾을 수밖에 없는 일이었다. 그러다보니 전국 각 사업장에서는 매년 노사협상에 따른 여러 가지 진통을 겪게 됨은 당연하였다.

삼동 역시 노조 설립 초기에는 노사협상 시 다소 어려움이 있었다. 이는 마치 어느 날 갑자기 한 집안 식구끼리 협상테이블에 나눠 앉아 법적, 제도적 권리를 주장하는 일만큼이나 서로 어색하고 불편하고 생소한 일이기도 했다.

또한 협상과정에서 더러 사측이 공감, 수용, 이해하기 힘든 요구사항들도 제기되었고, 때로는 노측이 불만을 가질만한 사안들도 없지 않았다. 그러나 공동체 구성원 간 이견과 대립이란 결국 상대를 얼마만큼 이해하고 자기 쪽이 얼마만큼 양보하느냐에 따라 타협이 이루어질 수밖에 없는 일이었다. 그 외엔 정녕 신통한 해결방도가 있을 리 없었다.

경영자의 솔선수범, 발전적 노사문화를 정립하다

삼동은 당시 여러 가지 어려운 시대적 상황과 사회조류 속에서도 노사문제 또한 슬기롭게 대처하고 해결해 나갔다. 특히 이이주 사장의 온건하고 전향적인 노사관과 경영정책으로 삼동은 노조와의 순리적 대화를 통해 임금문제는 물론 제반 사안들을 하나씩 타협하며 원만한 노사관계를 유지할 수 있었다.

당시 삼동의 노조설립 문제와 국내 노동운동 양상 등에 대해 이 사장은 '우리나라 노동운동이 다소 과격해진 근본원인도 따지고 보면 과거 기업 경영자들이 근로자들 권리나 복지문제 등에 대해 일면 소홀히 여기고, 그들로부터 신뢰를 얻지 못한 데에 따른 과보일 수 있다'며, '이제는 기업인들 역시 시대환경의 변화흐름과 현실적 쟁점 사안들을 어느 정도 인정하고 수용하고 해결하려고 노력하는 자세를 가져야한다'는 합리적 의견을 피력하였다. 이 사장의 이러한 소신은 그 시절 노동운동에 대해 대체로 부정적 인식을 지니고 있던 일반 경영자들과는 크게 다른 노사관이고 경영철학이었다.

실제 이 사장은 그런 자신의 철학과 의지를 솔선수범 몸소 실천해보였다. 특히 회사에서 함께 일하는 직원들이 경영자에 대해 위화감을 느끼지 않도록 그들의 입장과 심경을 적극 헤아리고 배려하고자 애썼다. 직원들의 근로환경과 복리후생제도를 지속적으로 개선함은 물론 심지어 회사 구내식당에서 식사를 할 때에도, 주차장에 차를 세울 때도, 제반 편의시설 등을 이용할 때에도 일반 직원들과 똑같이 정해진 규칙과 절차를 지키고 따랐다.

01. 이이주 사장은 구성원들과의 원활한 소통을 위해 별도의 집무실을 두지 않고 직원들과 같은 사무공간에서 일하고 있다.

01.

이이주 사장은 윤리도덕적인 면에서 매우 완고했다. 평소에는 더없이 온화하고 자상하고 후덕한 성품이었지만 도리에 어긋난 부당한 행위, 부정직한 일에 대해서는 지나칠 정도로 엄격하였다. 사소한 일일지라도 본의 아닌 실수에는 관대하되 고의적 부정행위나 거짓된 언행에 대해서는 절대 용인하지 않았다.

또한 집안 식구들의 오랜 불편과 불만에도 불구하고 창업 이후 그때까지 줄곧 좁은 평수의 서민아파트에서 살아온 것은 물론 운전기사도 없이 매일 손수 운전을 하고 다니는 등 검약한 생활자세로 일관했다.

사내 조직문화 역시 공정하고 청렴하게 이끌었다. 평소 직원들에게 사적 이해관계에 따른 청탁, 향응 등을 제공 받거나 제공하는 행위를 엄금하고 매사 공평무사한 업무처리를 독려했다. 이 사장 본인 역시 명절 때 거래처나 임직원들이 보내온 굴비상자, 과일상자까지 모두 되돌려 보낼 만큼 청렴한 자세를 보였다.

특히 이 사장은 윤리도덕적인 면에서 매우 완고했다. 평소에는 더없이 온화하고 자상하고 후덕한 성품이었지만 도리에 어긋난 부당한 행위, 부정직한 일에 대해서는 지나칠 정도로 엄격하였다. 사소한 일일지라도 본의 아닌 실수에는 관대하되 고의적 부정행위나 거짓된 언행에 대해서는 절대 용인하지 않았다.

예의 법도와 배려심 또한 바르고 깊었다. 신입사원에서 중역에 이르기까지 모든 임직원들을 진심으로 존중하고 인격적으로 대했으며, 직원들 개개인의 어려운 사정까지 세심히 챙기고 보살피는 멘토 역할을 자임했다. 그야말로 윤리경영, 정도경영, 신의경영의 표상이고 수범이라 할 만하였다.

따라서 경영자가 이처럼 근로자들의 노조활동, 복지문제 등에 대해서는 물론 평소 생활과 언행에 있어서도 전향적 인식, 자세를 갖추고 솔선수범의 자세를 보이자 노조 측에서도 회사나 경영자에 대해 흠을 잡거나 투쟁을 벌일만한 빌미를 찾을 수 없었다. 자연 삼동의 노사문화는 상생공영의 협력관계, 동반성장의 신뢰관계로 발전해갔다. 직원들 또한 경영자에 대한 존경심, 신뢰감, 애사심이 더욱 깊고 높아졌음은 물론이었다. 흔히 대외적으로 그 활동과 업적을 높이 평가 받는 인사들 경우에도 자기 가족이나 자기 회사 직원들로부터 진심 어린 신뢰와 존경을 받는 예가 드문 것을 감안할 때 이는 매우 의미 깊고 귀감 삼을만한 일이었다.

01. 유럽 출장 중 이이주 사장(중앙)과 전주흠 부사장(왼쪽).

01.

이이주 사장은 1996년 생산 및 기술개발, 인력운영 업무의
총괄책임자로 전주흠 현 고문을 공장장으로 영입하였다. 전 고문은
당시 삼동의 주 거래처인 대한전선에서 생산·기술담당 간부로
재직하며 이 사장과 오랜 신뢰와 교분을 쌓아온 바 있었다.

CTO를 비롯한 새로운 인재의 영입

한편 삼동은 직원 규모가 크게 증가하고 생산시설이 대단위로 운영되면서 이를 체계적, 효율적으로 관리할 전문인력의 영입도 필요해졌다.

이이주 사장은 1996년 생산 및 기술개발, 인력운영업무의 총괄책임자로 전주흠 현 고문을 공장장으로 영입하였다. 전 고문은 당시 삼동의 주 거래처인 대한전선에서 생산·기술담당 간부로 재직하며 이 사장과 오랜 신뢰와 교분을 쌓아온 바 있었다.

전문적 기술역량은 물론 특유의 성실함과 진실함, 친화력을 갖추고 삼동의 생산 및 인력관리, R&D업무 등을 도맡아 온 전 고문은 후일 '내 삶에 있어 이이주 사장님을 만나게 것은 스스로의 성취감과 보람을 느낄 수 있는 좋은 기회였으며, 특히 삼동에 입사한 후 회사 발전과 함께 나 자신의 성장도 함께 이룰 수 있어 매우 뜻깊었다'고 술회할 만큼 회사와 이 사장에 대한 신뢰, 애정이 각별했다.

전 고문 외에도 현재 삼동에 근무하며 중추적 임무와 역할을 수행하고 있는 여러 간부직원과 임원들 역시 주로 이 시기에 영입되어 삼동 발전을 이끌어온 핵심 멤버들이다.

외환위기 아래서도 지속성장을 실현하다

1997년에 이르러 '단군 이래 최대 국난'이라 불린 외환위기가 도래하였다. 그야말로 국가 부도사태를 맞아 전국 각 곳에서 수많은 기업들이 쓰러지고, 수많은 근로자들이 직장을 잃었던 절체절명의 국가위기 상황이었다.

그러나 불행 중 다행으로 삼동은 이 난국 속에서도 큰 어려움을 겪지 않고 성장을 지속할 수 있었다. 그 비결은 바로 수출기업이었던 덕분이었다. 당시 삼동 매출액 중 절반 정도는 수출에 의한 것이었다. 따라서 국내의 외환위기와는 큰 상관없이 삼동 외형은 1997년부터 IMF체제 종료시점인 2000년대 초반까지 꾸준히 늘어났다. 또한 외환위기 이전 800원 대였던 환율이 2,000원 대까지 배 이상 치솟고, 은행금리 역시 20% 대로 상승했다. 이에 따른 환차익과 예금 이자 덕을 보게 된 것도

STORY IN HISTORY

큰 나무 아래 작은 나무가 싹터 자라듯

1990년대 중반 국내외 시장으로부터 대량의 오더가 밀려들면서 삼동은 소량 단품 거래처에는 일일이 제품 공급을 하기 어려워졌다. 그렇다고 오랫동안 믿고 거래해온 고객들 주문을 갑자기 거절하는 것 역시 상도의상 옳지 않은 일이었다. 특히 거래처와의 신의와 도리를 무엇보다 중시해온 이이주 사장은 이를 어떻게 처리해야 할 지 고심하지 않을 수 없었다. 그야말로 행복한 고민이었다.

이때 대안을 제시한 직원이 있었다. 바로 1970년대 명광사 근무 시절부터 이 사장과 오랜 세월 한 직장에서 고락을 함께해온 안창희 직원이었다. 그는 이 사장이 명광사 근무 당시 막내 직원으로 연을 맺은 후 삼동이 자양동공장과 성남공장 그리고 음성공장으로 이전할 때까지 늘 함께 생활하며 이 사장을 마치 친형님처럼 믿고 따랐던 직원이었다. 그가 어느 날 이 사장에게 다가와 결연한 표정으로 말했다.

"사장님. 삼동이 미처 소화하지 못하는 소량 단품들을 제가 독립해서 대신 생산, 납품할 수 있도록 해주십시오."

이 사장은 그의 말이 한편으론 대견하면서도 또 한편으론 걱정이 앞서기도 해 그에게 말했다.

"자네. 그동안 동선 제품 생산해서 성공한 사람 봤는가?"

이 물음은 이 사장이 그동안 동선 사업에 뛰어든 후 온갖 격전고투를 치러왔던 힘든 경험과 그리고 과거 몇몇 경쟁기업들이 생겨났지만 모두 얼마 못가 실패하고 만 사례 등을 염두에 두고 한 말이었다. 그러자 그는 한참 생각하더니 이 사장을 물끄러미 바라보며 말했다.

"사장님 계시잖습니까?"

이 사장은 그의 느닷없는 말에 일순 웃음을 짓고 말았다. 이는 과거 이 사장이 명광사에서 독립하려 할 때 박명식 사장과 나누었던 대화 상황과 흡사했기 때문이었다. 이후 이 사장은 그가 창업하여 성공할 수 있도록 물심양면 지원을 아끼지 않았다.

1997년 마침내 안창희 직원이 독립을 했다. 마치 큰 나무 아래 작은 나무가 싹터 자라나듯 삼동의 음성공장 바로 아래편에 〈삼창전기〉라는 조그마한 자기 공장을 차린 것이다.

워낙 건실하고 열성적 성품이었던 그는 창업 후 생산활동에 최선을 다했고, 지금은 사세가 늘어 평각 동선, 지권 동각선 등을 생산하며 연 매출 100억 원이 넘는 어엿한 중소기업 대표로서 승승가도를 달리고 있다.

일본 산업연수 시 이이주 사장과 함께한 안창희 현 삼창전기 대표

위기를 모면할 수 있었던 데에 한몫하였다.

만일 삼동이 1990년대 초부터 해외시장을 선제적으로 개척하지 않고 국내 수요에만 의존했었더라면 생각만 해도 아찔할 일이 아닐 수 없었다. 이는 결국 이이주 사장의 미래 사업환경을 예견하는 통찰력, 직관력 덕분이었다. 그리고 그 통찰력, 직관력이란 어떤 학문적 연구나 이론에 의한 것이 아니었다. 오직 남다른 자기 생존력, 자기 경쟁력을 지니고 오랜 경험과 노하우를 통해 자신의 사업영역을 확고히 구축한 사업가들만이 지닐 수 있는 본능적 감각이자 동물적 직관 같은 것이었다.

한편 삼동은 1990년대 중반을 기점으로 수출물량이 해마다 증가하면서 원자재 구매자금이 대거 필요해졌다. 동선 사업의 특성상 원가비중이 워낙 높은 데다 납품 후 다소 시간이 경과해야 대금을 지급받을 수 있는 영업구조 때문이었다. 이에 1998년에는 신용보증기금으로부터 원자재구매자금용으로 100억 원의 보증을 받기도 했다. 이는 관할 지역 신보지점이 생긴 이래 가장 큰 금액이었다. 당시 삼동의 재무구조, 사업전망 등이 초우량기업으로 인정되었기에 가능했다.

이처럼 외환위기 와중에도 삼동의 성장세는 지속되었고, 내실경영의 기반과 대외 신뢰도 역시 더욱 든든히 다져졌다.

1990년대 초에는 신용보증기금으로부터 '유망중소기업'에 선정된 것을 비롯하여 1997년에는 KS인증을, 1998년에는 삼동의 동선 제품이 한국무역협회로부터 '우수 수출상품'에 선정되기도 했다. 또한 같은 해 8월에는 중소기업청에 벤처기업으로 등록되는 등 지속성장, 미래도약의 토대를 공고히 구축하였다.

'문경의 삼성'으로 불린 경북 문경공장 설립

외환위기라는 범국가적 난국 속에서도 전년도 음성3공장을 건설하는 등 생산기지 확장과 설비 확충에 주력해온 삼동은 1999년 이른바 '문경의 삼성'으로 불리는 경북 문경공장을 설립하였다.

문경공장은 대지면적 50,409 ㎡, 건축 연면적 28,129 ㎡ 규모의 대단위 생산기지

01. 02. 경북 문경공장 전경과 기숙사 전경.

01.

02.

로 기존 공장을 매입한 것이었다.

삼동이 이 공장부지와 건물, 설비 일체를 인수하는 데에는 무려 36억 원에 달하는 거액이 투자되었다.

매입 경위와 절차 등은 1996년 충남 아산공장 매입 시와 크게 다르지 않았다. 이 역시 동종 업체의 부도에 따라 한국자산관리공사로부터 낙찰 받게 된 것이었다.

매입 목적 또한 기존 평각선 제품 중심의 생산구조에서 환동선 생산을 병행함으로써 향후 시장수요 변화에 능동적으로 대응하는 한편 국내외 주문량 충족을 위한 양산(量産)시스템을 갖추기 위함이었다. 아울러 향후 동선 산업의 환경변화에 따라 e-모빌리티 및 발전 플랜트 관련 신제품개발 등 블루오션을 겨냥한 선제적 투자이기도 하였다.

경북 문경시 마성면 마성공단 내에 자리 잡고 있는 문경공장은 1만여 평이 넘는 넓은 대지 위에 현대식 생산시설을 갖추고 있음은 물론 직원들 휴게시설과 체력 단련장 그리고 인근에 아담한 공동주택형 기숙사까지 갖춤으로써 이후 지역민들로부터 '문경의 삼성'으로 불리기도 했다.

삼동이 문경공장을 가동함에 따라 직원 규모는 더욱 늘었다. 하지만 이때에도 숙련 인력을 구하기 어려워 주로 인근 지역에 거주하는 신입직원들을 채용, 일정 기간 교육을 시킨 후 현장에 투입했고, 다행히 이들 중 대다수는 장기근속직원이 되었다.

또한 2000년대 후반에 이르러서는 문경공장에 무산소동공장을 신축하고 미래 신성장동력인 전기차용 동선과 발전 플랜트 제품 생산라인을 설치하는 등 첨단 글로벌 생산기지로서의 입지를 확고히 다졌다.

삼동은 이처럼 1990년대 이르러 해외시장 개척과 생산기지 확장 및 시설 투자에 주력하며 제반 사업활동을 성공적으로 마무리하고 새 천년, 새 도약의 채비를 갖추었다.

01. 경북 문경공장 발전플랜트 부품 생산공정.

01.

"세계 제일의 인재가 세계 제일의 제품을 만들 수 있다는 경영철학 아래 사람을 존중하고 인재를 중시하는 기업으로, 고객과 직원과 사회로부터 신뢰와 존경을 받는 기업으로 영속 발전을 이루기 위한 삼동의 노력은 현재에도 그리고 미래에도 계속될 것입니다"

제4장 2000~2009

선진글로벌기업으로 도약을 실현하다

"삼동은 전기코일 분야 세계 최고 기업입니다.
기술력과 품질, 시장점유율 면에서 모두
그렇습니다. 이처럼 대단한 기업이 세상에 널리
알려지지 않았다는 것이 이상할 정도입니다.
삼동은 그야말로 숨은 강자,
히든 챔피언입니다."

-KBS 특별기획 프로그램 <히든 챔피언> 방영 내용 중

1. 외부 경영환경 변화와 대응전략

더 높은 고지를 향해 도약을 추진하다

지속성장, 미래도약을 향한 삼동의 질주는 뉴밀레니엄시대인 2000년대에도 거침없이 이어졌다.

1990년대가 CTC, 무산소동 개발과 국내 생산기지 확장, 동남아 시장개척 등을 통해 삼동의 성장토대를 굳힌 시기였다면 2000년대는 이를 기반 삼아 글로벌 선진기업으로 본격 도약을 추진한 때였다.

특히 삼동은 2000년대 후반 미국 현지에 테네시공장과 오하이오공장을 설립, 글로벌 생산체제를 구축함으로써 기존 아시아 시장을 넘어 중남미와 유럽지역으로까지 사업영토를 크게 확장하였다. 그리고 이를 토대로 조 단위에 육박하는 매출 신장과 수출 2억 불 달성이라는 쾌거를 이룬 뜻 깊은 연대이기도 했다.

다만, 2000년대 중반의 경우 국제 원자재 파동으로 구리 가격이 크게 상승하는 등 예기치 못한 외부 경영환경변화에 의해 일시적 유동성 위기를 겪기도 했다. 하지만 삼동은 이때의 어려움 역시 그동안 쌓아온 신용을 바탕으로 국내외 고객들의 전폭적 성원과 전사적 자구노력을 통해 슬기롭게 극복하며 미래 도약고지를 향한 약진속도를 더욱 높여갔다.

새천년, 새로운 의지와 다짐

사회 전반이 뉴밀레니엄시대 개막으로 들떠있던 새천년 정초, 삼동은 음성 본사 강당에서 조촐히 시무식을 열었다.

워낙 번다한 행사치레를 꺼려하는 삼동 이이주 사장의 경영방침에 따라 이 해 시무식 역시 특별한 의식(儀式)없이 예년처럼 단출하게 치러졌다.

이 자리에서 이 사장은 '올해는 새천년이 시작되는 첫해인 만큼 삼동 가족들 또한 새로운 마음가짐으로 새로운 도전과 성과창출을 위해 힘을 모으자'고 임직원들에게 당부했다.

이어 '전년도 설립한 문경공장이 본격 가동됨에 따라 국내외 주문물량의 안정적 공급은 물론 품질제고와 고객만족을 위해 가일층 노력을 기울여야 할 것'임을 강조하고, '삼동의 수출시장 역시 금년부터는 기존의 동남아지역 위주에서 유럽과 미주 시장으로 점차 확대해 나갈 계획'이라는 사업방침도 밝혔다.

특히 이 사장은 '삼동 가족들이 열심히 노력해서 회사가 잘 되면 여러분 가정은 물론 국가사회 또한 잘되는 것'이라며, '임직원 모두는 늘 자신이 곧 삼동의 주인이라는 의식을 지니고 각자 맡은 바 업무에 최선을 다해줄 것'을 당부했다.

활발한 생산·영업활동을 지속하다

새천년의 원년(元年), 삼동 생산 및 영업활동은 예년과 같이 활발하게 이어졌다. 중심 생산기지인 음성 본사와 문경공장, 아산공장은 주야간 쉼 없이 가동되었고, 이이주 사장을 비롯한 임직원들 역시 국내외를 넘나들며 영업활동에 전력했다.

경영관리부서에서도 점차 늘어나는 매출과 임직원 수에 맞추어 정보시스템을 새롭게 구축하고 생산, 영업, 노무관리업무의 효율화를 추진해나갔다. 또한 이른바 모든 것이 '닷컴'으로 통하는 온라인시대 개막에 맞춰 회사 홈페이지와 구성원 간 정보공유 및 소통을 위한 그룹웨어시스템 도입 채비도 서둘렀다. 조직구조 역시 중역→팀장→사원 체제로 단순화하여 제반 업무처리와 의사결정의 신속화, 정확화, 효율화를 도모해나갔다.

향후 시장 및 산업변화에 따른 전략적 대비와 연구노력 또한 적극 전개하였다.

삼동은 2000년 10월 영국과 독일, 이탈리아 동선 전문가들을 국내로 초청, '마그네트와이어 심포지엄'을 개최했다. 충주 수안보호텔에서 1박 2일 일정으로 열린 심포지엄에는 LG전자, 대우전자 등 삼동의 주요 고객사를 비롯하여 관련 산업계 종사자들이 대거 참석, 마그네트와이어의 기술적 트렌드 및 향후 산업전망에 대

01. 삼동은 2000년대 초 민간기업으로는 드물게 '마그네트와이어 심포지엄' 국제행사를 독자 개최했다.

01.

해 주제발표와 함께 열띤 토론을 벌였다.

국내 산업계 발전을 위해 민간기업이 제반 행사기획을 주관하고 비용까지 부담하여 공적 성격의 심포지엄을 독자 개최한 것은 당시로선 매우 이례적인 일이었다.

한편 같은 해 4월에는 그동안의 수출실적과 향후 해외시장 개척 유망성 등을 인정받아 한국수출보험공사로부터 '수출보험육성 대상기업'에 선정되기도 했다.

이처럼 삼동은 새천년 초입부터 제반 사업 및 대외활동을 활발하게 추진하며 지속성장의 기조를 이어갔다.

생산역량 확대를 위한 노력, 끊임없는 설비투자

2000년대 이르러 국내외에서의 수주물량이 크게 증가함에 따라 생산 효율화 및 생산역량 증대를 위한 노력도 부단히 추진하였다. 특히 삼동은 전년도 설립한 문경공장의 본격 가동과 함께 2000년대 초반부터 끊임없이 설비투자를 단행했고, 음성공장 역시 증설을 거듭하며 생산역량을 확대해 갔다.

새로운 설비들이 대거 도입됨으로 인해 현장작업에 필요한 실무규정과 매뉴얼도 재정비했다. 당시 전주흠 공장장 지휘 아래 제반 시스템의 체계화, 효율화를 적극 추진하는 한편 임직원 교육과 공장혁신운동도 병행하였다. 아울러 품질검사를 위한 실험분석 장비와 인력을 늘리는 한편 신공법 연구 등 R&D활동에도 주력, 품질과 기술 수준을 높여 나갔다.

1996년 입사, 삼동의 설비관리를 담당해왔던 박춘영 이사의 회고.

"당시엔 얼마나 바빴던지 정신이 하나도 없을 정도였습니다. 새로운 설비를 도입해 설치와 시운전을 마치고 나면 또 다시 새 설비 도입을 준비하느라 여념이 없었으니까요."

이처럼 생산역량 증대 및 시스템 효율화를 위한 회사의 끊임없는 설비투자 노력과 전 구성원들의 열정이 혼연일체를 이루면서 미래도약을 향한 삼동의 질주 속도는 더욱 빨라졌다.

삼동의 人才像, 인적자원 적재적소 배치의 용인술

삼동은 음성, 문경, 아산공장의 가동률이 날로 높아지고 설비가 확충됨에 따라 신규인력도 지속적으로 충원해나갔다.

예나 지금이나 삼동의 직원 채용기준과 방식 역시 남다른 것이었다. 일반기업들에서 흔히 중시하는 평가요소 즉, 인성과 예절 또는 외적 모습이나 태도 같은 것보다 담당업무를 수행할 능력과 소양을 우선적, 중심적으로 살폈다.

주요부서 임직원들을 채용할 때엔 이이주 사장이 직접 면접을 보기도 했는데, 일반적으로 채용 시 감점이 될 만한 이력을 지닌 지원자들에 대해서도 이 사장은 거의 문제 삼지 않았을 뿐 아니라 오히려 긍정적으로 평가하는 경우도 없지 않았다. 이를테면 학력이 다소 뒤처진다거나 현역병 복무를 하지 않았다거나 이직(移職) 횟수가 잦다거나 또는 외적 인상이나 언행 등이 다소 원만치 못한 경우에도 마찬가지였다. 오직 회사에서 요구하는 업무를 충실히 수행할 수 있는 능력과 노력의지 그리고 정직성만 갖추고 있으면 그 외의 부가 조건들은 별반 중요시 하지 않았던 것이다.

직원 채용을 최종 결정할 때도 이 사장 단독으로 판단, 결정하는 것이 아니라 여러 임원들의 중지를 모으고 함께 일할 팀장들 의견을 취합한 후 선택, 결정하였다. 그리고 이러한 인사제도는 비단 직원 채용 시 뿐만 아니라 승진·승급 등 인사업무 전반에 걸쳐 적용되었다.

특히 이 사장은 어떤 고정관념이나 선입견을 가지고 사람을 평가함을 경계하였다. 그 자신 오랜 세월 많은 임직원들의 인사를 총괄해왔고, 또 사업상 숱한 대인관계 경험을 지녔던 바, 나름의 사람 보는 안목과 판단기준이 확립되어 있을 터임에도 '사람은 겪어봐야 안다'는 것이 이 사장의 평소 인재평가 기준이었다. 즉, '사람을 어느 한 면만 보고 섣불리 판단해선 안 된다는 것, 사람이란 누구에게나 장단점이 있게 마련이고, 회사는 직원 각자의 장점을 살릴 수 있는 적재적소에 인적자원을 배치, 양성하면 된다'는 것이 이 사장 특유의 인재관이고 용인술이었다. 예컨대 인성이 아무리 좋은 사람일지라도 회사에서 제대로 예우해 주지 않으면 그가 언제까지 인성이 좋을 수만은 없을 것이며, 반대인 경우 역시 마찬가지라는 얘기였다. 특히 기업조직이란 다양한 개성을 지닌 사람들이 함께 모여 생활하는 곳인 만큼 직원과 회사의 관계는 상대적일 수밖에 없으며, 결국 서로가 하기 나름이라는 논리였다. 물론 이 경우 '누가 먼저 잘해야 하느냐?'하는 순서의 문제가 따르긴 하겠지만, 이 역시 '제반 조건상 우월적 지위에 있는 회사 측이 먼저 직원들에게 잘하는 것이 마땅한 순서'라는 게 이 사장의 평소 지론이었다.

선의와 양보, 합리와 솔선에 기초한 이 사장의 이런 전향적 인재관, 인력채용 방식, 용인술은 역시 주효했다.

오늘날 삼동에서 10년 이상 장기 근속한 직원 숫자가 전체 직원의 80%에 이르고 있다는 사실이 이를 여실히 입증하고 있기 때문이다.

2. 수출 시장의 확대, 유럽과 미주 시장 본격 공략

독일 대표기업 지멘스와 첫 거래를 트다

2000년대에도 삼동의 수출드라이브 전략은 전사적으로 추진되었다.

1990년대 일본과 대만, 호주 시장 개척에 주력했던 삼동은 2000년대 이르러 마켓 영역을 점차 확대해 나갔다. 기존의 아시아 시장만으로는 비약적 매출신장을 기대하기 어렵고, 무엇보다 전력산업 기술의 선진국이자 본 고장인 유럽과 미국시장을 공략해야 비로소 글로벌 최고 수준의 기술과 품질, 기업위상을 확립할 수 있었기 때문이었다. 특히 유럽과 미국시장 진출은 이이주 사장이 오래 동안 꿈꿔왔던 숙원과제이기도 하였다.

이 사장은 그 목표실현을 위해 일찍이 1990년대부터 세계 각국 전력산업의 전망과 변화 트렌드를 유의 깊게 살폈고, 동선 기술 및 제품 동향을 세밀히 분석하는 등 평소 해외시장 개척을 위한 연구에 많은 노력을 기울였다. 심지어 미국, 유럽 국

01. 삼동은 2000년대 초 중소기업전국대회에서 수출보험육성대상기업으로 선정되었다.

01.

2001년 6월 삼동은 마침내 회사의 수익창출은 물론 미래 발전에 획기적 전기가 될 수 있는 큰 성과를 이루어냈다. 독일 지멘스에 납품하게 된 것이다. 이 같은 역사적 성과는 이 사장을 비롯한 삼동 전 구성원들이 오랜 세월 쌓고 쏟은 땀과 열정의 값진 결실이었다.

가들의 기간(基幹) 전력망과 주요 산업시설의 변압기 교체주기까지 조사하며 해외 시장 수요파악에 힘썼다. 또한 1990년대 중반부터는 미국에서 열리는 국제 전기기기 전시회에 매년 참석하는 한편 국내 경제단체가 주관하는 '수출 촉진단' 일원으로도 참여, 해외 산업을 시찰하는 등 글로벌 시장개척을 위한 준비와 노력을 부단히 추진해왔다.

2000년대 초에 이르러 이러한 노력들이 하나 둘 결실을 맺기 시작했다.

그 첫 번째 성과가 바로 독일의 대표기업이자 세계 최대 변압기 제조기업 지멘스와의 거래를 성사시킨 일이었다.

지멘스 그룹은 독일에 본사를 둔 다국적 전기전자기업으로 170여 년 역사를 지닌 글로벌 최고 수준의 기업이었다. 전 지구촌을 무대로 변압기 제조는 물론 전기·전자·엔지니어링 사업 등 다양한 사업을 수행해온 지멘스 그룹은 세계 주요국에 보유한 직원 규모만도 30만 명이 넘을 정도였다.

이러한 기업에 제품을 납품한다는 것은 그 자체로서 대단한 긍지와 자부심을 가질만한 일이었고, 삼동의 기술과 품질이 세계 최고 수준임을 인정받는 것이나 다름없는 일이었다.

2001년 6월 삼동은 마침내 회사의 수익창출은 물론 미래 발전에 획기적 전기가 될 수 있는 큰 성과를 이루어냈다. 독일 지멘스에 납품하게 된 것이다.

이 같은 역사적 성과는 이 사장을 비롯한 삼동 전 구성원들이 오랜 세월 쌓고 쏟은 땀과 열정의 값진 결실이었다.

우연히 찾아온 기회, 상생공영의 협력관계로

삼동이 지멘스에 납품을 하게 된 경위 또한 일면 우연이고 또 한편 행운이었다. 사람들은 흔히 우연과 행운이란 '그저 가만히 있는데 저절로 찾아오는 요행' 같은 것으로 인식하기 쉽다. 그러나 이는 정확히 말하면 미리 철저히 준비하고 평소 부단히 노력을 기울이는 이들에게 주어지는 공정한 보상의 기회 같은 것이라고 할 수

STORY IN HISTORY

지멘스 그룹 최우수 협력사로 입지를 굳히다

삼동이 지멘스와 거래를 시작한 후 이이주 사장은 수시로 독일을 오가며 지멘스 관계자들과 유대를 다졌다. 그중 남미 쪽 변압기 사업을 총괄하는 이만(Dr. Bertram Ehmann)이라는 CEO가 이 사장을 참 좋아했다. 지금은 현직에서 은퇴하였으나 그는 독일 최고 기업 CEO인 만큼 박사학위를 소지한 엘리트였고, 매너 또한 신사였다. 이 사장 역시 그에게 큰 호감을 가졌고, 두 사람은 의기상통하여 지속적 친교를 이어갔다.

2008년 이만은 세계 23개 변압기공장 CEO들을 모두 초대해 중국 광저우에서 심포지엄을 개최하였는데, 이 자리에 이 사장을 초청, 세계 동선 산업 현황과 향후 전망 등을 발표하도록 배려했다. 이후 지멘스인들은 신년 연하장을 보낼 때도 꼭 이 사장에게 '닥터 리'라는 호칭을 사용했다. 그들은 당연히 이 사장이 박사학위를 지닌 전문 연구인 출신 CEO로 알았던 것이다.

이처럼 지멘스와 삼동은 발주처와 수주처 즉, 갑과 을의 관계이긴 했지만 늘 서로를 존중하고 배려하는 협력관계를 지속하였다. 그런 가운데 주문량은 꾸준히 늘었고, 현재는 지멘스 계열 남미 쪽 변압기공장에 삼동 유럽공장이 전체 생산량의 50%에 달하는 물량을 공급하고 있다. 또한 삼동은 거의 해마다 지멘스 그룹으로부터 최고 공급자상과 감사장을 받는 모범 협력업체로 입지를 굳혔다.

이 사장은 지멘스의 기업문화에 대해 '지멘스는 세계 최고 기업답게 무엇이든 한번 약속하면 변함이 없었다. 구매담당자들은 자주 바뀌지만 삼동과의 계약 자체는 단 한 번도 바뀌지 않았다. 그런 점에서 한국기업들은 이들을 본받아야 하고, 이들의 자세를 존경해야 한다'고 말했다.

이는 특히 공기업, 사기업 가릴 것 없이 구매담당자가 바뀌고 나면 그들의 개인적 연고관계, 친소관계 등에 따라 조그만 소모품 납품업체까지 모두 새로 바꾸려드는 한국기업 관계자들이 새겨들어야 할 말이다.

2010. 06.
지멘스(SIEMENS) 최고공급사상 수상패.

있다. 따라서 그러한 사전 준비와 노력이 없으면 설령 기회가 주어져도 제대로 포착, 활용할 수 없음은 당연한 일이었다.

삼동의 경우 역시 마찬가지였다. 일찍이 CTC제품과 무산소동을 개발함과 아울러 비교우위의 기술 및 품질 수준을 확보하는 등 글로벌시장 진출에 필요한 만반의 태세를 갖추고 있었기에 이러한 기회가 찾아왔고, 그 기회를 포착, 남다른 성과를 창출할 수 있었던 것이다.

삼동이 지멘스와 첫 거래를 시작하게 된 배경과 과정은 1990년대 호주 시장개척 당시와 거의 유사했다. 즉, 지멘스와의 거래를 시작하게 된 데에도 1994년 호주 ABB와 알스톰에 납품할 때처럼 적극 도움을 준 이들이 있었다. 그들은 바로 삼동에 CTC 설비를 설치하고 기술을 전수해 주었던 라그라트 유니온 관계자들이었다. 삼동은 이들 소개로 지멘스와 첫 상담을 하게 되었고, 결국 거래를 성사시킨 것이다.

당시 배경과 경위를 약술하면 이렇다.

2000년 초 지멘스 납품업체이기도 했던 라크라트 유니온은 공교롭게도 지멘스와 경쟁관계에 있던 기업으로 매각되었고, 이로 인해 지멘스 측은 새로운 납품업체를 물색 중이었다.

그 무렵 지멘스는 세계 각국에 23개 변압기공장을 운영하고 있었는데, 그중 남미 쪽 공장인 멕시코와 콜롬비아, 브라질 3개 공장에 소요되는 CTC제품을 납기 및 가격조건이 유리한 한국에서 구매하고자 했던 것이다.

이때에도 역시 라크라트 유니온 기술매니저 볼프강 펠렛이 호주 시장 개척 시처럼 지멘스에 삼동을 소개해주었다. 단순히 소개만 한 것이 아니라 삼동 제품을 적극 추천하고 권유하였다. 이는 단지 볼프강 펠렛과 삼동의 연고관계 때문만은 아니었다. 그 역시 삼동의 기술과 제품 수준이 우수하다는 것을 누구보다 잘 알고 있었기에 확신을 가지고 추천한 것이었다.

이에 지멘스 측이 먼저 삼동에 상담을 요청하였고 이이주 사장이 직접 지멘스를 방문, 제품과 가격 등 제반 사항을 상세히 설명하였다. 그러나 지멘스 측도 처음에는 삼동의 주 거래처인 현대중공업이나 효성중공업이 변압기 부문에서 자신들과 경쟁관계에 있었기에 다소 조심스럽게 접근하였다. 하지만 이 사장의 진솔한 설명과 경영자로서 책임감, 신뢰감이 느껴지는 자세를 접한 지멘스 관계자들은 삼동에 대해 점차 호의적인 인식을 갖게 되었다. 이에 몇 차례 더 실무 상담을 진행하게 되었고, 지멘스 관계자들이 삼동 공장을 실사한 후 마침내 거래를 결정하였다.

이런 배경과 과정을 거쳐 삼동은 지멘스 멕시코공장에 첫 납품을 한데 이어 콜롬비아와 브라질 공장에도 순차적으로 납품하는 성과를 거둔 것이다. 이후 삼동의 철저하고 성실한 품질기준과 납기준수, 고객만족을 위한 노력이 더해져 지멘스의 주문물량은 꾸준히 늘어났고, 현재는 삼동의 가장 중요한 해외 고객사가 되었다.

미국 시장으로 진출하다

삼동은 2000년대 초 해외시장 범위를 더욱 넓혀 미국에도 본격 진출했다. 미국 밀로키에 소재한 변압기 제조기업 워커샤에 납품을 시작한 것이다.

워커샤는 현재 GE그룹으로 편입되었으나 당시엔 미국에서 가장 규모가 큰 변압기 제조기업이었다.

워커샤와의 거래 역시 평소 해외시장 개척에 대한 이이주 사장의 지속적 관심과 노력 덕분이었다.

이 사장은 1990년대 중반부터 해마다 미국에서 열리는 전기전자기기 전시회에 적극 참여하는 등 미국시장 개척을 위해 꾸준한 노력을 기울였다.

당시 워커샤와의 거래도 1990년대 말 미국에서 개최된 IEEE전시회에 참가한 것이 계기가 되었다. 이 전시회는 미국 전기전자공학회 소속 학자들을 비롯하여 각국의 엔지니어, 산업계 관계자들이 대거 참가, 학술발표와 함께 신기술, 신제품을 선보이는 유명한 국제 전시회였다.

이 사장은 이 전시회에 참가하여 워커샤 구매담당자들과 서로 인사를 교환하는 한편 삼동 제품과 기술을 소개할 수 있는 기회를 가지게 되었다. 누구에게든 워낙 호감과 믿음을 주는 이 사장의 모습과 제품소개서를 받아본 워커샤 담당자들은 삼동에 대해 각별한 관심을 보였다. 그리고 이 만남과 인연이 계기가 되어 본격적 거래 상담으로 이어졌고, 2000년대 초반 시험발주를 거쳐 마침내 납품계약이 성사되기에 이르렀다.

또한 삼동은 이때 익힌 시장정보와 거래경험 등을 기반으로 2000년대 후반 미국에 현지 공장을 건설, 미주 지역 시장을 공략하는 데에도 큰 도움을 얻게 되었다.

일본 도시바에 제품공급을 시작하다

2000년대 초반 국내 산업계를 뜨겁게 달군 화두는 단연 '글로벌'이었다. 지구촌 시대, 글로벌시장을 개척하지 않고는 어떤 기업도 지속가능경영, 미래도약을 이룰 수 없음을 인식했던 것이다. 삼동은 이러한 시대조류에서 역시 한발 앞서갔다.

1990년대부터 아시아, 호주 등 글로벌시장 개척에 주력해온 삼동은 2000년대 개막과 함께 독일 지멘스, 미국 워커샤 등 주요 선진국 시장에 진입한 데 이어 2002년 2월에는 일본 최고의 전기전자기업 도시바에도 납품을 성사시키는 성과를 올렸다. 일본 4대 전기메이커 중 후지, 미쓰비시, 히타치와는 이미 거래를 하고 있었지만, 도시바에는 이때 첫 납품을 하게 된 것이다.

도시바는 기업 명성에 걸맞게 직원들도 대부분 명문대 출신이었고, 조직의 프라이드도 높았으며, 경영정책 또한 원칙주의, 정도주의를 지향하는 보수성향의 기업이었다.

특히 도시바는 일본 수도 동경 전력청 관할 지역 전력시설에 변압기를 공급하고 있었기에 어느 기업보다 품질기준이 엄격했다. 삼동이 후지나 미쓰비시, 히타치에 이어 도시바와의 거래를 다소 늦게 시작한 이유도 이와 무관하지 않았다. 즉, 도시바는 다른 기업들로부터 사전 철저한 품질검증을 받은 제품에 대해서만 납품을 승인하고 있었기 때문이었다. 특히 지진과 태풍이 잦은 일본 지역, 그 또한 수도권의 주요 전력시설에 설치되는 변압기용 동선 제품이다 보니 더욱 그러했다.

도시바와의 첫 거래 배경이나 과정 역시 결국 삼동이 그들이 요구하는 품질수준을

품질경영을 위한 철학과 노력

삼동은 1980년대 후반 메이덴샤를 시작으로 후지, 미쓰비시, 히다치, 도시바에 이르기까지 다수의 일본기업에 납품을 해왔다. 그러나 익히 알다시피 일본기업들이 요구하는 품질기준은 매우 엄격했다. 그들은 품질에 있어서만큼 공과 사를 철저히 구분했고, 설령 오랜 친분이 있다 해도 품질기준에 어긋나면 여지없이 클레임을 걸어왔다. 기계로 검사가 어려운 부분은 검수원들이 제품을 일일이 손으로 만져가면서 하자여부를 검사했으며, 동선에 미세한 동분(銅紛)이라도 묻어 있을 경우 바로 지적하고 문제를 삼았다.

일본기업들이 이처럼 품질검수 과정에서 지나칠 만큼 까다롭자 어느 날 회의시간 삼동 품질관리 담당 임원이 말했다.

"일본기업 납품용 품질관리시스템과 검사기준을 아예 따로 만들어 적용하면 어떻겠습니까?"

일면 일리 있는 말이었다.

그러나 이 말을 들은 이 사장은 즉시 그를 크게 나무라며 주의를 주었다.

'어느 기업에 납품하든 똑같은 품질의 제품을 납품해야지 고객별로 차등을 두는 것은 기업의 도덕성과 관련되는 것으로 결코 용납할 수 없는 일이다. 힘들더라도 일본기업이 요구하는 품질기준을 모두 수용, 준수함으로써 삼동의 품질수준을 한 차원 높일 수 있는 계기로 삼으라'고 지시한 것이다.

따라서 삼동은 일본기업들의 그 엄격하고 철저한 품질기준 요구로 인해 이후 불량률 제로의 무결점 제품을 생산할 수 있는 기초를 다지게 되었다.

충분히 갖추고 있었기에 가능한 일이었다.

초고압 변압기용 핵심소재인 CTC제품의 경우 이를 생산하는 기업은 전 세계를 통틀어 10개가 채 안되었다. 그러다보니 어느 기업의 품질과 기술 수준이 어떠한지 변압기 제조회사들은 훤히 알고 있었다. 특히 일본 4대 전기 메이커 간에는 동선 제품에 대한 정보교류가 활발했고, 그 과정에서 문제가 있는 기업들은 자연스럽게 걸러졌.

도시바 역시 사전 정보취합과 조사과정에서 삼동 제품의 우수성을 익히 알고 있었던 것이다. 이에 따라 삼동에 상담과 견적요청이 먼저 왔고, 이이주 사장이 도시바 구매담당자들과 만나 상담을 함으로써 자연스럽게 거래가 성사되었다.

물론 이때에도 이 사장의 예의 바르고 진솔한 인품과 역할이 큰 몫을 차지하였다.

당시 일화 한 토막.

이 사장은 도시바와의 거래를 앞두고 그곳 구매책임자와 저녁 식사를 함께했다. 그는 와세다대학교 사학과를 졸업한 엘리트였고, 화제는 자연스럽게 역사 쪽으로 이어졌다. 이 사장 역시 경제, 산업 분야뿐 아니라 세계사와 지리, 문화 분야에서도 전문가 못지않은 식견을 지닌 터라 함께 대화를 나누면서 두 사람은 자연 많은 부분 공감을 하게 되었고, 이심전심 서로 마음이 통했다. 마치 듣기 좋은 잔잔한 노랫소리처럼 나직나직, 조곤조곤 이어지는 이 사장의 이야기에 빠져 도시바 구매책임자는 나중엔 자신의 집안일까지 털어놓을 만큼 큰 믿음과 호감을 보였다.

사람을 아는 데는 그리 오랜 시간이 필요치 않은 것이었다. 마음이 서로 통하거나 서로를 알아볼 수 있는 안목을 지닌 사람끼리는 단 한 번의 만남으로도 충분할 수 있었다. 이때부터 그는 이 사장에게 매우 우호적으로 대했으며, 거래가 성사되는 데에도 많은 도움을 주었다. 그는 현재도 도시바 고위 임원으로 재직하며 새로운 프로젝트가 있을 때마다 삼동을 적극 지원해주고 있다.

중동지역으로의 진출, 이란 국영기업에도 제품을 공급하다

2000년대 해외시장 개척을 향한 삼동의 약진은 동남아와 미주를 넘어 멀리 중동

지역으로까지 이어졌다.

2002년 5월 이란 국영 변압기 제작기업 IRAN TRANSFO CO.에 납품을 하게 된 것이다.

IRAN TRANSFO CO.는 원래 CTC 기술을 독일 지멘스로부터 전수받아 자체에서 제품을 생산해왔다. 그러나 이것만으로는 소요량을 충당하지 못하자 독일기업과 삼동 두 곳에서 견적을 받게 된 것이었다.

당시 물량이 매우 큰 프로젝트여서 이이주 사장은 견적요청을 받은 후 신중하게 대응했다.

그 시절 다른 나라들도 거의 마찬가지이긴 했으나 특히 이란의 경우 독일이나 일본기업들에 대해서는 국가 브랜드만으로 품질과 기술을 인정했다. 하지만 한국기업과 제품에 대해선 신뢰도가 현저히 낮아 품질이나 기술, 가격수준을 매우 엄격히 심사, 검증하려 들었다. 국가 브랜드, 국가 신인도가 얼마나 중요한 것인지 수출기업들은 늘 해외에서 절감하는 일이기도 했다.

이 사장은 IRAN TRANSFO CO.로부터 상담 및 견적요청을 받고 우선 세계 동선업계 전문가인 독일 친구 볼프강 펠렛에게 전화로 물었다. '지금 이러이러한 상황인데 어떻게 대응하면 좋겠느냐?' 조언을 구했다.

이때에도 펠렛은 자신의 비즈니스 경험을 토대로 자세한 사항들을 알려줬다. 이 사장은 그의 말을 참고한 후 곧장 이란으로 달려가 IRAN TRANSFO CO. 사장을 면담하였다. 그는 중동인임에도 상당히 세련된 비즈니스 매너를 갖춘 사람이었다. 이 사장이 삼동의 품질과 기술, 가격조건의 유리함 등에 대해 자세히 설명하자 그는 각별한 관심과 호감을 표했다.

어느 거래처 임원의 말처럼 이 사장을 한번 만나 대화를 나눈 사람치고 이 사장을 좋아하지 않는 사람은 거의 없었다. 특히 그는 이 사장의 바른 예법, 겸손한 모습에 칭찬을 아끼지 않았다.

이런 우호적 분위기 속에서 계약은 성공적으로 이루어졌다. 총 2년여에 걸친 프로젝트로 납품물량이 적지 않았고, 삼동은 이를 차질 없이 생산, 납품하였다. 그 과정에서 이슬람교도인 IRAN TRANSFO CO. 사장이 삼동 본사를 몇 차례 방문하기도 했다. 그가 삼동 공장에서 이슬람 기도시간에 맞춰 기도를 할 때면 직원들이 붉은 카펫을 급히 구해 깔아주느라 그야말로 야단법석을 치르기도 했다.

이후 그는 이 사장과 자주 선물도 주고받을 만큼 상당히 친하게 지냈다. 하지만 이란의 정권교체와 함께 사장 또한 바뀌면서 아쉽게 교류가 끊겼다. 신임 사장이 취임하자마자 기존 거래처들을 모두 자신과 친분이 있던 유럽 기업으로 바꿔버린 것이다. 그런 측면에서 역시 이란은 독일, 일본 등 선진 국가들과는 비교할 수 없을 만큼 후진적 문화를 지닌 나라였다.

삼동은 그 시기 중동국가 중 이란뿐 아니라 사우디아라비아의 유나이티드 트렌스포머 일렉트릭에도 납품했다. 이는 삼동이 기존에 거래하던 호주 윌슨트랜스포머가 이 회사에 투자를 함으로써 합자회사가 되었고, 그 연고로 납품을 하게 된 것이었다.

당시 주변인들은 '중동 국가들의 경우 석유 수출로 돈을 많이 버는 나라인 만큼 납품가격도 다른 나라들에 비해 상당히 후하게 쳐주지 않느냐?'고 묻는 경우도 더러 있었다. 이에 대해 이 사장은 '세계에서 제일 지독한 사람들이 아라비아 상인들이란 말이 왜 생겼겠느냐?'라는 반문으로 대답을 대신할 만큼 가격조건은 다른 나라들보다 오히려 더 인색하고 까다로운 편이었다.

삼동은 이외에도 2000년대 초중반 태국, 인도, 말레이시아, 필리핀, 멕시코, 인도네시아 등 여러 기업에도 납품 실적을 쌓았다.

이들 기업의 경우 독일 제품을 구매하려니 거리가 너무 멀고, 일본 제품은 엔고 영향으로 가격이 맞지 않고, 그러다 보니 자연 삼동으로 견적요청이 왔고, 삼동은 이에 응해 거래를 시작하게 된 것이었다. 이처럼 해외시장에서 크고 작은 납품실적이 쌓이면서 2000년대 초 삼동의 수출비중은 총 매출의 50% 정도로 늘어났다.

외형의 신장과 부가적 경영성과 또한 자못 컸다.

삼동은 2001년도 매출액이 창사 이래 처음으로 1,000억 원을 넘어섰으며, 같은 해 11월에는 '3,000만 불 수출의 탑' 수상과 함께 신용보증기금으로부터 '수출우수기술기업'으로 선정되는 성과도 거뒀다. 또한 지역경제 발전 기여 공로로 이이주 사장

01. **2001.12.21.** 자랑스러운 음성인상 수상.
02. 03. **2002.03.04.** 제36회 납세자의 날 모범납세자상 수상 및 일일세무서장 위촉.

01.

02.

03.

이 음성군으로부터 '자랑스런 음성인상'을 받았으며, 프랑스 알스톰으로부터는 '우수협력사상'을 수상, 삼동의 품질과 기술, 신용을 세계에 입증했다.

해외시장 개척의 필수 역량, 어학공부를 위한 쉼 없는 노력

어느 기업이든 임직원들이 해외시장을 성공적으로 개척해 나가는 데엔 우수한 제품과 기술 외에 또 한 가지 필수 역량을 지녀야 했다. 그것은 바로 외국인들과 의사소통이 가능한 언어 즉, 만국 공용어인 영어실력이었다. 비즈니스 현장에서 언어를 원활히 구사하지 못해서는 시장개척 또한 당연히 힘들어질 수밖에 없기 때문이었.

특히 1980년대 후반부터 해외시장 개척을 도맡아온 이이주 사장의 경우 더욱 그러했다. 외국기업들과의 첫 상담에서부터 거래처와의 협상, 이후의 고객 응대 및 관리 등 제반 과정에서 언어가 서툴러 겪은 불편, 불리한 일이 한두 가지가 아니었다.

이에 이 사장은 사업활동 틈틈이 영어공부에도 많은 시간과 노력을 투입했다.

이 사장이 집중적으로 영어공부를 시작한 것은 1980년대 후반 일본 시장에 진출할 즈음이었다. 당시는 일본 지역을 주로 공략했기에 일본어부터 먼저 공부할까도 생각했었다. 하지만 이후 미국과 유럽 등으로 시장을 크게 넓혀가려면 영어를 익히는 것이 훨씬 유용성이 크고, 일본에서 비즈니스를 할 때 역시 영어로도 소통이 가능했기에 이때부터 본격적으로 영어공부를 시작한 것이다.

그러나 나이 들어 새삼 어학공부를 한다는 것이, 그 또한 사업을 하면서 틈틈이 공부한다는 것이 여간 어려운 일 아니었다.

이 사장이 고등학교를 졸업하긴 했지만 그 시절만 해도 학생들은 물론이고 영어교사들조차 주로 문법만 가르쳤을 뿐 회화는 거의 불가능했던 시절이었다. 따라서 이 사장의 영어실력이란 중고등학교 시절 잠시 공부한 것이 전부였다. 말하기, 듣기, 쓰고 읽기 등 제반 공부를 처음부터 새로 시작해야만 했다. 하지만 이 사장은 영어공부가 아무리 힘들어도 해외 비즈니스 현장에서 영어를 못해 겪는 온갖 어려움, 불편함보다는 쉬울 것이라는 생각이 들었다.

01. 삼동 이이주 사장이 1980년대 후반부터 30여 년간 늘 출장 가방에 넣고 다니며 낡고 닳도록 읽었던 영어사전.

01.

이 사장은 1980년대 후반부터 영어공부에 주력했다. 사업활동으로 늘 바빴지만 그런 중에도 틈만 나면 영어공부에 매달렸다. 특히 해외출장을 자주 다니다보니 영어사전을 항상 휴대하고 다니며 비행기 속에서도 숙소에서도 식당에서도 화장실에서도 영어단어들을 쓰고 읽고 외우기를 반복했다. 아마 그 당시 두꺼운 영어사전 한 권을 통째 다 외웠다 해도 과언이 아닐 정도였다. 또한 길거리를 지나다가도 지하철을 탔을 때에도 영어공부를 하기 위해 낯선 외국인들에게 먼저 인사를 건네기도 하고 대화도 나누면서 꾸준히 회화를 익혀갔다. 더러 못 알아듣는 단어가 있을 때는 숙소로 돌아와 사전을 찾아보길 반복했다. 그러기를 거의 10여년, 쉼 없는 노력이란 참 많은 것을 이루게 해주는 법이었다. 1990년대 중반에 이르러서는 마침내 통역 없이도 외국인들과 영어로 대화가 가능해졌으며, 이후로는 누구와도 의사소통에 전혀 지장이 없을 정도로 실력이 늘었다.

특히 외국 언어를 익힌다는 것은 단순히 문자만 배우는 것이 아니라 그 나라의 문화나 역사, 국민들 정서까지도 함께 익히는 것이라 할 수 있었다. 단어의 출처나 어원 등을 알기 위해선 그러한 분야에 대한 공부 역시 필수였기 때문이다. 따라서 이 사장은 영어공부에 매진한 지 10여년쯤 후엔 영미권 국가의 역사와 문화까지도 웬만큼 알 수 있게 되었다. 그리고 2000년대쯤엔 대중 앞에서 영어로 강연까지 할 만큼 유창한 영어실력을 지니게 되었다.

주변사람들이 이 사장에게 물었다.

"사장님께선 그 어렵다는 영어공부를 별도의 교습도 받지 않고 어찌 그리 잘할 수 있습니까?"

이 사장이 대답했다.

"먹고 사는 데 꼭 필요하고, 상황이 절실하면 누구나 다 하게 됩니다."

이 사장다운 대답이고, 이 사장다운 비결이었다.

또한 이 사장은 자신의 경험을 바탕으로 영어공부를 보다 효과적으로 할 수 있는 방법에 대해서도 다음과 같이 말한 적 있다.

"언어란 의사소통을 위한 수단이므로 일단 어휘력을 늘리는 것이 우선입니다. 그

01. **2002.09.** ISO 9001 인증.
02. 해외 전시회에 참가한 삼동의 부스.

01.

02.

STORY IN HISTORY

국경을 초월한 우정, 볼프강 펠렛과의 인연

독일 라크라트 유니온의 기술·영업담당 매니저로 활동했던 볼프강 펠렛.
그는 삼동의 해외시장 개척사에서 빼놓을 수 없는 공로자이자 이이주 사장과 서로 흉금을 터놓고 대화할 수 있는 30년 막역지우다.
이 사장이 그와 인연을 맺게 된 것은 1992년 삼동이 독일에서 CTC 설비를 도입할 때 기술 매니저로 만난 직후부터였다. 이 사장과 동년배이기도 한 그는 성품이 아주 호탕했다. 두 사람은 사업상 만나게 되었지만 첫 만남부터 서로에게 호감을 느끼고 의기투합, 이내 막역한 친구가 되었다. 그 인연과 우정은 30년이 지난 오늘날까지 변함없이 이어져 오고 있다.
특히 펠렛은 이 사장과의 우정과 의리, 신뢰를 바탕으로 삼동의 해외시장 개척활동을 마치 자신의 일처럼 적극 도왔다. CTC제품의 기술과 영업 분야에서 국제적으로 폭넓은 인맥과 기술, 정보역량을 지닌 그는 1990년대 삼동이 대만과 호주 시장에 진출할 때에도, 2001년 독일 지멘스와 거래를 시작할 때에도 삼동에 큰 도움을 주었다.
사람들이 흔히 얘기하듯 '누구든 이 사장과 만나 대화를 나누다 보면 마치 무엇에 홀리기라도 한 듯 그를 무작정 좋아하게 되고 무한정 신뢰하게 된다'는 말처럼 펠렛 역시 이 사장의 그런 '치명적 매력', '신비한 마력'에 빠져든 것이었다. 그러나 이는 따지고 보면 특별히 신기하거나 이상한 일도 아니었다. 예컨대 대중이 무작정 좋아하고 믿고 따르는 연예인이나 정치, 종교지도자들 역시 모두 그러한 매력과 아우라를 지닌 이들이라 할 수 있기 때문이다.
특히 펠렛은 호방한 성격답게 술을 아주 좋아했다. 그가 서울에 올 때면 이 사장은 밤늦도록 함께 술집 순회를 하곤 했다. 술을 전혀 못 마시는 이 사장이었지만 흥취를 깨지 않기 위해 보리차를 양주병에 담아 따라 마시며 그와의 시간을 즐겼다.
두 사람의 우정을 기반으로 가족들 간 교분도 돈독했다.
펠렛 아들은 대학 졸업 후 삼동에서 한때 인턴사원으로 근무하기도 했고, 부인들 역시 서로 안부를 주고받을 만큼 친밀하게 지냈다. 특히 펠렛 부인은 이 사장을 만날 때마다 '외적 모습이나 내적 심성, 평소 언행 등에 있어 자신이 평생 보아온 이들 중 가장 젠틀하고 스마트한 사람'이라고 극찬해 이 사장을 쑥스럽게 만들기도 했다.
이 사장은 근래에도 펠렛의 소개와 권유로 매년 독일에서 건강검진을 받는가 하면, 삼동의 독일 관련 웬만한 업무는 그가 대신 처리해 줄 만큼 서로 돈독한 우정을 이어가고 있다.
이 사장이 독일이란 나라를 유독 좋아하고 신뢰했던 것도 어쩌면 펠렛 그가 독일에 살고 있기 때문일 수 있었다. 한 사람의 절친한 벗과 우정이 한 나라에 대한 이미지까지 바꿀 수 있는 것이다.
국경을 초월한 펠렛과 이 사장의 우정 역시 충분히 귀감 삼을 만한 휴먼스토리라 할 수 있다.

01. 볼프강 펠렛(이이주 사장의 왼쪽)과 함께한 이이주 사장.
02. 이이주 사장과 미국 출장 시 함께한 볼프강 펠렛 고문(왼쪽). 리온 몰로이 고문(오른쪽).

01.

02.

이 사장이 볼프강 펠렛과 인연을 맺게 된 것은 1992년 삼동이 독일에서 CTC 설비를 도입할 때 기술 매니저로 만난 직후부터였다. 이 사장과 동년배이기도 한 그는 성품이 아주 호탕했다. 두 사람은 사업상 만나게 되었지만 첫 만남부터 서로에게 호감을 느끼고 의기투합, 이내 막역한 친구가 되었다. 그 인연과 우정은 30년이 지난 오늘날까지 변함없이 이어져 오고 있다.

리고 자신이 말하는 것도 중요하지만 상대 말을 알아 듣는 것 역시 중요합니다. 즉, 입도 트여야 하지만 귀도 열려야 한다는 얘기지요. 여기에 한 가지 더 필요한 것은 영어를 반드시 익혀야만 하는 상황적 필연성, 절박함이 있어야 합니다."

글로벌시장 공략을 위한 연구개발 노력

삼동은 2000년대 초반 해외시장 개척과 생산활동에 주력하는 한편 신기술 개발과 품질 제고, 미래 신성장동력 발굴을 위한 연구활동 또한 부단히 추진하였다.

2001년에는 무산소동(銅)과 은(銀)의 합금 제조방법에 대한 특허를 취득, 미래 전략기술로 육성하고자 하였다. 이는 무산소동과 은을 합금, 전도성과 내열성이 우수한 코일을 생산하는 신제조공법이었다. 아울러 변압기용 권선제품의 실용신안 특허 2건도 출원함으로써 산업재산권을 확보하였다.

이듬해 5월에는 '산학연 공동 기술개발 컨소시엄'에 참여, 충북대학교 연구팀과 함께 '전차선용 고전도 고장력 동합금 소재 개발'을 위한 연구과제를 수행하는 등 신선재(新線材) 개발 관련 R&D활동을 적극 추진해 나갔다.

품질제고, 생산효율화를 위한 노력도 병행하였다.

2002년 9월 국제표준화기구가 정한 ISO 9001 인증을 받음으로써 품질경영, 생산성 향상을 도모하였다.

ISO인증제도는 1990년대 초 국내에 본격 도입되기 시작한 것으로, 인증업체에 대해서는 각 기관의 관련 규정에 따라 여러 가지 혜택이 주어졌다.

삼동이 일반기업들보다 다소 늦게 ISO인증을 받게 된 데에는 그럴만한 이유가 있었다. 이이주 사장의 실질중시, 효율위주의 경영방침 때문이었다. 앞서도 언급했듯이 사장은 워낙 형식적인 것, 의례적인 것을 싫어했다. 업무수행과 사업활동에 실질적으로 별 도움이 되지 않는 각종 제도나 격식, 이론 위주의 시스템, 혁신운동 같은 경우 새로운 것을 도입하기는커녕 원래 있던 것도 다 없애야 한다고 주장할 정도였다. 이러한 방침에 따라 삼동은 대부분의 제조기업들이 실시하는 6시그마운동, 5S

운동, 품질분임조운동 같은 경영·생산혁신 활동 같은 것도 거의 실시하지 않았다. 더러 주변에서 권할 경우 '그런 것 하면 진짜 불량률이 줄고 생산성이 높아지고 품질이 보증되느냐?'고 되물었다. 그러나 이에 대한 확답이나 보장은 아무도 하지 못했다. 이 사장은 '지키지도 못할 온갖 구호나 규정, 시스템만 만들어 놓고 제대로 실행도 못하고 업무에 별 도움도 안 된다면 그런 것이 무슨 소용 있냐?'고 반문했다. 실제 현장업무 여건과 상황을 분석해 보면 결국 이 사장의 생각과 방식이 맞고 옳은 것임을 알 수 있었다. 업종별, 업태별, 규모별로 천양지차일 수밖에 없는 기업들의 업무현장에 어떤 정형화된 이론이나 시스템, 툴 같은 것을 일률적으로 적용, 효과를 기대한다는 것은 합당치 않는 일이기 때문이었다.

당시 국내 대다수 기업들이 앞다투어 인증받았던 ISO제도만 해도 그랬다. 이 역시 그저 요식행위에 불과할 뿐 실제 업무현장에서 적용이 어려울 뿐더러 별 도움도 안 되는 경우가 대부분이었다. 특히 선진 외국기업들 위주로 작성, 도입된 이론 중심의 매뉴얼이다 보니 국내 기업들의 생산공정이나 품질시스템에는 잘 맞지도 않고 별 효과도 없었다. 인증절차나 과정 또한 다분히 형식적이고 의례적이어서 일정 비용만 지급하면 컨설팅 업체들이 알아서 관련 요건을 꾸며주고 절차를 대행해주는 경우도 많았.

그러나 현실은 꼭 합리적, 효율적, 상식적으로만 돌아가지 않는 것이었다. 때로는 불합리하고 비효율적인 일도 많은 사람들이 따라할 경우 부득이 동참할 수밖에 없는 예도 적지 않았다.

ISO제도 역시 삼동으로선 별 유용성이 없는 것이었지만 공기업의 입찰에 참가할 때나 해외 주요기업들에 납품할 때는 발주처에서 이를 요구하는 경우가 많았기에 부득이 2002년에 이르러 뒤늦은 인증을 받게 된 것이었다.

경영성과 제고와 대외 위상 확립

삼동은 2000년대 초반 활발한 사업활동을 통해 그에 상응하는 경영성과를 거두었다. 이 시기 연도별 매출실적을 살펴보면 2000년도 900억 원을 상회하는 매출을 올린 삼동은 2001년 최초 1,000억 원을 넘겼고, 2003년에는 1,500억 원을 넘어섰다. 불과 3년 만에 60%의 외형신장을 이룬 것이다. 그중 해외시장에서 올린 매출이 매년 절반 정도를 차지할 만큼 수출실적도 좋았다.

대외 기관이나 거래처로부터 경영성과와 품질, 신용도 면에서도 높은 평가와 인정을 받았다.

2002년 말 일본 메이덴샤로부터 우수제품을 생산, 원가절감 등에 기여한 공로로 감사장을 받았으며, 같은 해 한국산업은행은 삼동을 유망중소기업으로 선정하고 중소기업육성정책의 일환으로 삼동 주식 3만 주를 매입하기도 하였다.

2003년 11월에는 국가산업발전에 기여한 공로로 이이주 사장이 대통령 표창을 수상하는 영예도 안았다.

또한 같은 해 6월에는 삼동 마그네트팀 직원들이 독일 베를린에서 열린 'CWIEME 전시회'에 단체로 참가, 글로벌 기술트렌드를 견학하는 등 구성원들의 역량강화에도 힘썼다.

이처럼 삼동은 2000년대 초반 다양하고 활발한 활동을 통해 괄목할 사업성과를 거두며 지속성장 기조를 이어갔다.

3. 순항로에 불어 닥친 또 한 차례의 큰 풍랑

외부 경영환경 악화의 징후

세계시장을 향해 나아가는 기업의 행로란 마치 넓은 바다를 항해하는 선박의 항로와 같다.

외부 환경기류의 변화에 따라 이른바 순풍에 돛 단 듯 쾌속항진을 이어가기도 하고, 또 더러는 예기치 못한 풍랑을 만나 심한 어려움에 직면하기도 한다. 특히 대외 경영환경 악화로 인한 기업의 위험, 위기란 마치 항해 중 갑자기 조우하게 되는 돌풍이나

01. 2003년 삼동의 독일 베를린 'CWIEME 전시회' 참가.

01.

파고 같은 것이어서 어느 기업도 이를 사전에 예측, 방비하기 힘든 일이었다.

2000년대 초반 5대양 6대주를 향해 순항을 이어가던 삼동이 일본과 호주, 대만 해협을 지나 유럽과 미주 시장에 닻을 내릴 즈음 서서히 이상기류가 나타나기 시작했다. 그것은 향후 삼동의 항로에 적지 않은 고초를 예고하는 일련의 전조현상 같은 것이기도 하였다.

세계 동(銅) 산업 동향과 시장변화

당시 삼동호 선원들을 잔뜩 긴장하게 만들고, 이후 결국 큰 위기상황으로 몰아넣었던 전조현상이란 바로 국제 동가(銅價) 기류의 변화였다.

흔히 '산업의 쌀', '미래의 원유'로 불리는 전도체(傳導體)인 구리는 반도체(半導體)와 함께 현대산업사회의 모든 전기전자제품에 필수적으로 사용되는 핵심소재로서 그 효용성이란 실로 크고 중한 것이었다. 동(銅) 산업은 그야말로 '뿌리산업'이라 할 수 있었다. 구리 수요량이 실물경제의 선행지표로 활용되고 나아가 세계 각국의 산업, 경제발전 속도와 연동한다는 이론이 나오는 것도 이 때문이다.

특히 구리는 국내에서 생산이 되지 않다 보니 예나 지금이나 그 수요량은 전량 수입으로 충당하는, 이른바 대외 의존도가 가장 높은 소재 중 하나이기도 했다. 이는 비단 한국뿐 아니라 칠레와 페루 같은 구리 생산국을 제외한 세계 대부분의 나라들이 마찬가지였다.

따라서 구리가격은 금이나 은, 원유가격과 같이 상시 유동성을 지니는 것이며, 런던금속거래소(LME)에 의해 그 시가가 매일 공시된다.

구리가격을 형성하는 원인 역시 단지, 수요와 공급비율에 따른 시장법칙뿐 아니라 마치 원유가처럼 국제 정치상황, 관세 협약, 생산국의 관련 정책변화 같은 다양한 변수들이 복합적으로 작용하는 것이기에 미래 가격전망은 누구도 정확히 예측할 수 없는 것이기도 하였다.

2000년대 들어 국제 동가는 2003년 이전까지 특별한 변동이 없었다. 수년 째 톤

당 1,500달러 수준을 유지했다. 약간의 오르내림이 있었지만 그 변동폭이란 미미한 수준이었기에 기업들은 동가 움직임에 대해 별 관심을 기울이지 않았다. 그러나 2003년에 이르러 서서히 이상기류가 감지되기 시작했다.

갑자기 닥친 위기, 구리가격의 폭등

개인 일상에 있어서든 기업경영에 있어서든 좋지 않은 예감이란 원래 잘 들어맞는 법이었다. 또 그런 뜻밖의 사건, 사태란 대개 모든 일이 술술 잘 풀려갈 때 발생하는 법이기도 했다.

2000년대 초반 삼동이 세계시장을 향해 순항을 이어가고 있을 때 결국 예기치 못한 사단이 일어났다. 바로 국제 원자재 파동 즉, 국제 구리 값 대폭등 사태가 벌어진 것이다.

2003년 하반기부터 조금씩 오르기 시작하던 동가는 그해 말에 이르러 30% 가까이 상승했다.

전례가 없던 현상이라 뭔가 조짐이 이상하고 불안했다. 그래도 이때까지는 다들 일시적 현상이겠거니 생각하고 넘겼다. 그러나 2004년에 접어들면서부터 상황은 심각해졌다.

2003년 말 2,000달러를 넘어선 동가는 해가 바뀌면서 연일 최고치를 경신하며 무려 3,000달러까지 치솟았다. 1년 만에 가격이 배 이상 급등한 것이다. 이 정도에서 그쳤다면 그나마 버틸만했다. 2005년에 이르러서는 4,000달러, 2006년에는 무려 8,000달러까지 폭등했다. 그야말로 동가대란이었다.

당시 동가 폭등의 원인으로는 중국의 구리 수요 급증과 채굴 원가 상승, 대규모 투기펀드의 원자재시장 유입 등 여러 가지를 꼽았지만, 사실 구리가격을 형성하는 요소란 워낙 다양하여 전문가들도 정확한 원인을 찾지 못했다.

어쨌든 당시 LME가 공시한 국제 동가는 2003년 1,500달러 수준에서 2006년 8,000달러 선까지 3년여 동안 4배 넘게 치솟은 것이다.

전혀 예기치 못한 그리고 도저히 예측할 수 없는 이 재난과도 같은 사태로 인해 삼동은 2004년부터 2006년까지 약 3년간 큰 어려움을 겪어야만 했다.

비상경영체제에 돌입하다

동선 제품 생산업은 원자재비 비중이 전체 매출액 7할 이상을 차지하는 사업이었다. 총 매출이 1천억 원이라면 그 중 700억 원 이상이 구리가격이라는 얘기다. 이처럼 막대한 비중을 차지하는 원자재비가 한두 해 사이 두 배, 세 배로 마구 치솟았으니 국내외를 막론하고 동선 생산기업들은 난리가 날 수밖에 없었다. 흔한 말로 6.25 때 난리는 난리도 아니었다.

원재료인 구리를 구입해야 동선을 생산할 수 있는데, 그 엄청난 규모의 원재료비를 자체적으로 조달하기란 어느 기업도 힘든 일이었다. 그야말로 여유자금을 동판처럼 쌓아놓고 사업을 하는 기업이 아닌 이상 불가능했다.

동가 파동으로 어려움을 겪은 것은 이른바 기업의 예측경영시스템, 리스크관리시스템에 문제가 있었던 것이 아니었다. 물론 동가 폭등에 대비, 미리 구리를 수 천, 수 만 톤씩 구입, 비축해 놓을 경우 일정 기간 어려움을 피할 수도 있을 것이었다. 그러나 이는 마치 쌀 값, 채소 값이 급등할 것에 대비, 몇 년 치 쌀과 채소를 미리 구입해 쌓아놓는 일과도 크게 다를 바 없는 일이었다. 그만큼 당시 동가 대폭등은 전혀 뜻밖의 사태였고, 아무도 예측할 수 없는 일이었다.

특히 그 시절 동선 생산업의 사업구조란 발주처로부터 납품일 몇 달 전 미리 주문을 받고, 주문 시점의 동가로 계약을 체결한 후 제품의 생산, 납품 뒤엔 또 일정 기간이 지나서야 대금을 지급받는 것이 통상의 관례였다. 따라서 수주사는 발주처로부터 일단 주문을 받은 후 그에 필요한 수량의 동을 자체 자금으로 구입해야만 했다.

그러다 보니 당시와 같은 상황에서 삼동과 같은 수주사는 당연히 자금회전에 큰 문제가 생길 수밖에 없었다. 더욱이 동가란 흔한 말로 한두 푼 하는 것도 아니었다. 그 무렵 삼동의 연간 생산량을 감안할 때 한 해에 동을 매입하는 데 드는 자금만도 2004년 시세 기준 무려 1,000억 원에 달했다.

이런 엄청난 규모의 자금을, 그것도 단기간에 어디서 어떻게 조달할 것인가?

2004년 초 삼동은 또 한 번 위기를 맞을 수밖에 없었다.

이이주 사장은 서둘러 비상경영체제를 구축했다. 그리고 목전에 닥친 위기를 타개할 특단의 전략을 수립, 실행하는 데에 전사적 역량을 투입해 갔다.

위기타개를 위한 세 가지 특단의 대책

흔히 '위기를 기회로 활용한다'거나 '저력 있는 기업일수록 위기 때 더 큰 힘을 발휘한다'는 말을 한다.

이는 당시 삼동을 두고 하는 말이라 해도 과히 틀리지 않았다. 결과적으로 보면 삼동은 이때의 위기를 계기로 향후 기업체질 강화는 물론 안정경영, 내실경영, 리스크관리경영의 정착기반을 다졌기 때문이다.

당시 이이주 사장이 수립한 위기타개 방안은 크게 3가지였다.

첫째, 향후 동가 변동에 대비, 수주계약 시 원가 연동제를 전면 실시할 것 둘째, 발주처에 사입(仕入) 또는 원자재 대금의 선지급 필요성을 설득, 요청할 것 셋째, 납품 대금의 지급기일을 최대한 앞당길 것 등이 골자였다.

이는 모두 당시까지의 거래관행에서는 전혀 없었던 일로 삼동이 업계 최초 시도한 것이었다. 하지만 그 조건을 하나씩 따져보면 거래처들 또한 별 이의 없이 수용할 합리적 조건이기도 했다.

우선 원가 연동제의 경우만 해도 그러했다. 이는 언젠가는 반드시 도입, 실행해야 할 사안이었다. 2004년 원자재 파동 이전에는 동가가 줄곧 안정세를 유지했기에 별 필요성이 없었지만, 이후 동가가 연일 천정부지로 치솟고, 그 현상이 언제까지 지속될지 예측 불가한 상황에서는 필연적 거래조건이었기 때문이다. 또한 이는 비단 수주사에만 유리한 것이 아니라 발주처에도 이로운 조건이었다. 왜냐하면 동가가 당시처럼 갑자기 폭등할 수도 있지만 또 어느 시점에 다시 폭락할 수도 있기 때문이었다. 따라서 계약 시점이 아닌 납품 시점의 동가로 대금을 정산함은 발주처 입장에서나 수주사 입장에서나 합당한 거래조건이었다.

그 연장선상에서 원자재 대금의 선지급 문제 역시 마찬가지였다. 사실 주문 당시의 동가 기준으로 수·발주 계약을 한 후 발주처에서 그에 해당하는 동가를 전액 선지급해준다면야 굳이 원가 연동제 자체를 실시할 필요도 없을 터였다. 왜냐하면 선지급받은 자금으로 즉시 동을 매입하면 되기 때문이다. 하지만 그 시절의 경우 발주처에서 동가를 선지급하는 사례란 거의 없었다. 납품을 하고 난 후에도 일정 기간이 지나야 대금을 지급하는 것이 오랜 관행이었다. 이 역시 그동안 동가가 계속 안정세를 유지했었기에 수·발주처 양측 모두 굳이 동가의 선지급 또는 납품대금의 조기 지급 필요성을 절실히 못 느꼈기 때문이었다.

사실 동가란 국제 공시가격인 만큼 이를 발주처에서 구매하든 수주처에서 구매하든 결국 동일한 가격으로 구매해야 하는 것이었다. 따라서 어차피 지급해야할 원자재대금이라면 자금사정이 여유로운 발주처 측이 동을 구입, 수주사로 사입해주거나 또는 대금을 미리 지급하는 것 역시 타당한 조건이었다.

납품대금의 지급기일을 다소 앞당기는 방안 또한 마찬가지였다. 발주처에서 수주사 사정을 감안, 다만 얼마라도 지급기일을 앞당겨 주는 일 역시 충분히 고려할 수 있는 일이었다. 따라서 이 사장이 제시한 3가지 방안 모두가 상식에 부합하는 거래조건들이었다.

그러나 세상일이란 모두 그리 이론처럼 쉽게 이루어지기 어려운 법이었다. 때로는 지극히 당위성을 지닌 일도 상식과 순리대로 해결되지 않는 예가 허다하였다. 그것이 이론과 현실의 괴리였고 차이였다.

따라서 당시 삼동이 이러한 조건들을 관철, 정착시키기까지는 상당한 어려움을 겪어야 했다.

가장 큰 애로와 장벽은 그동안의 오랜 거래관행이었다. 특히 쌍방의 이해타산이 맞물린 상거래에서 기존 관행을 무시하고 새로운 조건을 요구, 도입, 적용하기란 매우 힘들었다. 그 또한 이른바 갑이 아닌 을의 입장에서 통상의 관례를 벗어난 요구조건을 관철시키기란 더욱 그러했다. 이는 비단 상거래에 관한 의식개선 문제를 떠나 실무적 측면에서도 애로점이 있었다.

예컨대 발주처에서 이러한 새로운 제도를 도입, 실행하기 위해선 내부 규정의 개정은 물론 여러 단계의 설득과정과 결재승인 절차를 거쳐야 하는 어려움이 따랐던 것이었다. 하지만 삼동은 또 삼동대로 당시 위기상황을 벗어나기 위해서는 어떻게든 각 거래처를 설득, 이러한 조건들을 반드시 관철시켜야만 했다.

이이주 사장을 비롯한 삼동 영업부 임직원들은 이 같은 거래관행과 영업방식을 개선, 재정립하는 일에 전사적 노력을 기울여나갔다.

유동성 위기가 심화되다

동가 폭등이 계속되면서 삼동의 경영상황은 점차 어려워졌다. 물론 사업성이나 수익구조 자체에 문제가 있었던 것이 아니라 일시적 유동성 위기이긴 했지만 원자재 구입에 필요한 자금의 규모가 워낙 컸고, 동가 폭등 기간 또한 너무 오래 지속된 때문이었다. 당장의 유동성 위기만 타개하면 이후 오르는 동가는 어떻게든 거래처를 설득, 원가 연동제 실시를 통해 계약 시 단가에 반영할 수 있을 것이므로 큰 어려움이 없을 터였다. 문제는 당장 동을 구입할 운전자금이 부족한 것이었다. 쉽게 말해 원자재를 구입해야 제품을 만들고, 제품을 생산해야 납품을 하고, 납품을 해야 대금을 지급받아 자금회전을 시킬 수 있는 것인데, 가장 중요한 첫 관문이자 선결요건인 원자재 구매자금이 부족하니 그야말로 난감한 상황일 수밖에 없었.

게다가 동가 폭등 전 이미 주문받아 놓은 물량에 대해서는 고스란히 손실을 감수해야만 했다. 단가계약이 끝난 상황에서 동가가 올랐다는 이유로 발주처에 추가금을 요구하거나 납품을 미룰 수도 없는 일이기 때문이었다.

2004년 하반기에 접어들자 회사 자금사정은 더욱 경색되었다. 원자재 구입은 물론 직원들 급여를 제때에 지급하지 못할 정도로 자금난이 심화되었다. 그동안 순항을 지속하던 삼동호는 다시 심하게 흔들리기 시작했다.

이러한 위기상황 하에 앞장서 방향을 제시하고 파고를 헤쳐가야 하는 것은 결국 키를 잡은 선장일 수밖에 없었다.

이이주 사장이 전면에 나섰다. 당시 심각했던 상황을 서술함에 있어 다소 뭣한 표현이긴 하지만, 그는 역시 산전수전 다 겪은 역전의 용장이었다.

창업 초기 기업 부도를 맞아 그야말로 죽을 고비를 넘겼던 이 사장에겐 일면 이 정도 위기는 위기가 아닐 수도 있었다. 특히 기업가들의 경우 고난과 시련을 극복한 경험이란 그 무엇과도 바꿀 수 없는 소중한 자산이자 역량이 되는 법이었다.

이 사장이 다시 백방으로 뛰기 시작했다. 사람이란 원래 자신의 이익을 추구하는 일보다 주변인들에 대한 책임감, 사명감에서 혼신의 노력을 기울일 경우 그 의지와 역량이 몇 배 더 강해지게 마련이었다.

이 사장은 은행으로, 고객사로 밤을 낮 삼아 뛰어다녔다. 국내외 거래처를 오가며 많은 이들을 만났고, 그들에게 간곡한 상황설명과 설득을 하면서 문제를 하나씩 풀어나갔다.

원래 남에게 무엇이든 부탁하고 사정하는 것을 워낙 싫어하는 성격의 이 사장이었지만 이때는 상황이 상황이었던 만큼 어쩔 수 없는 일이었다.

당시 상황에 대해 후일 이 사장은 '회사 자금사정이 어려워 수백여 명 직원과 그 가족들 생계가 위협받는 실정이었고, 납품이 늦어질 경우 발주처 설비가 멈춰 설 판국이니 물불 가릴 계제가 아니었다'며, '그 시기 유동성 위기극복을 위해 그야말로 흑발이 백발이 되도록 노심초사했고, 내가 할 수 있는 노력은 다 했던 것 같다'고 회고했다.

다각적 자구노력, 마침내 위기를 극복하다

당시 동 파동으로 인한 자금난 해결을 위해 이이주 사장이 기울인 노력 또한 크게 세 가지로 요약할 수 있다. 이를테면 '三東의 三動 전략'이라 할 수 있었다.

우선 주거래 은행 관계자를 설득, 원자재 대금의 대출지원을 받는 일과 고객사 책임자를 만나 원가 연동제 실시 및 원자재 대금의 선지급 또는 사입을 요청하고 대금 지급을 조금이라도 앞당기는 일 그리고 소유 부동산을 매각하여 부족자금을 조달하는 일이 그것이었다.

이 사장은 우선 주거래은행인 한국산업은행을 통해 일정 자금을 지원받는 한편 주요 고객사를 방문, 구매책임자를 만나 부득이한 상황을 설명하고 협조를 구하는 일에 주력하였다. 특히 고객사 방문은 국내외를 가리지 않고 그동안 삼동과 오래 거래를 이어온 거의 모든 기업을 찾아다녔다.

이 사장은 그들에게 제반 상황을 설명하고 앞으로의 주문 계약에 대해서는 원가 연동제를 실시해 줄 것을 간곡히 요청했다. 그때까지 전례가 없었던 일이라 몇몇 고객사에는 난색을 표하기도 했지만 이 사장의 합리적이고 진솔한 설명과 요청에 대다수 고객사에서는 이를 긍정적으로 검토, 수용했다. 그동안 쌓아온 신용과 성실성과 진심의 힘이었다.

이때부터 국내 동선 업계 최초로 아니, 세계 동선 업계 최초로 원가와 연동한 수·발주 계약제도가 생겨나게 되었고 이후 점차 정착화되었다.

아울러 이 사장은 기존 주문 물량에 대한 동가의 선지급 또한 적극 요청했다. 다행히 국내외를 막론하고 고객사가 대부분 대기업들이라 자금사정이 그리 어렵지 않았기에 이러한 요청도 어느 정도 받아들여졌다. 다만, 일본의 도시바 등 삼동과 거래가 그리 오래되지 않았던 기업들에서는 이 사장이 전례 없는 요청을 해오자 '혹시 삼동의 경영상황이 매우 심각한 것 아니냐?'는 우려를 표하기도 했다. 하지만 이때에도 조력자가 나타나 도움을 줬다. 바로 일본 내 유력 전기기기 제조 사업가이자 이 사장의 오랜 절친 모리타 씨였다. 그는 일본기업 관계자들을 만나 '삼동은 이이주 사장이 살아있는 한 결코 부도날 일 없을 것이니 전혀 걱정하지 말고 선급금을 지급해도 된다'며 이들을 안심시켰다.

이밖에도 삼동과 거래가 오래된 여러 일본기업들에서는 대부분 이 사장의 방안을 수용하였다.

STORY IN HISTORY

會者定離, 어쩔 수 없는 이별의 아픔

2000년대 중반 동가 파동 시 일본기업들을 적극 설득, 원자재비 선급금을 지급받을 수 있도록 도움을 주는 등 삼동이 어려움을 겪을 때마다 지원을 아끼지 않았던 일본 동방전측기(東邦電測器)의 모리타 사장. 그와 이이주 사장의 우정 역시 필연인 듯 우연인듯 오래고 깊었다.

이 사장이 모리타 사장을 처음 만난 것은 1980년대 후반이었다. 그는 원래 일본 재력가에서 태어나 선대로부터 물려받은 전기기기 사업을 이어가고 있었다. 일본 오사카에 본사를 두고 변압기용 PTC제품을 수입, 후지전기와 미쓰비시, 히타치 등에 납품하였다. 그런 연고로 일본 변압기 회사들에 대해서는 인맥과 교분이 두텁고 넓었다. 그가 1980년대 후반 삼동 제품을 구입하고자 한국을 방문, 이 사장과 첫 만남을 갖게 된 것이다.

예나 지금이나 누구에게든 호감을 주고 남다른 인간적 매력을 지닌 이 사장에게 모리타 사장 역시 이내 빠져버렸다. 두 사람은 급격히 친해졌고, 이후 오랜 세월 동안 마치 친형제처럼 가깝게 지냈다. 특히 그는 삼동이 일본 시장에 진출하던 초기부터 일본 내 주요 기업들에 삼동 제품을 적극 소개, 추천해 주는 등 이 사장의 든든한 응원군 역할을 하였다.

한편 모리타 사장은 원래 부잣집에서 태어나 어려움이라곤 모르고 자란 탓에 그야말로 천하 한량 스타일의 호걸남이었다. 서울에 올 때마다 이 사장과 어울려 장안의 술집들을 순회하며 마음껏 흥취를 즐기곤 했다. 이에 주변 사람들은 '두 분 성격이나 스타일이 전혀 다름에도 어찌 그렇게 서로 친하게 지낼 수 있냐?'고 묻기도 했다. 이 사장은 그럴 때마다 '아마 서로가 너무 달라서 더 친한 모양'이라며 웃어 넘겼다.

이 사장 보다 열 살 쯤 위였던 모리타 사장. 그와 나이, 국적을 초월하여 30여년 넘게 우정을 이어온 이야기를 다 하자면 끝이 없을 정도다.

그중 한 가지만 소개하면, 2011년 초 모리타 사장이 이 사장을 만나러 한국에 왔을 때였다. 그는 저녁식사 자리에서 짐짓 심각한 어조로 말했다. '그동안 이 사장을 만나 참 즐거웠고 좋았다. 그런데 근래는 나이 탓인지 심장 기능이 자꾸 나빠져서 걱정이다. 이는 가족들에게도 아직 얘기 안했으니 이 사장만 알고 있으라'는 것이었다.

이 사장은 연치가 높은 분들이 흔히 할 수 있는 말인 만큼 그리 심각하게 받아들이지 않았다. 하지만 그는 결국 이 말을 끝으로, 그날의 만남을 마지막으로 얼마 후 유명을 달리하고 말았다. 사인은 급성 심장질환이었다.

이 사장은 애통한 심경을 가눌 수 없었지만 결국 회자정리(會者定離), 마음 깊이 추모하는 일 외엔 달리 방도가 없었다.

당시 모리타 사장의 나이 70여 세. 일면 그는 평생을 자신이 하고 싶은 일을 다 하며 그야말로 여한 없이 살다 간 분이기도 했다.

이후 그가 경영하던 회사 동방전측기는 그의 여동생이 대신 경영을 맡게 되었다. 당시 삼동은 그 회사에서 받아야할 미수금이 약 5억 정도 되었다. 삼동 제품을 구입, 후지전기 등에 납품한 대금이었다. 이 사장은 수금을 포기했다. 모리타 사장과의 생전 우정을 생각해서도 또한 갑작스런 오빠의 타계에 상심해있을 그의 동생을 생각해서도 그것이 도리라고 생각했다. 그런데 얼마 후 깜짝 놀랄만한 일이 일어났다. 대금결제 날짜에 5억 원에 가까운 미수금이 단 1원도 빠짐없이 삼동 통장에 입금된 것이다. 참 듣고 보고 믿기 힘든 일이 아닐 수 없었다.

이 사장은 모리타 사장과 함께했던 지난 시간들을 생각하면 지금도 가슴이 먹먹해지곤 한다.

삼동 직원들의 일본 후지전기 연수 시 자리를 함께했던 모리타 사장(뒷줄 오른쪽 첫번째). 그는 체격이 건장했고 성품 또한 호연지기가 넘치는 상남자였다.

당시 해외영업부 직원으로 이 사장을 수행, 일본 메이덴샤에 출장 갔던 우상민 이사의 회고.

"한번은 사장님을 모시고 메이덴샤에 갔었습니다. 창업 100년이 넘은 오랜 역사를 지닌 기업이었는데, 그 회사 임원들이 사장님을 대하는 태도를 보고 저는 깜짝 놀랐습니다. 흔한 말로 그쪽이 절대 갑이고 저희가 을인 입장이었음에도 그들이 사장님을 대하는 태도는 그야말로 극진하였습니다. 더구나 이미 주문받은 제품의 동가를 선지급해달라는, 당시로서는 전례가 없는 요청이었음에도 그들은 사장님 요청을 전향적으로 검토하고 결국 다 들어주었습니다. 그 밖의 다른 고객사를 방문했을 때 역시 거의 마찬가지였습니다. 평소 고객사로부터 얼마나 신뢰를 얻고 존경을 받게끔 처신하셨으면 저럴 수 있을까 내심 크게 놀랐습니다."

이 사장이 이처럼 일본뿐 아니라 싱가포르, 호주 등 해외 거래기업들을 직접 방문, 상황 설명을 하고 협조를 요청하면서 많은 기업들이 적극적으로 도움을 주기 시작했다. 호주 아레바를 비롯하여 일본 메이덴샤 그리고 싱가포르와 대만 거래처 등에서는 이 사장에 대한 신용 하나로 몇 백만 불씩 선급금을 지급해주기도 했다. 또한 내부 규정상 동가 선지급이 어려운 지멘스 등 일부 고객사의 경우 직접 동을 구매, 사입해주었으며, 국내 기업들 역시 납품대금 지급기일을 앞당겨 주는 등 다각적 방법으로 지원을 아끼지 않았다.

삼동은 이렇게 하여 차츰 급한 불을 꺼나갔다.

그러나 2005년에 이르러서도, 그 이듬해에 이르러서도 동가는 끊임없이 치솟기만 했다. 고객사들의 적극적 협조 하에 점차 시간이 지나면서 경영상황은 다소 호전되었지만 여전히 자금난에서 완전히 벗어날 수는 없었다.

이에 따라 삼동은 다각적 방법으로 자구노력을 병행해 나갔다.

우선 충남 아산공장을 매각하여 그 일부는 은행대출금을 상환, 이자부담을 줄이는 한편 남은 자금은 원자재 구입비 등 운전자금으로 충당했다. 또한 2005년을 기점으로 대다수 거래기업과의 원가 연동제가 정착되었으며, 납품대금 지급기일도 조금씩 앞당겨졌다. 이에 더해 원자재 비축량도 꾸준히 늘려나갔고, 헷지

(Hedge)대책 또한 적극 강구했다.

삼동 노조에서도 조합원 결의를 통해 상여금을 반납하는 등 고통 분담, 위기극복 노력에 자발적으로 동참해주었다. 특히 동가 파동 기간에도 매년 수주액이 꾸준히 증가한 것 역시 위기타개에 큰 몫을 하였다.

이런 다각적 노력에 힘입어 삼동의 경영상황은 다시 호전되기 시작했다.

2006년에 이르자 마침내 고난의 행로가 끝나고 출구가 보이기 시작했다. 이이주 사장은 당시를 '마치 길고 어두운 터널을 빠져나온 듯한 느낌이었다'고 회고했다. 이처럼 삼동이 동가 파동의 난국을 극복하고 경영정상화를 이루는 데엔 꼬박 3년이란 기간이 걸렸다.

4. 위기 속에 꽃피운 빛나는 경영성과

땀과 열정으로 이룬 금자탑 '1억 불 수출의 탑' 수상

삼동은 2004년부터 2006년까지 근 3년간 동가 파동이라는 거센 풍랑 속에서도 미래도약을 향한 전진을 이어갔다.

이이주 사장을 비롯한 영업부서에서는 유동성 위기 타개와 수주확대를 위한 노력에 전념했고, 다른 직원들 역시 생산활동에 더욱 박차를 가했다.

한 가지 다행이었던 점은 당시 동가가 그리 올랐음에도 국내외의 전체 동선 수요는 크게 줄지 않았다는 점이었다. 동선은 일반 소비재가 아닌 사회 인프라 구축에 필요한 공공재 성격을 지닌 데다 이를 최종 구매, 집행하는 주체 역시 대개 정부기관이거나 공기업, 대기업들이기에 가격상승의 영향을 크게 받지 않은 때문이었다.

이러한 상황 속에서 더 높은 고지, 더 넓은 세계를 향한 삼동의 질주는 계속되었다. 특히 어느 시기, 어떤 여건 하에서든 삼동의 가장 중요한 과제는 해외시장을 개척하고 수주물량을 늘리는 일이었다.

삼동은 동가 파동을 겪던 2000년대 중반에도 글로벌시장 확대에 주력, 상당한 성과를 거두었다.

2004년 태국 티라타이 퍼블릭 컴퍼니, 호주의 블랙번 일렉트릭에도 납품을 시작하였으며, 2006년에는 아레바 오스트레일리아, 아레바 인디아, 프로렉 GE와도 거래를 시작하는 등 꾸준히 시장을 넓혀갔다.

그러한 노력의 결과는 값지고 빛나는 것이었다.

삼동은 2005년 마침내 수출실적 1억 달러를 달성, 이듬해인 제43회 무역의 날 '1억 불 수출의 탑'을 수상하였다. 이는 그야말로 당시 어렵고 힘든 상황 속에서도 삼동 구성원들의 땀과 열정으로 쌓아올린 빛나는 금자탑이었다.

극동산전 인수, 계열사로 편입하다

기업이란 대내외 경영환경 변화에 따라 갑자기 어려워지기도 하지만 또 제반 여건이 좋아지면 빠른 시일 내 회복세, 성장세로 돌아서기도 하는 법이었다.

2004년 동가 파동으로 심한 어려움을 겪었던 삼동은 고객사의 선지급금 지원과 원가 연동제 확대 실시 등으로 차츰 유동성이 나아지며 새로운 투자여력도 갖추게 되었다. 이에 삼동은 2005년 동종 업체인 극동산전을 인수, 계열사로 편입하였다.

극동산전은 1990년대 설립된 마그네트와이어 생산 회사로 삼동과는 일정 기간 OEM방식의 거래관계를 이어왔으며, 공장 위치 또한 음성 본사 인근에 소재해 있었다. 그러나 동가 파동 여파로 극동산전의 경영이 어려워지면서 삼동은 생산역량 확충 및 국내 다품종 시장공략, 각 고객사별 맞춤형 제품 공급 등 시너지효과를 제고할 목적으로 이를 인수한 것이었다. 또한 동선 사업의 특성상 워낙 원가비중이 높다 보니 가능한 많은 생산물량을 확보, 가공 부문에서의 이윤비중을 높여보자는 전략의 일환이기도 했다.

당시 삼동은 극동산전의 채무를 승계하는 조건으로 지분을 인수, 실제 인수자금은 그리 많이 들지 않았다.

01. 2006년 1억 불 수출의 탑 수상.
02. 극동산전 전경.

삼동은 2005년 마침내 수출실적 1억 달러를 달성, 이듬해인 제43회 무역의 날 '1억 불 수출의 탑'을 수상하였다. 이는 그야말로 당시 어렵고 힘든 상황 속에서도 삼동 구성원들의 땀과 열정으로 쌓아올린 빛나는 금자탑이었다.

이후 극동산전은 삼동의 음성공장과 연계하여 나환동선, 에나멜 평각선 등을 생산하며 소량 다품종 위주의 생산활동을 지속하였다.

다시 순항의 닻을 올리고

삼동은 2000년대 중반 동가 파동으로 인한 어려움 속에서도 수출실적뿐 아니라 생산 및 기술, 경영 부문에서 역시 괄목할 성과를 거두었다.

2005년 7월에는 일본 특허청으로부터 Compressor Driving Motor 공법에 대한 특허를 취득하였으며, 같은 해 8월에는 산업자원부로부터 '부품소재 전문기업'으로 선정되기도 했다. 또한 국내 주요 거래기업은 물론 일본, 독일, 호주기업들로부터 품질향상, 원가절감, 납기준수에 기여한 공로로 우수협력자상과 감사장 등을 매년 수상하기도 했다.

매출실적 또한 꾸준히 상승했다.

동가 파동 초입기인 2003년 1,500여억 원의 매출을 기록했던 삼동은 동가 파동이 본격화된 2004년에는 오히려 그 배에 가까운 2,700여억 원의 매출실적을 기록했다. 물론 동가 상승으로 전체 매출규모가 함께 늘어난 이유도 있었지만, 수주량 자체도 상당량 증가하였다. 이는 당시 삼동의 경영난이 일시적 유동성 위기였을 뿐 사업구조나 기업의 성장잠재력에 전혀 문제가 없었음을 입증하는 것이기도 했다. 이어 동가 파동에 따른 어려움이 최고조에 달했던 2005년도 역시 2,500여억 원의 매출을 기록, 예년 수준을 유지했으며, 원가 연동제 실시 등으로 동가 파동 여파에서 완전히 벗어난 2006년에는 2,700여 억 원을 기록, 제반 경영상황은 다시 안정세, 성장세로 돌아섰다.

직원들 헌신에 대한 고마움과 보답

누구든 한때 어려운 시기를 지나고 나면 늘 마음에 남는 것은 당시 도움을 받았던

01. 현재 임원들과 함께한 이이주 사장.

01.

동가 파동으로 힘든 상황 속에서도 삼동을 끝까지 믿어주고 지원해 주었던 국내외 고객사 임직원들과 여러 지인 그리고 삼동 가족이 그들이었다. 특히 이이주 사장은 당시 모두가 한마음이 되어 위기극복 노력에 동참해 준 임직원들에 대한 고마움이 컸다.

이들에 대한 감사함이었다.

동가 파동으로 힘든 상황 속에서도 삼동을 끝까지 믿어주고 지원해 주었던 국내외 고객사 임직원들과 여러 지인 그리고 삼동 가족이 그들이었다.

특히 이이주 사장은 당시 모두가 한마음이 되어 위기극복 노력에 동참해 준 임직원들에 대한 고마움이 컸다.

한창 자금난이 심화되었을 시기에는 월급마저 제 날짜에 지급 못했음에도 상여금은 물론 제반 업무수당까지 자발적으로 반납하며 경영정상화를 도운 임직원들에 대해 고마움과 미안함을 잊을 수 없었다.

이 사장은 회사가 유동성 위기에서 벗어나자마자 직원들의 밀린 상여금과 제반 수당부터 챙겼다. 그들의 헌신적 노력에 조금이라도 보답할 길은 우선 그 길 밖에 없었기 때문이었다.

이 사장은 '회사가 이익이 났을 때 모든 임직원들이 만족할 수 있도록 충분한 보상을 해줄 수 있다면 얼마나 좋을까' 하는 생각을 늘 하곤 했다. 직원들에 대한 예우를 국내 최고 수준으로 해주고 싶다는 것은 이 사장의 오랜 소망이자 한결같은 진심이었다. 그러나 사업이란 워낙 대내외 변수가 많다보니 당시 동가 파동처럼 언제 어떤 일이 발생할지 모르는 것이었다. 그럴 경우 한번 높여 놓은 처우기준을 다시 하향조정하기란 어려운 일이었다. 따라서 이 사장은 늘 현재의 시점과 기준에서라도 구성원들 노력에 대해 최대한 보상을 더해주고자 노력했다.

당시 입사 초년병이었던 해외영업부 우상민 이사의 회고.

"동가 파동으로 한창 어려울 때는 월급이 제 날짜에 지급되지 않은 적도 있었습니다. 그런데 얼마 지나고 나자 한 달에 두 번, 세 번 월급과 상여금, 제반 수당 등이 통장으로 막 들어오는 겁니다. 이거 뭐지? 하고 내심 놀란 적이 있었습니다."

5. 지속적인 투자, 국내외 생산기지의 확장

해외 생산기지 설립을 결정하다

2000년대 후반 동가 파동으로 인한 위기에서 완전히 벗어난 삼동은 국내외에 신규투자도 지속적으로 추진했다.

2007년 미국 테네시공장과 2009년 오하이오공장 설립에 이어 계열사 씨티아이 설립에 이르기까지 생산기지 확장 및 설비투자를 끊임없이 단행한 것이다.

주변에서는 '너무 무리한 사업확장과 시설투자 아니냐?'며 우려를 표하기도 했다.

이에 대해 이이주 사장은 예의 '자전거 이론'을 강조했다.

'기업을 경영하는 일은 자전거 타기와도 같다. 자전거는 계속 페달을 밟지 않을 경우 이내 넘어지고 말 듯이 기업 또한 쉼 없는 가속경영을 통해 앞으로 전진하지 않으면 결국 도태되고 만다'는 것이었다. 일면 약간의 논리비약으로 들릴 수도 있는 예이지만, 그러나 이는 이 사장이 오랜 사업과정을 통해 스스로 체득한 자연이치이자 과학적 원리이기도 했다. 사실 따지고 보면 물리학의 운동법칙이나 열역학의 에너지 전환법칙 또는 '생산규모가 증가하면 평균비용이 감소하고 기업이익은 증대한다'는 '규모의 경제이론'과도 일맥상통하는 논리였기 때문이다.

그러한 경영전략과 신념의 연장선상에서 이 사장은 2007년 기업의 가속경영, 영속경영 실현을 위해 또 다시 과감한 투자를 단행했다. 바로 미국 테네시주에 현지 공장설립을 추진한 것이다.

당시 이 사장이 미국에 새로운 생산기지 건설을 결행한 것은 세계 동선 산업의 지형을 바꿀 만큼 획기적 사건이었다. 삼동은 테네시공장 설립을 계기로 이후 오하이오공장, 조지아공장까지 잇달아 설립하며 미국 시장에서 CTC 분야 마켓 점유율 1위 기업으로 도약하는 기반을 다졌기 때문이다.

또한 이 사장의 테네시공장 설립 결정은 미주 시장공략에 그치지 않고 인접국인 멕시코와 캐나다, 콜롬비아 그리고 유럽 시장 진출의 교두보 내지 전진기지로 삼겠다는 야심찬 전략이기도 했다.

이 사장의 이러한 거시적, 미래지향적 기업전략은 향후 산업의 흐름과 시장전망을 예견하는 남다른 통찰력과 함께 지치지 않는 열정, 부단한 도전정신이 있었기에 실행가능한 일이었다.

미국 테네시공장 설립, 21세기형 아메리칸 드림 실현을 위해

삼동 이이주 사장은 무슨 일이든 일단 작심하고 나면 실행 또한 빨랐다. 테네시공장 설립 추진과정도 마찬가지였다. 이 사장이 미국 현지 공장설립을 결정한 뒤 후속작업을 추진하는 데는 그리 오랜 시간이 걸리지 않았다. 이는 역으로 말하면 이미 사전에 미국시장에 대한 철저한 분석과 사업 타당성 연구가 뒤따랐음을 반증하는 것이기도 했다. 또한 수십 년간 동선 사업을 영위해 온 이 사장에게 있어 그 몇날 며칠의 숙고기간이란 일반인들의 몇 달, 몇 년만큼 긴 시간일 수도 있었다.

당시 테네시공장 설립을 결단, 추진한 일에 대해 후일 이 사장은 '모든 사업환경이 생소하기만 했던 미국에 현지 공장을 설립, 가동하겠다고 결단한 것은 나 스스로 생각해도 과감한 도전과 용기였다'고 술회할 만큼 큰 모험이었고 대역사(大役事)였다.

한국기업으로서 세계 제일의 선진국 미국 영토를 확보, 공장을 짓고 미국인들을 고용, 생산활동을 하고, 나아가 미국 시장에 제품을 판매, 큰 성과를 거두겠다는 야심찬 계획과 꿈은 그야말로 21세기형 '아메리칸 드림'을 실현하는 일이기도 한 때문이었다.

해외 생산기지 설립 추진 동기 및 배경

이이주 사장이 2000년대 후반 해외 생산기지 설립을 본격 구상, 결정하게 된 배경과 동기, 목적과 과정 등을 구체적으로 살펴보면 다음과 같다.

이 사장은 1990년대부터 해외시장 개척에 주력하면서 해외 생산기지 건설은 필연의 당위임을 인식하였다. 국내 공장만으로는 수출 시 지리적 여건과, 운송비용, 납기와 관세 등 여러 면에서 불리한 점이 많았기 때문이었다.

'그렇다면 어느 나라, 어느 지역에 공장을 설립할 것인가?'

이 사장은 적정 국가와 대상 지역을 놓고 한동안 고민하였다.

그 시절에는 이른바 '세계의 공장'으로 불리는 중국 진출 붐이 한창일 때였다. 마치 골드러시 때 금광을 찾아 모여 들던 군중처럼 세계 각국의 기업들이 중국으로 몰려들었다. 당시 낮은 임금과 풍부한 노동력, 잠재적 시장수요가 큰 중국에 거는 기업들의 기대는 매우 높았다. 그 시절 우리나라 기업들 역시 국내에 산업 공동화현상이 빚어질 만큼 앞 다투어 중국으로 생산기지를 이전하였다.

이 사장이 해외 공장설립계획을 처음 밝히고 대상 국가를 물색할 때 역시 주변 모든 이들은 당연히 중국진출을 권했다. 그러나 이 사장의 생각은 달랐다. 아무리 검토해 봐도 중국은 아니라는 생각이 들었다. 이는 남들 따라하기를 무엇보다 싫어하는 이 사장 특유의 독창적, 역발상적 성향 때문만은 아니었다. 거기에는 나름 충분한 이유가 있었다.

우선 해외 공장을 설립했을 때 생산량의 일정 부분은 현지 시장에 공급할 수 있어야 하는데, 당시 중국의 경우 저가 동선 제품의 난립 등으로 가격경쟁력을 지닐 수 없을 것이기 때문이었다. 지리적으로 볼 때도 시장규모가 가장 큰 미주나 유럽 시장으로 수출 시 운송여건이 불리한 것 또한 문제였다. 그럴 경우 한국에서 생산을 하는 것이나 중국에서 생산을 하는 것이나 별반 차이가 없을 터였다. 그리고 다른 나라들에 비해 임금이 낮다고는 하지만 세계의 공장들이 대거 중국으로 밀려드는 만큼 그런 메리트마저 곧 사라지게 될 것이라는 생각이 들었다.

결과적으로 이 사장의 이러한 예측과 판단은 정확했다. 당시 중국으로 진출했던 수많은 기업들 대부분이 얼마 못 가 현지화에 실패하고 출구전략 마련에 급급했던 것이다.

이 사장이 중국 다음으로 검토한 곳은 인도와 멕시코였다. 그러나 인도의 경우 자체 시장도 넓고 노동력도 풍부한 반면 정치, 사회, 문화적으로 북인도와 남인도로 나뉘어져 하도 복잡하게 얽히고설킨 데다 곳곳에 위험요소들 또한 너무 많았다. 기업이란 이윤 다음으로 중요하게 살펴야 하는 것이 리스크 관련 사항임을 누구보다 잘 아는 이 사장으로선 내키지 않는 일이었다.

그 다음 멕시코의 경우 당시 지멘스 등 거래기업에서 현지 공장을 설립할 경우 파격적 지원을 해주겠다는 제안도 있었다. 하지만 멕시코는 무엇보다 노동력의 질이 너무 낮았다. 낙천적 사회문화로 인해 국민들의 근로의욕이 부족하여 출근율도 저조하고 이직율도 높았다. 그러한 노동력으로는 삼동이 원하는 품질과 생산성을 유지, 달성하기 힘들다는 판단에서 역시 제외했다.

최종 검토대상이 된 곳은 역시 미국이었다.

예나 지금이나 미국의 경우 세계 최고 선진국이고 임금 수준 또한 높을 것으로 예상하여 한국의 중소기업들은 감히 미국에 공장을 설립할 엄두를 내지 못했다. 그러나 이런 점에 있어서도 이 사장의 생각은 남달랐다. 기술과 품질에서 자신감이 있다면 오히려 미국에 공장을 짓고 현지 마켓 및 인접국 시장을 적극 공략하는 편이 다른 나라에 생산기지를 설립하는 것에 비해 훨씬 유리할 것이라는 역발상을 한 것이다.

특히 1990년대부터 글로벌 거대 마켓 미주 시장 공략을 꿈꿔왔던 이 사장은 2000년대 초 미국 워크샤와 멕시코의 지멘스 변압기공장 등에 납품을 시작하면서 현지 공장설립의 필요성을 더욱 절실히 인식했고, 제반 사업환경 또한 보다 자세히 파악했기 때문이기도 하였다. 예컨대 미국에 공장을 설립했을 경우 미국 시장은 물론 인근 멕시코와 캐나다, 콜롬비아, 멀리는 유럽 시장을 공략하는 데에도 유리한 점이 많았던 것이다. 운송기간 단축 및 비용절감은 물론 이로 인한 납기와 가격경쟁에서도 우위를 점할 수 있고, 미국 수출 시 부과되는 높은 관세도 감면받을 수 있었기에 더욱 그러했다.

뿐만 아니라 미국 전력시설의 대부분이 30년 이상 노후한 것으로 변압기 등 시설물의 교체시기에 이른데다 미국 정부의 국가 전력망 확장 및 현대화정책이 본격 시행될 경우 향후 수요전망 역시 밝았다. 특히 미국은 내수용 변압기 80% 정도를 수입에 의존하고 있었고, 이를 공급하는 기업들 또한 삼동 고객사가 다수였기에 더욱 그러하였다.

이외에도 초기 투자비용과 인력확보, 인허가 문제, 현지에서의 생산, 영업활동 여건 등을 종합적으로 분석해 봤을 때 현지 공장의 설립, 운영이 충분히 가능하고 승산 또한 높다는 판단이 들었다.

이에 따라 이 사장은 마침내 미국 현지 공장을 설립하기로 최종 결정한 것이었다.

최적의 입지를 찾아라, 테네시공장 설립 추진과정

2007년 하반기, 이이주 사장은 우선 미국 내 공장부지와 건물 물색에 나섰다.

생산시설의 입지여건이란 한번 선정하고 나면 반영구적으로 활용해야 하는 것이므로 그 어떤 일보다 신중히 선택하고 결정해야만 했다. 또 그런 중요한 선택과 결정을 스스로 판단, 실행하는 일은 언제나 힘들고 고독한 결단이기도 했다.

이 사장은 최적의 입지를 물색, 선정하고자 모든 노력을 기울였다. 지인들로부터 소개를 받아 넓은 미국 땅 곳곳을 찾아다니기도 했고, 손수 렌터카를 운전, 켄터키와 버지니아, 노스캐롤라이나주 등 10여개 주를 샅샅이 훑고 다니기도 했다. 또한 지도에 의지해 하루 10시간 이상 이곳저곳을 헤매 다니며 마땅한 입지를 물색하기도 했다. 그 과정에서 어렵사리 발견한 곳이 바로 지금의 테네시공장 터였다. 미국 남동부 테네시주의 작은 도시 로저스빌에 위치한 공장건물은 대지면적 38,768 ㎡, 건축 연면적 10,131 ㎡로 원래는 알루미늄 제품을 생산하던 공장이었다.

교외의 한적한 마을에 위치해 있었고, 기존에 공장건물로 사용했던 곳이라 동선 생산시설로 재허가를 받아 가동하는 데에 별 문제가 없어보였.

이 사장은 주변환경과 건물상태, 제반 요건들을 세밀히 점검한 후 이곳을 삼동의 새로운 생산기지로 최종 결정, 매입계약을 체결했다. 공장이 도심에서 다소 떨어진 지역에 위치해 있었던 관계로 매입대금은 그리 높지 않았다. 당시 부지와 건물 매입비로 약 80만 달러 정도가 투자되었다. 이후 공장 건물을 동선 생산구조에 맞춰 새롭게 리모델링하는 데에는 약 6개월 정도가 소요되었으며, 제품생산에 필요한 주요 설비들은 한국에서 이전해 오기도 했고, 현지에서 새로 구입하기도 했다.

공장 사용허가를 받을 때 역시 환경 관련 사항만 다소 까다로웠을 뿐 별다른 어려움이 없었다. 당시 미국도 한국처럼 공무원들이 자신들 관할 지역에 공장유치를 하고자 적극 노력했다. 이에 지방 관리들이 행정적인 제반 문제에서부터 인력을 구하는 일에 이르기까지 친절하게 설명, 지원해줬다. 특히 직원들을 모집할 때는 관할 지역 노동사무소에서 주민들을 대상으로 홍보와 안내를 하는 등 많은 도움을 주었다. 따라서 직원을 채용함에 있어서도 별 애로를 겪지 않았다. 특히 당시에는 미국의 실업률이 높았을 때라 인근에 거주하는 나이든 이들과 여성들도 많이 지원했다. 시간당 초임은 12달러 정도로 임금수준도 그리 높지 않았다. 단지, 생산성이나 근로의욕은 한국 근로자들에 비해 다소 낮은 편이었다. 설립 당시 직원 수는 한국에서 지원 간 직원 10명 정도를 포함, 약 100여 명 정도였.

삼동은 미국 현지에서 채용한 직원들을 공정에 따라 3~4주 동안 실무교육을 시킨 후 현장에 투입했고, 공장 운영책임자는 삼동 본사 간부직원을 임명하였다.

이렇게 하여 마침내 삼동의 미국 내 첫 생산기지 테네시공장이 탄생하였다.

테네시공장 OPEN 행사를 개최하다

한국기업으로서 세계 최고, 최강의 나라 미국에 당당히 자기 영토를 확보, 사업터전을 마련한 일은 기념하고 축하받아 마땅한 일이었다.

삼동은 2008년 4월 15일 국내외 거래처 관계자 및 지역인사들을 초청, 테네시공장 OPEN 행사를 개최하였다.

100여 명이 넘는 축하객들이 참석한 가운데 이이주 사장은 '삼동의 첫 해외 생산기지 테네시공장 오픈을 매우 기쁘고 뜻 깊게 생각한다'고 인사한 후 '앞으로 이곳에서 함께 일할 분들은 모두 인근 주민들을 고용할 것이며, 생산 제품 또한 주로 현지 시장과 인접국 고객사에 납품함으로써 미국 사회는 물론 테네시 지역경제 발

01. 2007년 테네시 로저스빌 공장 전경.

01.

전에 적극 이바지하겠다'는 뜻을 밝혔다.

또한 이 사장은 '기업의 중요한 사명은 고품질의 제품을 생산, 적정가격으로 고객들에게 공급하는 것'이라 강조하고, '앞으로 CTC제품의 품질수준을 높이기 위해 원재료인 무산소동은 운반비와 시간이 다소 소요되더라도 한국 본사에서 운송해 올 것'이라는 공장운영계획도 밝혔다.

이렇게 하여 삼동은 마침내 미국과 중남미 국가로의 수출물량을 현지에서 직접 생산, 공급할 수 있게 되었다.

해외시장 개척의 큰 성과, 수출 2억 불을 달성하다

2008년에 이르러서는 글로벌 금융위기가 발발, 국내외 많은 기업들이 어려움을 겪었다. 하지만 삼동의 경우 일반 시장경기에 크게 영향 받는 업종이 아니다보니 별다른 어려움 없이 성장을 지속할 수 있었다.

특히 이 해 삼동에는 여러 가지 의미 있는 일들과 기념비적 성과가 있었다.

우선 그동안 해외시장 개척에 전사적 노력을 경주, 수출 2억 불을 달성함으로써 제 45회 무역의 날 '2억 불 수출의 탑'을 수상하였다. 2006년 1억 불 달성 이후 불과 2년 만에 배 이상의 수출증가 실적을 거둔 것이다. 이와 함께 이이주 사장 역시 무역진흥 및 산업발전에 기여한 공로로 석탑산업훈장을 수훈하는 영예를 안았다. 그동안 오직 사업활동에만 전념하며 경제단체 가입이나 교류 등 대외활동에 전혀 관심을 두지 않았던 이 사장이었지만, 정부가 국가경제 발전을 위해 묵묵히 헌신해온 숨은 기업인들을 찾아 그 노고와 공로를 기려 포상한 것이었다.

사실 삼동의 동선 사업은 사회적 기여 측면으로 볼 때 고용효과 제고는 물론 수출을 통한 국부창출, 세수의 증대, 지역경제 및 산업발전 기여도 등이 지대한 사업이었다. 특히 동선 제품이란 일반 소비재와 달리 주로 국가 전력망이나 주요 기간 산업시설에 활용되는 공공재로서의 성격을 지닌 것이기에 그에 따른 사회적 편익창출 효과 또한 매우 컸다. 따라서 삼동은 굳이 별도의 사회공헌활동을 하지 않아도

01. 삼동 이이주 사장은 2008년 '석탑산업훈장' 수훈과 함께 '2억 불 수출의 탑'을 수상하였다.

01.

삼동은 이밖에 2008년 기획재정부장관으로부터도 성실한 납세를 통해 국가재정에 기여한 공로로 표창을 받았으며, 신용보증기금은 유망중소기업 육성 차원에서 15억 원에 달하는 삼동의 주식을 유상증자 방식으로 매입하기도 하는 등 기업역량과 가치, 경영성과를 대외에 크게 드높였다.

기업의 지속성장 그 자체로서 이미 국가사회 발전에 지대한 공헌을 하고 있다 해도 과언이 아니었다.

삼동은 이밖에 2008년 기획재정부장관으로부터도 성실한 납세를 통해 국가재정에 기여한 공로로 표창을 받았으며, 신용보증기금은 유망중소기업 육성 차원에서 15억 원에 달하는 삼동의 주식을 유상증자 방식으로 매입하기도 하는 등 기업역량과 가치, 경영성과를 대외에 크게 드높였다.

연이은 생산기지의 확장, 미국 오하이오공장 설립

전년도 테네시공장을 설립, 본격 가동에 돌입한 삼동은 2009년에 이르러 또 다시 대규모 해외투자를 단행하였다.

미국 중동부에 위치한 오하이오주 델라웨어에 무산소동(銅) 공장을 설립, 제2의 해외 생산기지를 구축한 것이다. 이는 전년도부터 미국과 멕시코, 캐나다, 콜롬비아 지역의 공급물량이 크게 증가했던 데다 향후 수요전망 역시 매우 밝았기에 선제적 투자를 단행한 것이었다.

특히 테네시공장이 생산하는 CTC제품 원재료인 무산소동(銅)을 그동안 한국 본사에서 운송해오다 보니 시간과 비용이 많이 소요되었다. 이에 따라 삼동은 미국 현지에서 무산소동을 자체 생산할 방안을 찾고 있었다. 그러던 중 또 우연히 시기와 조건에 부합한 공장매물이 나왔고, 이이주 사장이 이를 전격 인수한 것이었다. 이때에도 행운이 따라줬다.

2008년 말 이 사장은 삼동 테네시공장이 무산소동을 구입해오던 루바타라는 기업에 공장견학도 할 겸 임원들과 인사도 나눌 겸 직접 방문을 하게 되었다. 당시 루바타는 스웨덴의 유명 투자사인 노르딕캐피탈이 경영하던 기업으로 세계 각국에 20여 곳이 넘는 다양한 소재 공장을 가동하고 있었다. 루바타 오하이오공장 역시 무산소동공장과 스테인리스공장을 함께 가동 중이었는데, 스테인리스공장의 경우 별 문제가 없었던 반면 무산소동공장은 가동률이 매우 낮았다. 당시엔 무산소동을 사용, 동선을 생산하는 미국 내 업체가 그리 많지 않았기 때문이었다. 따라서 루바타 경영진은 스테인리스공장의 경우 자신들이 계속 운영을 하고 무산소동공장은 매각을 검토 중이었다. 그러던 차 때마침 삼동 이 사장이 공장을 방문하게 되자 담당 임원이 이 사장에게 공장 인수의향을 타진하였고, 이를 계기로 인수 협상이 본격 진행된 것이었다.

이 사장은 그들이 제시한 제반 조건 등을 면밀히 검토한 뒤 충분한 사업성이 있다고 판단, 2009년 초 토지와 건물, 설비는 물론 보유 중인 원재료까지 모두 인수, 미국 내 두 번째 생산기지를 구축하게 된 것이었다.

오하이오공장 가동 돌입, 미주 시장을 본격 공략하다

당시 삼동이 인수한 오하이오 무산소동 생산공장은 대지면적 74,494㎡, 건축 연면적 17,785㎡ 규모에 이르는 대단위 공장이었다. 연간 3만 톤 이상 무산소동을 생산할 수 있었고, 인수비용만도 총 195억 원(1,500만 달러)에 달했다.

삼동은 이처럼 과감한 투자를 단행, 글로벌 생산체제를 구축함으로써 이후 테네시공장과 연계, 최고 품질의 CTC제품을 적정가격으로 미주 지역 고객사들에 공급할 수 있게 되었다.

특히 오하이오주는 자동차산업이 발달한 디트로이트와 근접하여 지역경제가 활성화되어 있었고, 노동력의 질도 비교적 높아 생산성 제고는 물론 물류여건 또한 좋은 편이었다.

인수 초기 직원규모는 약 80여 명으로 일부 기술진을 제외한 현장인력은 거의 현지 주민들을 채용, 일정 기간 교육 후 실무에 투입하였다.

오하이오공장의 가동 준비작업은 전년도 테네시공장 가동 경험을 바탕으로 신속하게 진행되었다. 기존 공장을 인수한 데에다 원재료는 물론 심지어 치공구까지 모두 넘겨받은 덕분에 즉각 생산활동에 돌입할 수 있었다. 이후 무산소동뿐 아니라 나환동선, 나각동선 등 일반 동선 제품 생산설비 및 공정도 추가 설치, 생산을

01. 오하이오 델라웨어 공장 전경.

01.

2009년 6월 17일에는 오하이오공장 설립을 기념하여 오픈 행사를 열었다. 이 행사에는 오하이오주 의회 의원들과 행정 관리 등 100여 명이 참석, 삼동의 두 번째 미국 생산기지 설립을 축하했다.

02. **2009.06.17.** 오하이오공장 오프닝 행사.

02.

시작했다.

이로써 삼동은 미국 내에서 무산소동 CTC제품으로 시장점유율 60% 이상을 확보하는 기반을 굳히게 되었다.

한편 2009년 6월 16일에는 오하이오공장 설립을 기념하여 오픈 행사를 열었다. 이 행사에는 오하이오주 의회 의원들과 행정 관리 등 100여 명이 참석, 삼동의 두 번째 미국 생산기지 설립을 축하했다.

계열사 씨티아이 설립, 원재료에서부터 부재료까지 직접 생산체제를 갖추다

2009년 삼동의 투자활동, 사세확장 작업은 해외 생산기지 구축에 그치지 않았다. 국내에도 계열사를 설립, 생산 및 사업체제의 효율화를 도모하였다.

삼동은 2009년 초 에나멜 동선용 바니시를 생산하는 경기도 평택 소재 씨티아이㈜를 인수, 계열사에 편입하였다.

삼동은 그동안 CTC 동선 가공 시 핵심 부재료인 바니시를 외부에서 조달해 왔으나 보다 우수한 도료의 자체 개발 및 생산을 통해 동선의 품질을 제고하고 안정된 물량과 가격을 확보하고자 이 회사를 전격 인수, 직접 생산에 돌입한 것이다.

'바니시'란 천연수지나 합성수지를 녹여 만든 도료(塗料)로써 금속에 코팅할 경우 광택이 있는 투명한 피막을 형성, 절연효과를 얻는 제품이었다.

삼동은 그동안 이 화학제품을 이탈리아, 독일 등에서 수입을 해왔었다. 그러나 이들 기업이 거의 6개월에 한 번씩 가격인상을 요구하는 등 상도의에 어긋난 행위를 일삼는 바람에 애로가 많았다. 그러던 중 마침 관련 제품을 생산하는 국내 업체가 M&A시장에 나왔고, 삼동은 이 업체를 인수한 것이다. 그 후 일정 기간의 개발과정을 거쳐 마침내 고품질 에나멜 바니시를 저비용으로 생산할 수 있었다.

이로써 삼동은 원재료인 무산소동에서부터 마감용 부재료인 도료에 이르기까지 동선 생산에 필요한 모든 원부재료를 자체 생산하며 원가절감은 물론 제품의 품질수준을 더욱 높일 수 있게 되었다.

선진 글로벌기업으로 도약기반을 다지다

뉴밀레니엄시대 개막과 함께 쉼 없는 약진을 거듭해온 삼동은 2000년대 말에 이르러 기존의 음성 본사 공장과 문경공장에 이어 미국 테네시공장, 오하이오공장 그리고 계열사 극동산전과 씨티아이를 새로 설립하는 등 국내외에 총 6개 생산기지를 구축, 가동함으로써 글로벌기업, 다국적기업으로의 도약기반을 다지게 되었다.

직원 규모 역시 700여 명에 이르러 중소기업, 강소기업을 넘어 어엿한 중견기업 반열에 올라섰다.

2000년대에는 국내외 고객사들도 크게 확대되었다.

기존의 현대중공업, 효성중공업, LS산전, 두산중공업, 국제전기와 같은 변압기 제조기업들에서 2000년대에는 우리나라 대표 가전사인 삼성전자, LG전자, 대우전자 같은 국내 유수 기업들에도 가전제품용 동선을 월 수백 톤씩 생산, 공급하였다.

해외 고객들 역시 계속 늘어 기존의 세계 주요기업들 외에도 지멘스를 비롯하여 Prolec GE, 일본의 도시바, 미국 워커샤에 이르기까지 세계 최고 수준의 전기전자 기업들에 제품을 공급했다.

이러한 노력의 결과 삼동은 2000년대 후반 들어 외형 또한 급신장했다. 2007년 3,000여억 원의 매출을 올린 데 이어 2008년과 2009년도엔 무려 6,000여억 원으로 외형이 증가하였다. 그 또한 매년도 매출액 중 절반 정도는 수출로 달성한 것이었다.

순이익 규모도 크게 늘었다. 삼동은 2009년 한 해 동안 총 300억 원 가까운 당기순이익을 올려 법인세만 60여억 원을 납부, 수출을 통한 국부 창출과 국가 세수증대에 크게 이바지하였다.

이처럼 삼동은 2000년대 들어 공격적이고 수범적인 사업활동과 경영노력을 통해 다양한 성과를 창출하며 새 희망의 2010년대를 향해 진군을 이어갔다.

체험을 통해 터득한 자연과학적 풍수론

삼동은 1990년대에 이어 2000년대 들어서도 국내외에 새 사업장을 여러 곳 마련하였다. 그때마다 이이주 사장이 우선적으로 검토한 것은 바로 이들 사업장에 대한 풍수지리 조건이었다. 비단 새 사업장을 설립할 때뿐만이 아니라 과거 자신이 살았던 화곡동 주택을 구입할 때에도 마찬가지였다.
이는 고전적 풍수이론 즉, 좌청룡우백호니 배산임수니 하는 것을 따지고 살피는 것이 아니었다. 누구보다 합리적 의식을 지닌 이 사장이 그런 미신 논리에 연연할 리 없었다. 단지, 이 사장이 우선적으로 고려한 풍수지리 조건이란 자연과학적 이치에 따른 것이었다. 예컨대 해당 지역의 교통 및 물류 여건과 인근 주민들의 생활환경 그리고 기후적 조건 등을 사전 면밀히 살폈다는 의미다. 그중에서도 가장 먼저 점검한 것이 여름철 수해로 인한 위험 요인이었다. 개인 주택이든 기업의 사업장이든 일단 침수를 당하고 나면 그 피해란 막대할 수밖에 없는 것이었다. 따라서 이 사장은 해외에서 새 사업장 입지를 선정할 때 해당 지역의 연평균 강수량은 물론 과거 침수사례에 이르기까지 세밀히 조사를 했다. 그리고 가능한 주변보다 고지대에 위치한 입지를 선택했다.
이 사장이 이처럼 여름철 침수피해를 우려하는 데에는 나름 사연과 곡절이 있었다. 어린 시절 잦은 수해로 겪은 고통의 기억과 그에 따른 트라우마가 남아있기 때문이었다. 이 사장이 초등학교 시절 새로 이사한 집의 지대가 주변보다 낮다 보니 해마다 장마철만 되면 집안이 온통 물에 잠겨 난리를 겪어야

했다. 세간살이며 책이며 모두 물에 젖었고, 이를 복구하느라 여간 고생을 한 것이 아니었다. 이때의 고통스럽고 힘들었던 기억이 오랜 세월이 지난 후에도 그의 기억 속에 남아 있었기에 이 사장은 후일 새 집으로 이사를 하거나 새로운 공장 터를 선정할 때 우선 수해로부터 안전한지 여부를 살폈고, 가능한 침수우려가 없는 고지대를 선택했던 것이다. 그 결과 이 사장은 국내외 여러 곳에 사업장을 설립, 운영해왔지만 다행히 침수로 인한 피해는 한 번도 겪지 않았다.
어릴 때의 힘들었던 경험과 그로 인해 얻고 깨달은 삶의 산지혜가 후일 자신의 사업경영에도 교훈이 되고 도움이 될 수 있음을 보여준 작은 사례라 할 수 있다.

침수 우려가 없는 고지대에 건설한 충북 음성 공장 전경.

01. 경북 문경공장 전경.

01.

뉴밀레니엄시대 개막과 함께 쉼 없는 약진을 거듭해온 삼동은
2000년대 말에 이르러 기존의 음성 본사 공장과 문경공장에 이어 미국
테네시공장, 오하이오공장 그리고 계열사 극동산전과 씨티아이를
새로 설립하는 등 국내외에 총 6개 생산기지를 구축, 가동함으로써
글로벌기업, 다국적기업으로의 도약기반을 다지게 되었다.

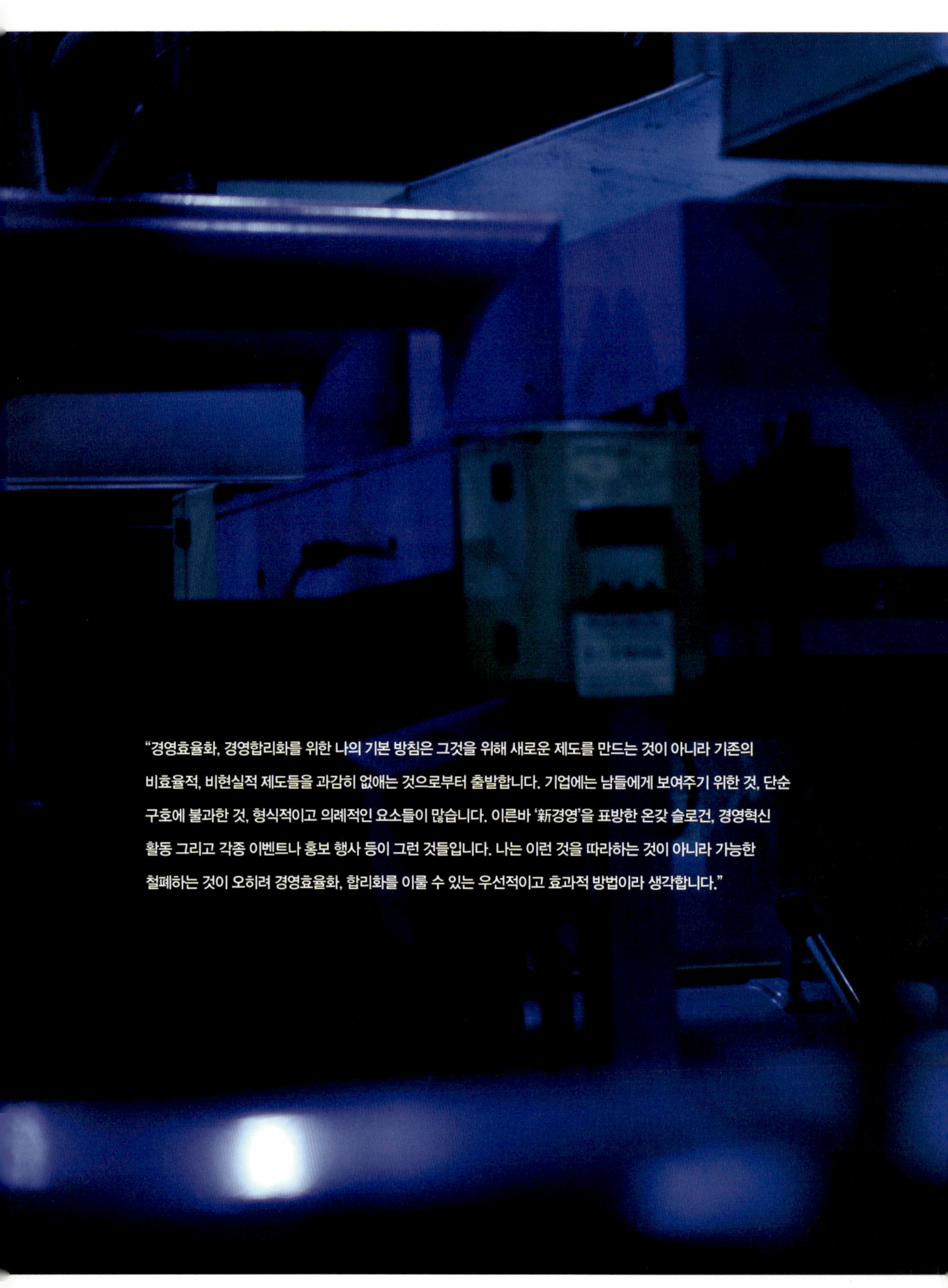

"경영효율화, 경영합리화를 위한 나의 기본 방침은 그것을 위해 새로운 제도를 만드는 것이 아니라 기존의 비효율적, 비현실적 제도들을 과감히 없애는 것으로부터 출발합니다. 기업에는 남들에게 보여주기 위한 것, 단순 구호에 불과한 것, 형식적이고 의례적인 요소들이 많습니다. 이른바 '新경영'을 표방한 온갖 슬로건, 경영혁신 활동 그리고 각종 이벤트나 홍보 행사 등이 그런 것들입니다. 나는 이런 것을 따라하는 것이 아니라 가능한 철폐하는 것이 오히려 경영효율화, 합리화를 이룰 수 있는 우선적이고 효과적 방법이라 생각합니다."

제5장 2010~2022

영속가능경영을 추구하다

"세계 제일의 인재가 세계 제일의 제품을 만들 수 있다는 경영철학 아래 사람을 존중하고 인재를 중시하는 기업으로, 고객과 직원과 사회로부터 신뢰와 존경을 받는 기업으로 영속발전을 이루기 위한 삼동의 노력은 현재에도 그리고 미래에도 계속될 것입니다"

-이이주 대표이사의 2015년 신년 메시지 중

1. 매출 1조 원 시대의 개막

새로운 연대, 새로운 도전의 시작

기업의 성장역사란 대내외 경영환경 여하에 따라 변화무쌍 이어지는 각본 없는 드라마와 같다. 여기엔 기승전결의 구도도 예측 가능한 맥락도 있을 리 없다. 기업 안팎의 상황변화에 따라 때로는 역동적 고속성장을 이어가기도 하고 때로는 시련과 부침(浮沈)을 겪기도 한다.

삼동의 기업사 역시 그러하였다.

창업 초기, 기업 부도로 인한 온갖 우여곡절을 겪으며 성장을 이어온 삼동은 다행히 1990년대 이후부터 동가 파동 때를 제외하고는 별다른 어려움 없이 승승장구를 거듭해 왔다.

이에 이이주 사장의 생애내력과 경영역정을 취재하던 어느 기자가 말했다.

"사장님의 삶과 경영스토리를 돌아보면 1990년대 이전까지는 참 우여곡절도 많았고 위기도 여러 번 겪으셔서 드라마틱한 재미가 있는데, 그 후로는 무난히 성장을 지속해 오셨기에 별로 흥미로운 얘깃거리가 없는 것이 아쉽습니다."

이 사장이 웃으며 대답했다.

"그런 고생과 위기가 이후로도 계속 되길 바라면 나더러 죽으라는 얘깁니까?"

이 사장의 위트 있는 대답에 함께 있던 이들도 따라 웃었다.

이처럼 1990년대 이후 꾸준히 성장을 지속해온 삼동은 2010년대에 이르러서도 그 탄력을 이어받아 힘찬 약진을 이어갔다.

기념비적 성과와 이슈

삼동에 있어 2010년대는 이슈가 많았던 시기였다.

매출 1조 원 돌파와 문경 무산소동공장 건립, 대전 대덕연구단지로의 기술연구소 확장 이전, 미국 조지아공장 인수 그리고 유럽공장 준공에 이르기까지 굵직한 이슈들이 잇달았다.

특히 2010년대는 삼동이 지속가능경영을 넘어 영속가능경영을 실현하기 위해 총력을 기울였던 시기이기도 했다. 미래 신성장동력, 차세대 전략기술 육성을 위한 초전도체 및 e-모빌리티, 신재생 에너지 관련 제품과 기술개발을 통해 기업의 항구적 발전을 본격 추진한 것이다.

또한 이와 함께 문경 무산소동공장 건립과 폴란드 유럽공장 설립 등 국내외적으로 생산시설을 크게 확장, 동선 분야 세계 최대 생산역량과 시장점유율을 확보함으로써 명실 공히 글로벌 선진기업의 위상을 확립한 시기이기도 하였다.

양적 성장과 질적 성장을 병행 추진하다

2010년대 첫 이슈와 낭보(朗報)는 삼동이 이룬 놀라운 외형 신장에 관한 것이었다. 2010년 삼동은 마침내 매출 1조 원을 달성했다. 모든 기업들이 염원하는 꿈의 숫자였다. 손익여부를 떠나 일단 1년에 1조 원이 넘는 천문학적 금액이 삼동 통장에 입금된 것이다.

도소매업 등 일반 유통업의 조 단위 매출이야 단순 장부상 거래로서 큰 의미가 없을 수 있겠지만 일반 제조업의 경우 그와는 차원이 다른 것이었다. 즉, 1조 원의 매출을 기록했다는 것은 반드시 그만큼 또는 그 이상의 사회적 가치를 창출한 것이기 때문이다. 다시 말해 삼동은 조 단위의 유용한 제품과 서비스를 직접 생산, 고객들에게 공급함으로써 고용과 세수 증대효과는 물론 각종 사회적 편익을 창출한 것이다.

특히 삼동의 이 같은 매출 성과는 창업주 이이주 사장으로선 그야말로 감개무량한 일이 아닐 수 없었다.

소년시절 무작정 상경, 무자본 창업하여 오직 자립성취를 향한 무한의 열정과 집념으로 이루어낸 놀라운 성과였다.

이에 어느 지인이 말했다.

01. 2010년 경북 문경공장 무산소동(銅) 공장 준공식에는 신현국 문경시장, 경북도·시의원, 지역 기관장 등 각계 인사 200여 명이 참석, 공장 준공을 축하하였다.

01.

"이 사장은 창업주가 아니라 창조주입니다. 그야말로 무에서 유를 창조한 창조주 말입니다."

삼동은 이때를 기점으로 기업의 양적 성장과 함께 질적 성장을 병행 추진하기 시작했다.

문경 무산소동(銅) 공장 건립, 세계적 생산역량을 갖추다

2010년 삼동의 또 한 가지 큰 성과는 기존 문경공장 부지에 대규모 무산소동공장을 새로 건설한 것이었다.

1993년 국내 최초로 무산소동을 개발, 음성공장에서 생산을 시작한 이래 전년도 미국 오하이오공장에 이어 세 번째 무산소동 생산기지를 건립한 것이다.

삼동은 2010년 3월부터 11월까지 총 210억 원을 투자, 건축연면적 9,917 ㎡ 규모의 무산소동공장을 완공하였다.

특히 문경 무산소동공장은 국내 처음으로 미국 GE가 독자 개발한 딥 포밍(Dip-forming) 주조공법을 적용한 것이었다. 딥 포밍공법이란 기존 ETP제조공법에 비해 동의 산소 함유율을 최소로 낮출 수 있어 이를 동선 제품으로 가공 시 유연성 제고 등 품질특성을 크게 높일 수 있는 획기적 생산공법이었다.

또한 삼동은 무산소동과 아울러 태양광 발전용 Wire 및 MICA 절연평각선 등도 함께 생산할 수 있는 설비를 새로 갖춤으로써 보다 우수하고 다양한 품질의 동선 제품을 국내외 고객사에 공급할 수 있게 되었다.

삼동은 이 해 12월 9일 공장 완공을 기념하는 준공식을 개최하였다.

이날 행사에는 이이주 사장을 비롯하여 신현국 문경시장, 경북도·시의원, 지역 기관장 등 각계 인사 200여 명이 참석, 공장 준공을 축하하였다.

특히 이 자리에서 공장시설을 둘러본 신현국 문경시장은 인사말을 통해 '삼동 문경공장은 문경의 삼성이라 할 만큼 우수한 생산설비와 복지시설 등을 갖추고 있다'며 향후 발전을 기원하기도 했다.

CEO의 국내외 강연 활동, 본질과 핵심을 말하다

삼동의 괄목할 경영성과가 널리 알려지면서 이이주 사장 역시 국내외 강연 및 언론인터뷰 활동이 잦아졌다.

이 사장은 그동안 사업과 직접 관련된 일 외에 여타 대외 교류활동 등에는 별 관심도 없었고 또한 거의 참여하지도 않았다. 다만, 한 가지 예외적으로 기업경영이나 경제 분야에 관해 본인 생각과 논리를 말하는 일에는 주저 없이 나섰다. 그만큼 이 사장은 경제, 경영에 관해서는 분명한 자기 철학을 지니고 있었기 때문이었다.

2010년 6월에는 건국대학교가 주최한 한국무역상무학회 국제 학술세미나에서 해외 비즈니스 현장에서의 실제 경험을 토대로 '무역활동의 중요성과 수출기업 역할'이란 주제로 강연하였다.

관련 분야 교수, 연구원, 학생 등이 대거 참석한 이 자리에서 이 사장은 다음과 같은 요지로 강연, 참석자들의 박수를 받았다.

"(전략)인류 역사는 전쟁의 역사라 할 수 있다. 동서고금 세계 곳곳에서 수많은 전쟁이 일어났다. 그 전쟁의 이유와 목적이란 결국 먹이 쟁탈을 위한 것이었다. 21세기에도 그러한 전쟁은 여전히 계속되고 있다. 바로 무역전쟁이다. 전쟁의 수단과 방법만 달라졌을 뿐 지금도 그 이유와 목적은 같다. 단지, 과거에 총칼을 무기로 싸웠다면 현대에는 다양한 상품과 서비스를 무기로 싸우고 있는 것이다. 이러한 전쟁에서 우위를 점하지 못하면 국가는 결국 빈곤국으로 전락하게 되고 국민들은 고단한 삶을 살 수밖에 없다. 특히 오늘날 무역전쟁에서 첨병역할을 담당하는 이들은 기업과 기업 구성원들이다. 이들이 올바른 정신과 노력의지로 무장하지 못하고, 우수한 제품을 만들어 내지 못하면 세계 비즈니스 경쟁에서 패할 수밖에 없다. 특히 현대사회에서는 국가의 힘도 국민의 힘도 결국 경제력에서 나오고, 경제력이 모든 사회 에너지의 원천이다. 인류 공통의 목표인 자유나 인권, 평화 등의 가치는 물론 개인의 행복 역시 경제력이 뒷받침되어야 이루고 지켜낼 수 없다. 따라서 국가와 국민은 이러한 현실을 절실히 인식하고 전장(戰場)에 참여한 기업구성원들의 활동을 정책적으로 그리고 심정적으로 적극 지원해야 한다. 그러지 않고는 날로 치열해지는 해외시장 경쟁에서 우위를 유지할 수 없고 무난한 생존을 이어갈 수 없다.(후략)"

이 사장의 이러한 강연 내용은 그야말로 뭣이 중하고 뭣이 급한지, 본질과 핵심을 간파한 명강이었다.

한편 이 사장은 2010년 하반기 독일 Dresden에서 열린 지멘스 '협력사의 날' 행사에도 특별 패널로 초청받아 업계 관계자들과 열띤 토론을 벌이기도 했다.

주제는 '전략적 파트너십, 어떻게 실천하고 유지할 것인가?'에 관한 것이었다. 이 자리에서도 이이주 사장은 자신의 소신과 생각을 거침없이 얘기했다.

그 요지는 다음과 같았다.

"(전략)전략적 파트너십이란 기업과 기업이 서로의 필요성을 인식하고 상생발전을 위해 협력을 도모하는 것입니다. 그러한 협력관계를 맺고 지속하기 위해서는 무엇보다 상호 신뢰를 기반으로 기술과 노하우를 전수, 공유하는 것입니다. 또한 협력관계를 충실히 실행하는 데에는 최고위 경영진의 노력의지와 상도의가 중요합니다. 이것이 부족하면 결국 전략적 파트너십은 지속성을 갖기 어렵고 목표를 달성하기도 힘듭니다. 또한 어느 일방이 우월적 지위를 고집할 경우 이는 제휴관계가 아닌 종속관계로 흐르기 쉬우며, 자기 쪽의 이익만 내세우는 것 역시 이해타산 위주의 단순한 상거래관계가 되고 말 것입니다. 따라서 바람직한 파트너십을 맺고 유지하려면 무엇보다 상호 필요성이 절실해야 하고, 서로 신뢰를 바탕으로 협력의지를 가져야하며, 최고경영진을 포함한 양측 구성원들 모두가 바른 상도의를 지니고 이를 적극 실천해야 진정한 파트너십이 구현되리라 생각합니다. 물론 냉혹하고 가변성이 높은 비즈니스 세계에서 그런 순수하고 이상적인 협력의지와 상도의가 과연 언제까지 유지되고 어느 선까지 지켜질지는 의문이긴 합니다만, 원론적으로, 궁극적으로는 그러하다는 것입니다.(후략)"

이 사장이 예의 논리 정연한 어조로 발언을 이어가자 대다수 참석자들이 공감을 표했다. 이때의 토론 역시 모두 영어로 진행되었음은 물론이다.

이날 이 사장의 토론 모습을 시종일관 지켜본 한 지인이 행사가 끝난 뒤 이 사장에

01. 2010년 이이주 사장이 강연한 건국대학교 국제학술세미나.

01.

"흔히 세금을 제때에 내지 않거나 탈세를 하는 사람들을 나쁜 사람이라고 비난합니다. 하지만 이들은 그래도 덜 나쁜 사람들입니다. 자신들에게 부과된 세금 또는 추징금을 언젠가는 납부할 수밖에 없기 때문이지요. 진짜 나쁜 사람들은 따로 있습니다. 그들은 바로 국민이 낸 세금을 소중한 줄 모르고 함부로 쓰는 사람들입니다."
-이이주 사장의 국내 대학 강연 내용 중

게 다가와 웃으며 말을 건넸다.

"암만 봐도 이 사장은 천재인 것 같습니다"

이 사장이 그의 말을 농으로 되받았다.

"천재만이 천재를 알아본다는데요."

당시 토론회를 계기로 이 사장은 지멘스 내에서 그야말로 '유명 인사'가 되었다.

삼동 CI 도입 및 홍보물 제작, 새로운 기업이미지를 구축하다

2010년대 초 삼동은 국내외 사업장이 점차 늘어나고 직원 수도 1,000여 명 가까이 증가함에 따라 글로벌기업 위상에 걸맞게 기업이미지 통합작업(CI)을 실시하였다. 기존 한자·한글·영어로 병기된 삼동 로고체와 디자인, 사색(社色) 등을 현재와 같이 영문으로 통합하고 세련된 디자인을 가미한 것이다. 이에 따라 회사 현판은 물론 각종 홍보물, 유니폼 등도 새로 제작하였다. 삼동을 상징하는 사색(社色) 역시 구리 색을 연상케 하는 고동색으로 통일하였다.

또한 지식정보 기반 시대를 맞아 삼동의 인터넷 홈페이지도 새롭게 리뉴얼했다. 고객이 필요로 하는 정보를 언제 어디서든 쉽고 빠르게 접근, 이용할 수 있도록 국영문 체제로 개편, 제반 시스템과 콘텐츠를 업데이트하였다.

한편 글로벌시장 개척과 해외 고객기업들에게 배포할 영문 브로슈어 역시 새 로고와 색상, 디자인을 적용, 다시 제작하였다. 고급 하드커버 형태로 제작된 이 영문 브로슈어에는 삼동의 기업 소개와 제품 설명, 생산시설 사진 등이 상세히 수록되었다.

이때에는 이이주 사장의 외동딸 우람 양이 제작업무를 도맡았다. 어릴 때부터 그림과 사진, 디자인 분야에 남다른 재능을 보였던 그는 영국에서 유학 후 독립적 창작활동을 하고 있었는데, 자신의 전공을 살려 잠시 아버지 회사 일을 도운 것이다.

01.~03. ㈜삼동의 상징물인 로고체, 홈페이지, 브로슈어.

01.

02.
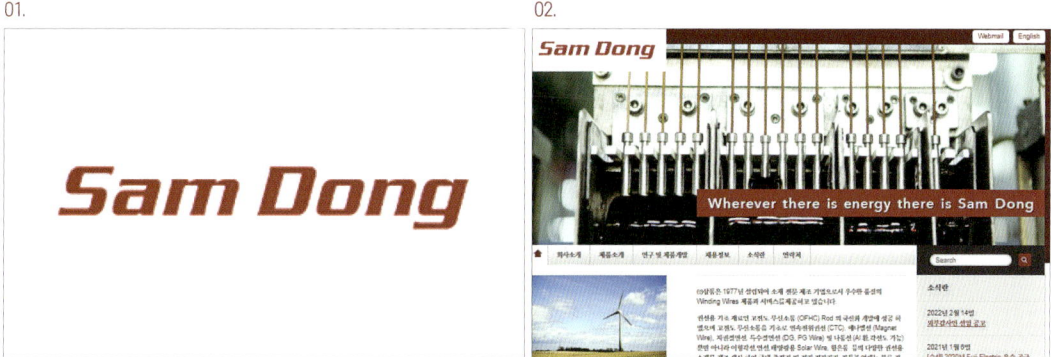

03.

제5장/2010~2022년

STORY IN HISTORY

준법경영, 청렴경영의 실천

국가사회는 국민이 납부한 세금으로 운영됨을 감안할 때 모범납세자들에 대해 정부는 반드시 그에 상응한 예우를 하는 것이 마땅하고 또 꼭 필요한 일이라 할 수 있다. 특히 자신의 역량으로 열심히 노력하여 남들보다 높은 소득을 올리고, 그에 따라 정해진 세금을 성실히 납부한 고액 납세자들에 대해서는 더욱 그러하다.

삼동 이이주 사장은 2009년과 2010년 두 해 모두 회사 순익에 따른 법인세만 60억 원 이상씩 납부하였다. 일반인들이라면 자신이 얻은 소득에 대해 그처럼 거액의 세금을 납부하는 것에 대해 다소 아깝고 억울한 생각이 들 법도 하지만 이 사장은 달랐다.

주변인들이 더러 그런 말을 할라치면 '국가로부터 그만한 혜택을 받았으니 그에 맞게 세금을 내는 것은 지극히 당연한 일'이라며, '단지, 내가 납부한 세금이 바르게 쓰이기를 바랄 뿐'이라고 대답했다. 이는 대외용 멘트가 아니라 그의 진심이었다.

실제 이 사장은 회사 세무를 처리함에 있어 공인회계사를 담당 임원으로 채용, 단 한 푼의 세금 누락 없이 법과 원칙대로 철저히 세무 처리할 것을 지시했다. 국내외 사업장에서 연간 조 단위의 현금이 출납되고, 사업 특성상 계정과목 또한 수없이 많아 어느 정도 세금을 줄일 수 있는 여지가 있을 터임에도 그러하였다.

이 사장은 '세금이란 순 소득에 비례하여 납부하는 것인 만큼 다른 비용은 아끼더라도 세금 아낄 생각은 하지 말라'고 당부했다. 작은 것 아끼려다 문제가 되어 더 큰 손실을 입을 수 있다는 얘기였다.

이 사장의 이러한 소신과 방침은 실제 기업경영에 도움과 효과를 얻기도 했다. 2011년 세무당국이 매출규모가 큰 기업들에 대해 강도 높은 정기 세무조사를 벌였으나 이때 역시 조그마한 문제점도 발견되지 않았다. 특히 이 사장의 개인 재산 내역을 철저히 조사한 세무서 직원들은 '조 단위 매출규모의 회사를 경영하는 기업주 개인 재산이 어찌 이것밖에 안 될 수 있느냐?'며 놀라워할 정도였다.

이 사장은 이러한 준법경영, 청렴경영 원칙에 따라 매년 성실하고 철저히 세금을 납부한 결과 2010년에는 지역 세무서인 충주세무서 일일 명예서장에 위촉되기도 했고, 2013년 '납세자의 날'에는 국무총리 표창을 받기도 했다. 또한 이 사장의 잦은 해외출장 시 공항에서 모범납세자 전용 통로를 이용, 출입국절차의 번거로움을 더는 편의를 제공받기도 했다.

2. 미래지향적 경영전략의 추진

미국 변압기시장 변화추세와 호재성 이슈의 등장

삼동의 생산제품 수요전망은 CTC 동선이 핵심소재로 사용되는 변압기시장의 움직임과 밀접한 연동성을 지닌다. 즉, 변압기 수요가 증가하면 CTC를 비롯한 동선제품 수요도 그만큼 증가하기 마련이다. 물론 변압기 외의 여타 전기전자기기에도 다양한 형태의 동선이 사용되긴 하지만 예나 지금이나 삼동의 주력상품은 초고압 변압기용 CTC제품이기 때문이다.

그런 점에서 2011년에는 큰 호재가 있었다.

삼동의 주 고객사인 현대중공업이 한국기업 최초로 미국 앨라배마주에 2억 달러 규모의 초고압 변압기공장을 설립한 것이다.

미국은 중국과 더불어 세계 최대의 전력기자재 시장이었지만, 부가가치가 높지 않는 제조업에 대해서는 직접 생산을 하지 않고 대개 아웃소싱으로 처리하는 산업적, 정책적 특성이 있었다. 따라서 미국은 그동안 변압기 등 전력기자재를 주로 수입에 의존하거나 자국에 진출한 외국 기업들 제품을 구매, 사용해왔다. 그런 점에서 미국 변압기 시장은 일면 '무주공산'이라고 할 수 있었고, 타 기업보다 앞서 진출한 기업들의 경우 그만큼 선점효과를 누릴 수도 있었다.

따라서 삼동 입장에선 주요 고객사인 현대중공업이 미국 내 대규모 변압기공장을 건설하였다는 것은 상당히 기대가 큰 호재였다. 삼동의 테네시공장에서 동선을 생산, 현대중공업 현지 공장에 납품할 경우 운송, 납기, 관세 등 모든 면에서 매우 유리한 조건을 확보할 수 있기 때문이었다. 특히 삼동이 2000년대 후반 미국 현지 두 곳에 미리 공장을 건설한 것도 결과적으로 이 같은 미래 경영환경 변화를 예견한 선구안적 판단과 투자였다고 할 수 있었다.

이 해 12월 15일 현지에서 열린 현대중공업 북미 변압기공장 준공식에는 삼동 이이주 사장도 주요 공급사 대표로 초청받아 참석했다.

한편 더 고무적인 일은 삼동의 또 다른 주요 고객사인 효성중공업 역시 향후 미국에 변압기공장을 설립할 수도 있다는 예측과 기대를 갖게 함으로써 2010년대 삼동의 사업전망을 더욱 밝게 하였다.

기술연구소 설립, R&D 활동을 강화하다

기업의 지속가능경영전략 중 하나는 R&D 활동이라 할 수 있다. 미래 유망 신제품·신기술을 끊임없이 연구개발해야 시장경쟁에서 우위를 점할 수 있음은 당연한 일이었다.

삼동은 2011년 한국산업기술진흥협회로부터 정식 승인을 받아 기술연구소를 개소하였다. 그동안 삼동의 R&D 활동은 사내의 한 부서 업무로 운영되어 왔었으나 이때부터 독립적 조직시스템을 갖추게 된 것이었다.

이후 삼동 기술연구소는 2015년 대전 대덕연구단지로 확장, 이전할 때까지 음성 본사에 별도 연구 공간과 시설을 마련, R&D 활동을 수행하였다. 주요 업무는 공정 개선 관련 연구, 신제품 개발 및 대외 연구과제 참여, 특허 출원, 국내외 각 사업장에 대한 기술 자문과 지원업무 등이었다. 삼동은 이 해 연구소 개소를 기점으로 전사 차원의 기술혁신은 물론 제품의 경쟁력 향상을 위한 R&D 활동을 본격 추진하게 되었다. 기술연구소의 중장기적 연구과제는 무엇보다 삼동의 미래 전략기술, 신성장동력 연구개발이었다. 즉, 초전도 선재(MgB_2), e-모빌리티, 자기부상열차용 복합 선재 가공기술, 글리세린을 이용한 나노탄소 도핑기술 등 첨단 신기술 및 신제품을 개발, 삼동의 지속가능경영, 미래도약을 견인한다는 전략이었다.

연구소 개소 첫해에는 준중형 전기차 80㎾급 구동 모터용 동선 개발에 주력하였다. 이는 완성차 업계와 정부가 지원한 3개년 계획의 연구과제였다.

한편 이에 앞서 2010년 삼동 기술연구팀은 독일 Dusseldrof Wire & Tube 전시회 기술 심포지엄에서 에나멜 코팅 기기 전문 기업인 이탈리아 NTT사와 공동 개발한 소형 평각동선의 연속코팅 신기술도 발표했다. 이 자리에서 삼동 연구팀은 새로운 기술을 적용한 소형평각동선 코팅기술을 선보여 참석자들의 주목을 받았다.

01. 삼동의 대전 기술연구소 전경.
02. 연구소 내 시험생산 공정.

01.

02.

자녀를 유학 보내는 정성과 심경으로, 임직원 기술역량 배양을 위한 해외연수 제도

삼동은 구성원들의 기술역량 강화를 위한 해외연수 활동도 활발히 추진하였다. 일찍이 1980년대 후반부터 모범사원들에 대해 부정기적으로 해외연수 기회를 부여해왔었으나 2010년대부터는 이를 제도화하여 입사 3년이 지난 모든 직원들에게 해외연수 기회를 부여했다.

연수방식은 주로 삼동의 해외 선진 고객사 생산현장을 일정기간 체험하고 전시회, 세미나 등에 참관하여 새로운 기술정보와 지식을 익히는 과정으로 진행되었다. 그러나 해마다 많은 직원을 대상으로 해외연수를 실시하다보니 이에 대한 비용도 만만찮았고, 더러는 연수과정을 수료한 직원들이 다른 기업으로 스카우트되는 경우도 있었다. 이에 일부 임원들은 전 직원 해외 연수제도를 폐지하거나 대폭 축소하자는 의견을 제시했다.

그러나 이이주 사장은 이러한 의견에 대해 단호히 반대하였다.

'직원들 해외연수 제도는 기업의 단기적 성과나 이익을 목적으로 투자하는 사업이 아니라 그동안 회사발전을 위해 노력한 구성원들에게 감사와 보답의 뜻을 담아 자기계발, 본인 역량강화의 기회를 주는 것이다. 따라서 해외연수 과정을 통해 구성원들이 새로운 기술지식을 익혀 자기 역량을 배양할 수 있다면 그것으로 충분한 것이고, 설령 연수 후 다른 기업으로 이직한다 해도 어디에서든 자신이 교육과정을 통해 쌓은 기술역량을 발휘할 수 있다면 그 역시 국가사회와 관련 산업계 발전을 위해 기여하는 뜻깊고 가치 있는 일이다'라는 것이 이 사장의 확고한 지론이었다.

이는 기업인들이 흔히 말하는 대외용 멘트나 의례적 발언이 아니라 이 사장의 진심이었다.

삼동 이우인 상무의 간략한 전언만으로도 그 진의를 충분히 증명하고 남음이 있다.

"당시 사장님께서는 직원들 해외연수를 마치 자녀들 유학 보내는 심경과 정성으로 적극 뒷바라지 하셨습니다."

삼동은 이 사장의 이러한 경영방침에 따라 이후로도 전 직원 해외연수 제도를 꾸

01. 02. 2000년대 해외 연수.

'직원들 해외 연수제도는 기업의 단기적 성과나 이익을 목적으로 투자하는 사업이 아니라 그동안 회사발전을 위해 노력한 구성원들에게 감사와 보답의 뜻을 담아 자기계발, 본인 역량강화의 기회를 주는 것이다. 따라서 해외연수 과정을 통해 구성원들이 새로운 기술지식을 익혀 자기 역량을 배양할 수 있다면 그것으로 충분한 것이고, 설령 연수 후 다른 기업으로 이직한다 해도 어디에서든 자신이 교육과정을 통해 쌓은 기술역량을 발휘할 수 있다면 그 역시 국가사회와 관련 산업계 발전을 위해 기여하는 뜻깊고 가치 있는 일이다'라는 것이 이 사장의 확고한 지론이었다.

준히 실시하였다. 그러나 COVID-19 팬데믹 사태가 발생, 세계 각국의 방역조치가 장기간 이어지면서 부득이 해외연수 제도는 잠정 중단되었고, 대신 그에 대신할 별도의 기술교육 프로그램과 보상제도를 마련, 실시해 오고 있다.

음성공장 소재팀에 근무하고 있는 강호성 직원은 해외연수 제도와 관련 '2000년대 말 자동차 모터용 동선 개발을 앞두고 일본과 싱가포르 연수를 통해 많은 것을 체험할 수 있었다'며, '특히 일본 토요타자동차를 방문했을 때 완전 자동화된 생산공정과 현장 작업자의 재량, 책임하에 이루어지는 선진적 기술시스템을 보면서 배운 점이 많았다'고 술회하였다.

국내외 각 생산기지의 사업활동과 성과

2011년 삼동의 국내외 각 사업장에서는 일상적 생산, 영업활동에 관한 일 외에 특기할 만한 성과나 이슈들이 많았다.

우선 문경공장에서는 전년도 무산소동공장이 건립되면서 직원규모 증가와 함께 원거리 거주자들 또한 크게 늘어났다. 삼동은 이들의 주거안정을 위해 인근 지역인 마성면 외어리에 공동주택형 기숙사를 신축하는 한편 기존 기숙사 역시 일부 시설을 수선함으로써 직원들 생활복지를 향상시켰다.

또한 이 해 9월 8일에는 김관용 경북도지사가 문경공장을 방문, 공장견학과 함께 지역경제 발전에 기여하고 있는 삼동 임직원들을 격려하였다.

이밖에도 미국 오하이오공장은 가동 첫해부터 흑자를 달성, 2011년에 이르러서는 월 생산량 2,300톤을 넘길 만큼 활발한 생산활동을 이어갔으며, 여타 사업장들 역시 적극적 생산, 영업활동을 수행하며 지멘스와 대우, 효성중공업, LG전자 등 국내외 거의 모든 고객사로부터 감사장, 표창장 등을 받는 성과를 거뒀다.

생산량 또한 크게 늘어 전 사업장을 합쳐 무려 10만 톤에 육박하는 고품질 동선을 생산, 국내외 고객사에 공급하였으며, 매출규모도 전년보다 증가, 1조 원을 훨씬 상회하는 괄목할 실적을 달성하였다.

01. **2011.02.** 테네시공장, PROLEC GE 올해의 최고 공급업체상 수상.
02. **2011.11.** LG 전자 감사패 수상.
03. **2011.11.** 효성중공업 감사패 수상.
04. **2011.09.** 문경대상 수상.
05. **2013.03.03.** 납세자의 날 국무총리 표창.
06. **2012.01.18.** 고용창출 100대 우수기업 선정.

01.

02.

03.

04.

05.

06.

'고용창출 100대 우수기업'에 선정되다

국내외 사업장과 설비투자를 지속적으로 확장하며 고용창출에 힘써온 삼동은 2012년 1월 정부로부터 '고용창출 100대 우수기업'에 선정되었다.

이 제도는 기업규모와 업종 등에 따라 각 분야에서 한 해 동안 가장 많은 일자리를 창출한 기업을 국가가 선정, 지원하는 제도였다.

선정된 기업에 대해서는 정기 법인세 조사 제외, 정기 근로감독 3년간 면제, 출입국 편의 등 다양한 혜택을 제공하였다.

당시 삼동은 최고경영자의 '능력중심 열린고용' 경영방침을 바탕으로 지역 고용창출과 경제발전에 적극 기여함으로써 기업의 사회적 책임을 선도적으로 수행하였다는 점을 높이 평가받았다.

북미권 시장공략을 위한 미국 조지아공장 설립

글로벌시장 공략을 위한 삼동의 해외투자는 2010년대 들어서도 계속되었다.

2012년 5월 삼동은 미국에 또 다시 새로운 생산기지를 설립하였다. 이는 2007년 테네시공장, 2009년 오하이오공장에 이어 세 번째 설립한 미국 현지 공장이었다.

미국 조지아주 웨인스보로에 위치한 조지아공장은 다국적 기업 아스타에서 운영하던 CTC 공장을 삼동이 인수한 것으로 대지면적 200,401 ㎡, 건축 연 면적 18,336 ㎡규모의 대규모 공장이었다.

이는 미주지역 현지 생산능력 확대를 통해 세계 최대 전력기자재 시장인 북미권에 제품 공급을 확대하기 위함이었다.

당시 인수자금은 대지와 건물, 설비 등을 포함 총 1,200만 달러, 초기 인력 투입규모는 약 100여 명 정도였다. 조지아공장은 기존 CTC제품을 생산하던 곳이어서 이 해 하반기부터 정상 가동에 돌입할 수 있었다.

삼동은 조지아공장 인수로 미주지역 제품 공급 시 관세 문제 해결은 물론 물류비용 절감, 납기준수 등 생산, 영업활동에 있어 매우 유리한 고지를 점할 수 있게 되

01. 2010년대 초반 삼동 미국공장의 우수한 시설과 모범적 운영 내역은 현지 언론에도
여러 차례 보도되었다.

01.

STORY IN HISTORY

미국 현지 경영을 위한 거소(居所) 마련

삼동이 미국에 테네시, 오하이오, 조지아공장 등 생산기지를 잇달아 설립, 가동하면서 이이주 사장은 수시로 미국을 오가며 현지 경영에 임하게 되었다. 그러다 보니 항공 여건은 물론 체류과정에서 여러 가지 제약과 불편이 뒤따랐다. 이에 2012년 미국 애틀랜타시에 위치한 작은 주택을 매입하였다. 그리고 이후부터 매년 국내에서 절반, 미국에서 절반 정도 머물며 현장 경영에 임하게 되었다. 또한 이 사장의 경우 미국 내 법인에서도 일정액의 정기급여를 지급받고 있었기에 세무처리상 현지 체류기간이 법적 조건을 충족해야 하는 점도 고려되었다.

미국 거소 마련 이후 이 사장은 미국 체류 시에는 한국 직원들과, 국내에 머물 때는 미국 직원들과 e-메일이나 화상회의 등을 통해 서로 의견을 교환하고 제반 사항을 확인하며 국내외 경영활동 이어갔다.

었다. 또한 생산역량과 시장점유율 면에서도 기존 테네시공장과 더불어 미국 내 최대 CTC제품 생산기업의 위상을 갖추는 기반을 마련하였다.

국내외 변압기시장 상황과 경영환경

2010년대 중반 글로벌 변압기시장은 혼조세를 나타냈다. 중국의 공급과잉과 유럽 시장의 수요 감소 그리고 미주 지역에서의 과당경쟁 및 관세 장벽 등으로 기업들은 다소 어려움을 겪었다.

삼동의 국내외 고객사들 역시 이 같은 경영환경 변화에 따라 사업상황이 불안정한 흐름이었다. 특히 우리나라 변압기 제조사들은 미국의 자국 산업보호정책과 중국산 변압기의 시장잠식으로 수주 실적이 예년에 비해 저조한 편이었다. 국내 변압기 수출 투톱인 현대중공업과 효성중공업 역시 2013년 매출이 전년 대비 20~30%씩 감소했다.

이 같은 고객사들의 매출 감소는 삼동에도 당연히 영향을 미칠 수밖에 없는 것이었다. 이 해 삼동의 매출 또한 20% 가까이 감소했다. 다행히 변압기 부문을 제외한 일반 동선 제품 매출은 소폭 증가하는 실적을 나타냈다.

국내 고객사들의 변압기 수주 감소 원인은 첫째, 변압기 시장 호황기 국내외에서의 경쟁적인 사업확장으로 공급과잉을 초래한 것과 둘째, 급격히 늘어난 생산능력을 충당하려다보니 무리한 가격경쟁이 발생한 것 셋째, 글로벌 경기침체와 더불어 해외 시장에서의 반덤핑 제소 영향 등에 의한 것이었다.

이에 국내 변압기 제조기업들은 생산기지의 현지화를 도모하는 한편 반덤핑 판정의 영향이 적은 고전압 대용량 변압기 제작에 주력하는 등 수익성 향상과 수주 확대를 위한 전략을 다각적으로 추진해나갔다.

고객 지향, 고객 우선의 경영방침으로

2013년 삼동은 '고객 지향, 고객 우선의 업무수행을 통해 거래선과의 신뢰관계를 더욱 향상시키고, 다양한 신규 거래처 발굴과 적극적 마케팅 활동으로 매출 확대, 수익성 증대를 위해 노력한다'는 사업계획을 수립하였다.

내부 경영방침으로는 '업무 표준화를 통한 낭비요소 제거, 신노사문화 정착, 전 직원 공감대 형성 그리고 이의 실행을 통한 업무효율 극대화'로 정하고 전사적으로 추진해나갔다.

한편 전년도 인수한 조지아공장은 인력 충원과 교육, 설비 보완과정 등을 거쳐 정상 가동에 돌입, 10월부터 생산제품을 고객에게 납품하기 시작했다. 또한 주요 고객사인 ABB, 알스톰, 지멘스 등에서도 신규 공장에 대한 실사를 진행하였고, 긍정적 평가와 함께 정식 품질승인을 받았다.

이처럼 미주지역 시장공략을 위해 선제적 준비를 해온 삼동은 고객의 신뢰와 품질력을 바탕으로 대외 환경변화의 흐름에 발 빠르게 대응하며 활발한 사업활동을 이어나갔다.

KBS '히든 챔피언', 삼동을 세계에 널리 알리다

2013년 7월에는 삼동의 우수한 제품과 기술, 기업 저력과 위상이 세계에 널리 알려지는 이른바 '우연 아닌 필연'의 뜻깊은 일도 있었다.

당시 높은 시청률을 기록하며 인기리에 방송되었던 KBS 특집프로그램 〈히든 챔피언〉에 삼동의 성장역사와 경영스토리가 장장 한 시간여에 걸쳐 방영된 것이다. 국내뿐 아니라 KBS의 위성중계 시스템을 통해 해외에까지 널리 방영되었다.

창업에서부터 기술개발, 글로벌시장개척, 위기극복, CEO의 남다른 경영철학과 불굴의 노력의지, 그에 따른 경영성과에 이르기까지 삼동의 35년 성장신화가 생생한 다큐멘터리로 제작, 세계 각국에 소개된 것이다.

공중파 TV의 위력은 대단했다.

프로그램을 시청한 국내외 고객사 관계자들은 물론 일반 대중들까지도 삼동의 입지전적 기업성장 스토리에 경탄과 찬사를 보내왔다.

당시 KBS가 방영한 〈히든 챔피언〉은 문자 그대로 '최고 수준의 역량을 갖춘 숨은 기업을 발굴, 소개하는 프로그램'이었다.

방송 대상 기본 자격요건으로는 매출규모가 1조 원이 넘는 국내 기업으로서 세계적 수준의 기술과 품질, 경쟁력을 갖추고 모범적 경영활동을 해온 중견기업이었다. KBS는 이러한 요건을 갖춘 기업을 발굴하고자 각 경제단체와 관계 기관의 추천, 협조를 받은 후 사전 엄격한 심사를 거쳐 삼동을 선정했던 것이다.

특히 공영방송으로서 해당 기업의 실명을 담아 전국에 방영하는 프로그램인 만큼 모든 내용은 철저한 사실 확인과 전문가 검증을 거쳐 객관적이고 정확한 팩트만을 취재, 방영했다.

그 과정에서 다소 힘든 일도 있었다.

사실 삼동 이이주 사장은 KBS로부터 방송요청이 왔을 때 처음에는 이를 정중히 거절하였다. 사업활동에 바쁘기도 할뿐더러 일반 소비재 생산기업이 아니다보니 굳이 회사나 제품을 대중에게 널리 홍보할 필요도 없었고, 또 이 사장의 성격상 그런 것이 썩 내키지도 않아서였다. 하지만 방송국과 추천기관, 주변인들로부터 거듭되는 요청에 부득이 이를 승낙하였다. 하지만 문제는 그 후였다. 이 사장은 빠듯한 촬영기간 동안 제작진과 함께 미국, 독일, 일본 등 세계 각국을 오가는 강행군을 계속하며 촬영에 협조하다 보니 사업에도 지장이 있을뿐더러 체력적으로도 무리가 따랐다.

이에 이 사장이 애로를 호소하자 제작진은 '만일 삼동이 이런 프로그램을 회사 자금으로 제작하려면 수십억을 투자해도 힘들 것'이라며, 'TV에 방영되고 나면 두고두고 큰 보람을 느끼게 될 것'이라고 이 사장을 설득하였다.

이런 힘든 과정을 거쳐 마침내 삼동의 성장신화를 담은 다큐멘터리가 성공적으로 제작되었다. 그리고 이를 방영함으로써 많은 후발기업과 대중들이 새로운 도전정신, 성취의지를 갖게 되었으며 소중한 삶의 교훈과 지혜를 얻고 배우게 된 것이었다.

01. 2013년 KBS는 삼동의 성장신화를 담은 특별기획 프로그램 〈히든 챔피언〉을 1시간여에 걸쳐 방영하였다.

01.

지금도 삼동 본사 홍보관에는 이때 방영된 녹화영상이 화면에 소개되고 있으며, 이 사장 역시 제작 당시에는 다소 힘들긴 했지만 촬영에 응한 것이 잘했다는 생각을 갖게 되었다.

흔히 '구슬이 서 말이라도 꿰어야 보배'라는 말이 있듯 아무리 대단하고 훌륭한 기업의 역사라도 이를 체계적, 효과적으로 정리, 기록, 전승하지 않을 경우 결국 시간이 지나고 나면 다 잊혀지고 소멸되고 마는 것이기 때문이다.

또한 〈히든 챔피언〉 방영을 계기로 당시 국내 각 언론매체는 물론이고 미국 신문 〈The True Citizen〉을 비롯한 세계 각국 매스컴에서도 삼동에 대한 소개 기사를 보도하는 등 많은 관심을 보였다.

'중역·팀장 워크숍' 개최, 신년 사업계획 발표

2014년 세계 경기가 전반적으로 침체 국면에 접어든 가운데 글로벌 변압기시장 공략을 위한 각국 기업들의 경쟁은 더욱 치열해졌다. 국내 변압기 수출기업들도 미국, 캐나다시장 반덤핑 관세 부과에 따른 수주 감소 등으로 사업전망이 밝지 않았다.

삼동 역시 이 같은 대외 환경의 영향으로부터 자유로울 수 없었다. 2010년대 초반 조 단위 매출 기록을 정점으로 외형은 해마다 조금씩 줄어들고 있었다. 하지만 시대환경 변화흐름에 따라 호, 불황이란 늘 반복되는 것이기에 일시적 부침현상에 굳이 일희일비할 필요는 없는 일이기도 했다.

2014년 시작을 앞두고 삼동은 예년과 같이 이이주 사장을 비롯하여 국내외 사업장에서 총 15명의 중역과 30여 명의 팀장급 간부들이 참석한 가운데 '중역·팀장 워크숍'을 개최하고 전년도 사업실적 평가 및 신년도 사업계획과 목표를 발표, 토의하는 시간을 가졌다.

먼저 새해 경영방침으로는 '고객 불만제로 도전, 유럽 시장의 적극적 공략을 통한 글로벌 사업기반 확대, 원가 경쟁력 확보를 통한 내실경영 추진, 글로벌 인재양성 및 조직경쟁력 강화'를 설정하였다.

또한 기본 업무방침으로는 '고객 서비스 강화, 납기 및 품질 개선, 4조 2교대제 실시를 통한 생산성 향상'을, 실행지침으로는 '수주량에 따른 탄력적 근무환경을 구축하고 노사 간, 부서 간, 단위 사업장 간 소통의 원활화를 도모함으로써 보다 신속한 의사결정 및 시장대응력을 강화한다'는 지침을 정했다.

그리고 시장전략으로는 '기술적 우위 선점, 품질경쟁력 확보, 후발 경쟁업체와의 차별화된 영업전략 추진'을 목표로 새해 약진의 각오를 다졌다.

'나도 이롭고 남도 이롭게', 自利利他의 경영철학

해마다 그러했듯 이 해 역시 삼동의 필수 과제이자 지상명령은 '고객 우선, 고객 지향' 경영방침이었다.

"삼동의 입장에서 일하지 말고 고객의 입장에서 일하라. 그것이 진짜 삼동을 위하는 길이다."

이이주 사장이 창업 이래 백만 번도 더 강조해온 말이다. 이는 의례적 멘트도 아니고 특별한 이타심, 도덕심, 사명감의 발로에서 하는 말도 아니었다. 단지, 그렇게 생각하고 실천하는 것이 결과적으로 고객들에게도 이로움을 주고 삼동 또한 이로움을 얻을 수 있는 일이기 때문이었다. 이는 불경에 나오는 자리이타(自利利他)의 논리와도 맥락이 같은 것이었다. 즉, '남을 이롭게 하는 것이 자신을 이롭게 하는 것'이라는 대승적 의미였다. 따라서 이 사장의 이런 깨달음의 경영철학, 역발상적 사업전략은 논리적으로는 물론 현실적으로도 이치에 꼭 부합하고 더 큰 성과를 거둘 수 있는 것이었다.

특히 이 사장은 늘 '고객만족, 고객섬김의 차원을 넘어 고객가치 창출 즉, 고객에게 원하는 것 이상의 것을 제공하라'고 강조했다. 영업부든 생산부든 고객의 불편과 불만이 무엇인지, 원하는 것이 무엇인지 그것을 파악하고 해결함은 물론 '그 이상의 도움과 이익'을 제공하기 위해 적극 노력하라는 얘기였다.

삼동에서 오랜 기간 국내 영업을 담당해온 김청운 상무의 말.

"사장님께서는 영업회의를 할 때마다 삼동 직원들은 삼동을 대변하지 말고 고객의 입장을 대변하라고 늘 말씀하셨습니다. 그것이 궁극적, 결과적으로 삼동을 위하는 일이라고 누누이 강조하셨습니다."

사업부서별 SWOT 분석과 업무방침

매년 열리는 '중역·팀장 워크숍'이었지만 특히 대내외 경영환경이 안 좋았던 2014년 워크숍에서는 참석자들 간 다양한 의견 제시와 심도 있는 토론이 진행되었다. 또한 그 과정에서 부서별 업무의 제반 문제점과 개선점도 도출되었다.

우선 국내 영업 부문에서의 SWOT 분석 및 주요 토의내용을 살펴보면 다음과 같다. 첫째, 팀원들의 거래처 업무 이해도 및 책임감이 높고, 장기간 업무 협업에 따른 안정성이 유지되며, 주요 거래처와의 우호적 신뢰관계 및 그에 따른 고객만족도가 높은 것에는 모두가 공감하였다. 그러나 기존 거래처 중심의 영업활동에 따라 신규 거래처 개발노력이 미흡하고, 담당실무자의 거래처 방문 및 교류활동 부족 등으로 시장정보에 취약하다는 문제점이 제기되었다. 이에 따라 신규 거래선 개척을 위한 다각적 방안을 강구함과 아울러 고객 불만 및 품질문제 발생 시 팀 전체가 이를 공유함으로써 보다 신속한 의견, 정보를 교환, 문제의 본질 파악과 해결방안을 모색하자는 데 의견을 같이 하였다. 또한 해외 영업팀에서는 기존 고객사들의 두터운 신뢰 속에 영업 창구의 안정화를 유지하고 있는 반면 각 사업장 간 지리적 한계와 변압기용 동선 등 특정 아이템에 편중된 매출구조 등이 문제점으로 제기되었다. 그러나 이는 회사의 사업 특성과 경영구조상 단기간에 개선점을 찾기 어려운 문제이므로 CEO에 건의, 장기적 연구과제로 삼기로 하였다.

원자재구매 부문에 있어서도 제반 문제점이 도출되었.

LS NIKKO를 통한 원자재 일괄구매에 따른 이점이 있는 반면 공급업체의 독과점으로 단가 인하에 어려움이 크다는 점 그리고 원자재 공급업체의 원거리 위치로 인해 입고기간이 지나치게 길며, 갑작스런 물량증가 시 대응에 애로를 겪는다는 불만 등이었다. 하지만 이 역시 당시 산업 현실 아래서는 마땅한 해결책을 찾을 길

STORY IN HISTORY

상거래 경험을 통해 본 일본기업들의 신용과 정직성

삼동 이이주 사장은 반세기 가까운 세월 동안 국내외 비즈니스 현장을 뛰면서 다양한 사례들을 체험했고, 그러한 경험을 바탕으로 늘 강조해오는 말이 있다. 그것은 바로 '비즈니스에서만큼 일본기업을 배워야 한다'는 것. '일본기업들의 경우 기술과 품질은 물론 구성원들의 정직성과 신용, 상대에 대한 배려심 역시 어느 나라 기업보다 우수하다'는 것이 그의 지론이었다.

이 사장이 기회 있을 때마다 자주 거론하는 한 가지 실사례.

"일본기업들은 거래처에 대금을 지급할 때면 정해진 결제일이 휴일일 경우 그 전날 미리 결제합니다. 그러나 호주기업들은 결제일이 휴일일 때 그 다음 날 대금을 지급합니다. 이는 비단 호주기업들뿐 아니라 여타 국가의 기업들 역시 마찬가집니다. 결제일과 휴일이 겹칠 경우 다음날 지급하는 것을 당연시하는 것이지요. 특히 한국기업들의 경우 남 줄 돈은 어떻게든 하루라도 늦게 지급하려는 그릇된 습성을 지니고 있습니다. 남에게 줄 돈을 하루 빨리 주는 것과 하루 늦게 주려는 것, 이는 사소한 차이 같지만 실은 매우 중요한 것으로 그 나라의 상거래 문화는 물론 국민성의 일단까지 엿보고 짐작케 하는 일입니다. 어차피 지급해야 할 대금, 결제일이 휴일일 경우 하루라도 빨리 지급하면 받는 이도 주는 이도 서로 개운하고 기분 좋은 일 아니겠습니까? 그것이 상대에 대한 배려이고 예의이고 바른 상도의입니다. 따지고 보면 우리가 중요시 하는 신용과 정직이란 것도 바로 이러한 기본마음, 기본자세로부터 출발하는 것입니다. 흔히 돈거래를 해보면 인간성을 알 수 있다고 하듯 외국 기업들과 비즈니스를 해보면 이와 같은 사소한 일에서도 그 나라의 문화와 국민성을 가늠하게 할 수 있는 사례들이 많습니다."

없는 구조적인 문제점이기도 했던 바, 모두는 함께 애로를 토로하고 공감하는 선에서 그칠 수밖에 없었다.

새해의 영업계획 및 목표도 제시되었다.

국내 영업팀은 CTC제품 매출증대에 주력하는 한편 전기차용 소형각선과 에나멜 환선 등 신개발품을 비롯하여 트랙션 모터 양산용 캡톤 와이어, 솔라 와이어 등 특수 부문의 다품종 소량제품에 대해서도 신규 거래처를 적극 개발, 매출을 증대할 계획을 세웠다. 또한 LS전선 동해공장 등 신규 거래선 확대에 따라 전년도 매출이 증가했던 무산소동 판매에도 더욱 박차를 가하는 한편 주력제품인 CTC와 경동선 매출증대를 위해서도 전사적 역량을 투입하기로 했다.

이밖에도 생산관리팀, 품질보증팀, 설비팀, 물류팀, HR팀 등 총 20여 개 팀별로 전년도 실적을 평가하고 새해 계획과 업무방침을 수립, 발표하였다.

한국원자력연구원과 초전도 선재 기술이전 계약을 맺다

2014년 삼동이 국내외에서 생산, 영업활동을 활발히 추진하는 가운데 R&D 부문에서도 의미 있는 이슈가 있었다.

삼동은 2월 12일 한국원자력연구원과 '초전도 선재 제조기술 이전 계약 체결식'을 가졌다.

이는 한국원자력연구원으로부터 MgB_2 초전도 선재와 관련된 핵심 공정 특허 2건과 선재 상용화에 필요한 나노 분말 제조기술 공정 노하우 등 12건을 삼동이 이전 받게 되는 것으로, 향후 관련 산업 발전은 물론 삼동의 미래 신성장동력 개발에 큰 힘이 될 수 있는 일이었다.

특히 차세대 전력기기 및 의료기기의 핵심소재가 될 MgB_2 초전도 선재는 첨단 의료기기인 MRI용 선재로의 대체는 물론 초전도 변압기와 한류기 등 고효율 전력기기의 소재 개발 및 상용화를 목표로 하였다.

삼동은 한국원자력연구원과의 기술이전 계약을 계기로 초전도체 개발기업으로서 미래 전기 에너지산업에 기여할 수 있는 기반을 마련하게 되었다.

이날 체결식은 삼동 이이주 사장과 한국원자력연구원 김종경 원장 그리고 양측 실무자들이 참석한 가운데 이루어졌다.

이어 같은 해 10월에는 MgB_2 초전도 선재 개발을 위한 기술협력 합의각서를 체결했다.

01. **2014.02.12.** 초전도 선재 제조기술 체결식 시행.
02. **2014.10.27.** 대전시와 기업이전 투자 MOU 체결.

01.

02.

임인철 한국원자력연구원 하나로이용연구본부장과 전주흠 삼동 부사장이 기술협력 합의각서 서명식을 갖고 한국원자력연구원이 개발한 MgB$_2$ 초전도 선재 기초기술의 이전 및 상용화기술 확보를 위한 공동연구에 협력하기로 한 것이다.

당시 상호협력합의각서 체결은 기술이전 계약의 후속 절차로 한국원자력연구원 내에 기술이전을 위한 공동연구센터 개설 및 상용화 기술 확보를 위한 공동연구 과제 발굴을 주 내용으로 하는 것이었다.

이에 따라 MgB$_2$ 초전도 선재를 차세대 아이템으로 개발, 전 세계 MRI 의료기 및 전력기기용 소재 시장 선도를 목표로 하는 삼동의 목표는 점차 구체화되어 가기 시작했다.

대전광역시와 기업이전 투자 및 지원업무협약을 체결하다

삼동은 2014년 지방자치단체와의 협력체제를 구축, 상생공영을 추진하는 행사도 가졌다.

이 해 10월 27일 삼동은 대전시와 '기업이전 투자 및 지원업무협약'을 체결했다. 이는 2015년 삼동 기술연구소를 대전으로 확장 이전하기 앞서 이루어진 것이었다.

당시 대전시의 주요 협약내용을 보면 첫째, 삼동은 부설연구소와 시험 생산 공장을 충북 음성에서 대전으로 이전하여 연구기반을 마련하고 둘째, 신기술 양산시설 확충으로 양질의 일자리를 창출, 지역 주민 우선 채용을 통한 신규 고용을 확대하며 셋째, 대전시는 삼동이 대전의 리딩기업으로서 지역경제를 이끌어가는 대기업으로 성장할 수 있도록 행정적, 재정적인 지원을 한다는 내용이었다.

삼동 이이주 사장과 대전시 권선택 시장이 참석한 가운데 개최된 이날 협약식에서 권 시장은 '대전은 과학의 허브도시로서 민관의 연구기관 등 R&D가 집적된 연구 중심 도시'라고 강조하며, '특히 삼동은 전기소재 한 분야에 매진, 이미 1조 원 클럽에 가입한 세계가 인정하는 히든챔피언기업으로 이 곳 대전에 둥지를 틀 경우 한국원자력연구원 등 대덕특구의 연구 인프라를 활용한 제2의 도약을 통해 전 세계 전력시장을 움직일 진정한 월드챔피언 기업으로 거듭날 수 있을 것이며, 그에 대한 행정적 지원을 아끼지 않겠다.'고 말했다.

삼동 이이주 사장 또한 '삼동은 그동안 장인정신으로 동 산업 한길을 정진해 온 기업으로서 대전시의 적극적 지원과 협력의지에 감사를 표한다'고 말하고, '대전시와의 협력을 기반으로 앞으로 삼동이 한 단계 더 도약할 수 있는 계기가 되기를 바란다'며 감사의 뜻을 표했다.

아울러 이 사장은 '대덕특구로 이전하는 삼동 기술연구소와 생산공장을 통해 대전의 지역인재들을 우선 고용하고 지속적으로 양질의 일자리를 창출, 대전지역 경제 활성화를 위해 적극 노력하겠다'는 향후 경영방침도 밝혔다.

남해군 고향 인사 방문단, 삼동을 찾다

같은 해 9월에는 반가운 손님들이 삼동을 찾기도 했다.

박영일 남해군수를 비롯하여 20여 명의 군 의원 및 공무원들로 구성된 '남해군 방문단'이 음성 본사를 방문한 것이다.

이는 남해 출신 성공기업가 이이주 사장의 기업을 방문함으로써 동향 인사를 격려하고 향후 지속적 우의와 협력을 다지고자함이었다.

이 사장은 스무 살 이전 출향하여 그동안 이런저런 이유로 오랫동안 고향을 찾지 않았지만 사향지심(思鄕之心)이란 만인 공통의 본능, 자신이 태어나 자란 고장을 결코 잊을 리 없고, 고향사람들을 만나 반갑지 않을 리 없었다.

이날 방문단은 삼동의 기업성장 과정을 이 사장으로부터 직접 듣는 시간을 가졌다. 특히 오랜만에 고향 인사들을 만나 감회가 깊었던 이 사장은 자신이 어린 시절 고향에서 힘들게 자랐던 이야기에서부터 무작정 상경 후 온갖 고생 끝에 현재 기업을 일구기까지의 스토리를 자세히 설명, 듣는 이들에게 깊은 감명을 주었다. 이어 방문단은 삼동의 생산공정을 두루 견학하고 기념품 증정 및 다과 시간을 마친 후 재회를 기약하며 귀향길에 올랐다.

노사 간 상생과 화합, 행복한 일터로

구성원 복리후생 강화를 위해 적극 노력해온 삼동은 2014년 근로시간 단축을 통한 직원들 삶의 질 향상을 목적으로 노사가 합의, 기존 3조 3교대에서 4조 2교대 체제로 근무형태를 변경했다.

이는 당시만 해도 일반 제조기업들과는 크게 다른 근무형태로서, 4일을 근무하면 4일은 쉴 수 있었다.

이에 대해 안교신 노조위원장은 '당시 직원들은 쉬는 날이 많을 경우 소비지출도 늘어날 수 있어 이를 별로 반기지 않았다. 그러나 막상 제도를 실시한 후부터는 새로운 근무형태에 적응, 충분한 휴식과 재충전의 시간을 갖게 되고 여가선용도 할 수 있게 되어 다들 만족해 했다.'고 설명하였다.

또한 삼동은 직원들의 안전환경에 대해서도 세심하게 신경을 썼다.

노사 공동으로 안전대책회의체를 구성하고 외부의 전문 안전관리자를 초빙, 각 사업장을 순회하며 위험요소를 사전 점검, 개선하였다. 그리고 직원들의 안전의식을 높일 수 있는 지속적 교육 실시와 시설보강 등을 통해 모든 근로자들이 건강하고 안전하게 정년까지 근무할 수 있도록 노사 합동 산업재해 예방활동을 추진하였다. 이에 따라 삼동 각 사업장의 산재율은 크게 낮아졌다.

이와 함께 노사 상생, 화합을 위한 노력도 지속적으로 추진하였다. 각 분기별로 노사가 열린 마음으로 토론을 통해 상호 신뢰를 키우고 소통을 활성화하는 한편 투명경영, 윤리경영을 강화해나갔다.

또한 매년 정초 노사화합을 위해 척사대회를 개최하고 다양한 게임과 이벤트를 실시함으로써 상호 친목을 도모하는 한편 직원들이 여가시간을 즐길 수 있도록 문경공장 등 각 사업장에 족구장, 탁구장, 휴게시설 등을 설치하였다.

이러한 노력에 따라 2014년 충청북도 노사민정협의회는 상생, 화합의 노사문화 확산을 위해 삼동을 '우수 노사문화 실천 사례 기업'으로 선정하고 특별 방송프로그램을 제작, SNS 등을 통해 홍보하기도 했다.

한편 이 해 연말 고용노동부에서는 2014년 노사 상생협력 유공자 50명 및 자치단

01. 2014년 12월 노사 상생 협력 유공자로 삼동의 안교신 노조위원장이 산업포장을 수훈하였다.
02. 삼동이 장기근속자에게 시상한 장기근속상의 부상품.

01.

02.

체 15곳을 선정하여 포상하였는데, 이때 삼동의 안교신 위원장도 그 공로를 인정받아 산업포장을 수훈하는 영예를 안았다.

말레이시아공장 설립, '삼동 그룹'으로 도약하다

세계시장을 향해 끊임없이 달리는 삼동의 가속경영, 고속질주는 2014년에도 계속되었다.

이 해 하반기 또 다시 말레이시아에 현지 공장을 설립한 것이다. 삼동은 미국에 이어 동남아지역에도 생산 거점을 확보함으로써 일본, 대만, 싱가포르시장 확대 및 기존 거래선에 대한 제품공급의 효율화를 이루겠다는 전략이었다.

삼동이 인수한 말레이시아공장은 대지 1만여 평, 건물 3,000여 평 큰 규모였다. 일본의 동선 제조업체 후지쿠라가 운영하던 공장으로 생산품목은 가전용 에나멜 환동선 및 산업용 알루미늄선 등이었다.

삼동은 2014년 10월 말 주식인수를 시작, 총 3회에 걸쳐 70%의 주식을 인수, 경영권을 확보하였다. 여기에는 특허 등 기술이전 조건도 포함되었다.

삼동은 미국에 이어 말레이시아공장까지 잇달아 설립함으로써 글로벌 생산체제를 갖춘 다국적 기업으로서의 위상을 지니게 되었다. 또한 국내에 4개, 해외에 4개 총 8개의 사업체를 거느린 '삼동 그룹'으로 도약을 시작하였다.

3. 기술경영, 미래경영의 시대로

본격적 R&D 활동의 추진, 기술연구소를 확장, 이전하다

2015년 삼동의 빅뉴스, 핫 이슈는 기술연구소 확장, 이전이었다.

이 해 4월 삼동은 기존의 기술연구소를 대폭 확장했다. 대전광역시 대덕연구개발특구에 대형 연구용 건물을 마련, 이전한 것이다.

대전시 유성구 탑립동에 위치한 삼동연구소 건물은 대지면적 6,242 ㎡, 건축 연면적 4,206 ㎡ 규모의 연구시설은 물론 시험생산시설까지 갖춘 현대식 건물이었다.

이 건물은 CNT 기반 첨단 신소재를 개발, 생산하던 곳으로 삼동은 이를 약 80여억 원을 들여 인수한 것이다.

향후 연구개발 활동을 본격 추진하려면 R&D 인프라가 집적된 대덕연구단지가 최적합지였기에 삼동은 이곳에 연구소를 마련한 것이었다.

또한 삼동이 기술연구소를 대전으로 이전한 데에는 관할 지자체인 대전시의 적극적 유치노력도 한몫했다.

당시 각 지자체들에선 관내에 유망벤처기업을 유치, 지역경제 활성화를 도모하려는 노력이 경쟁적으로 펼쳐질 때였다.

대전시 역시 기업유치단을 조직, 관내에 유망 중소중견벤처기업들을 유치하고자 애를 썼다.

대전시 기업유치단은 삼동이 향후 기술개발과 설비투자를 확대할 것이란 정보를 입수, 삼동의 대전 유치를 위해 적극 노력을 기울였다. 특히 기업유치단은 삼동이 차세대 전력기기 및 의료기기의 핵심소재가 될 '이붕화마그네슘(MgB_2) 초전도 선재' 개발을 추진하고 있다는 점 그리고 이를 위해 한국원자력연구원과 MgB_2 초전도 선재 제조기술 이전 계약을 체결한 점 등을 확인 후 곧바로 본격적 유치활동에 나섰다.

대전시 기업유치단은 삼동 본사를 수차례 오가며 대덕연구특구로의 기술연구소 이전 시 입지적 장점을 자세히 설명하는 한편 이전 부지 대상을 직접 소개, 추천하며 이전에 필요한 제반 행정절차 최소화 등의 지원을 약속했다.

이런 노력과정을 거쳐 마침내 대전시와 삼동은 기술연구소의 대전 이전을 합의, 실행하게 된 것이었다.

미래 신성장동력을 찾아라

더 나은 기술과 제품을 연구하고 미래 먹거리를 개발하려는 노력은 모든 기업의 필연적 과제이자 지속가능전략이라 할 수 있다. 그것을 준비하고 실행하는 일이 바로 R&D 활동이었다.

삼동이 2010년대 기술연구소를 설립, R&D활동을 크게 강화한 것 역시 이이주 사장의 지속가능경영전략 즉, 기존 제품에 대한 품질, 기술혁신과 더불어 미래 새로운 먹거리 개발을 위한 선제적 투자결단이라 할 수 있었다.

이 사장은 그동안 경영경험상 기업의 생산제품, 시장수요란 영원하지 않다는 것을 잘 알고 있었다. 현재 호황을 누리고 있는 업종도 시간이 지나면 사양산업이 되거나 새로운 기술과 제품에 밀려 도태할 수밖에 없는 것이 모든 기업의 숙명임을 국내외 비즈니스 현장에서 수없이 보아왔기 때문이다. 따라서 미래경영을 위해서는 끊임없는 기술개발과 신성장동력에 대한 연구가 필연적 과제라고 늘 생각했다. 특히 삼동의 경우 원자재인 동을 사오는 곳도 독점적 지위를 지닌 대기업이고, 납품하는 곳 역시 삼동 매출에 절대적 영향력을 미치는 대기업들이다 보니 삼동은 그 중간에서 마치 샌드위치와 같은 입장에 놓일 수밖에 없었다. 이에 제품의 사양과 기술은 물론 가격 역시 그들의 요구수준에 맞추고 따라야 하는 애로와 단점이 있었다.

물론 삼동의 품질수준이 다른 업체의 생산제품보다 월등한 것은 사실이지만 제품의 특성상 그것이 대체 불가할 만큼 절대적 우위나 독점적 지위를 확보하고 있는 것은 아니었다. 그러다 보니 특히 기업의 생존을 좌우하는 납품단가를 정하는 측면에서 늘 아쉬운 점이 많았다. 예컨대 납품업체와의 단가협상을 함에 있어 삼동이 제반 제조비 상승 등을 이유로 가격인상을 요구할 경우 납품처에서 즉각 실사를 나와 일일이 원가구조를 점검하는 등 클레임을 제기했다. 동선 제품의 제조원가 구조란 원자재인 구리 구매가격과 가공비, 인건비, 운송비 등 누구나 훤히 알 수 있는 것이어서 무엇을 추가하려 해도 추가할 항목도 거의 없었다. 또한 삼동이 만일 납품단가를 무리하게 높이고자 할 경우 대기업들은 자체 설비를 도입, 직접 생

01, 02. 삼동의 대전 기술연구소의 연구개발 현장.

01.

02.

산을 하거나 중국 등 외국 제품을 수입, 대체할 수도 있기 때문이었다.

그러다 보니 사업구조는 언제나 종속적 입장일 수밖에 없었고, 수익 측면에서도 부가가치가 높지 않았다. 이런 경영구조, 수익구조로는 삼동이 일정기간 안정적 경영을 이어갈 수는 있겠지만 향후 획기적 도약을 이루거나 독립적 지위를 확보하기란 어려웠다.

이에 이이주 사장은 새로운 성장동력을 찾는 것이 숙원과제였다. 이 사장은 향후 기업의 독립적 위상을 확립하고 부가가치를 높일 수 있는 신성장동력을 발굴하기 위해 고심을 거듭했다. 바로 이런 고민과 과제를 해결하고자 기술연구소를 확대 이전, R&D 활동을 본격화한 것이다.

특히 이 사장은 지난 수십 년간 동 산업에 종사해오면서 미래 동을 대체할 소재가 무엇인지 끊임없는 연구를 거듭해왔다. 예컨대 원재료비와 가공비가 높은 기존의 동 제품보다 전도율이 훨씬 우수한 신 선재를 독자 개발한다면 기업의 부가가치 창출은 물론 세계 전기전자산업 발전에 획기적 기여를 할 수 있을 것이기 때문이었다. 그러나 지난 수백 년간 구리라는 전도체에 의존해온 전기전자산업의 역사를 일거에 바꿀 수 있는 신 선재를 개발하기란 그야말로 불가능에 가까운 일이었다. 하지만 인류는 또 그런 불가능에 끊임없이 도전, 실패와 성공을 거듭하면서 산업문명을 발전시켜온 것이기도 했다. 그리고 원래 그처럼 무모하게 여겨질 수 있는 과감한 도전이 기업의 운명을 바꾸고 세상을 변화, 발전시키는 동력이기도 하였다.

이 사장의 신 선재 개발 시도 역시 바로 이 같은 목표와 전략의 일환에서 추진된 과감한 도전이고 결단이었다.

이 사장이 신 선재 개발을 결심하게 된 것은 2000년대 중반 일본의 동선 제조기업 후지쿠라를 방문, 초전도체 기술개발 과정을 살펴본 것이 계기가 되었다. 당시 후지쿠라 역시 개발 초기 단계였고, 현재까지 상용화는 이루어지지 않았지만 그때 이 사장은 '바로 이거다' 싶은 직관과 확신을 갖게 되었다.

삼동의 경우 창업 이래 동선 산업 외길을 걸어왔고, 어차피 완전히 다른 분야로 사

STORY IN HISTORY

블루오션 개척을 위한 투자와 미래 기술전략

삼동이 본격 도약궤도에 오른 2010년대 초에 이르러 이이주 사장은 포토폴리오의 다각화를 추진했다. 상용화에 오랜 시간이 소요되는 초전도체 개발은 장기과제로 연구를 계속하는 한편 변압기 등 전력부문에 치중된 기존 사업구조를 다각화함으로써 지속가능경영을 도모하기 위함이었다.

이 사장의 이러한 구상은 신제품, 신기술개발 투자로 이어졌다. 그렇다고 완전히 다른 분야의 아이템개발을 시작한 것이 아니라 삼동이 그동안 쌓아온 기술과 노하우, 생산설비 등을 십분 활용할 수 있는 사업범위 내에서 품목다각화를 추진한 것이다.

당시 이 사장이 개발한 주 아이템은 바로 전기차용 동선 제품이었다. 전기차의 경우 모터용 구리코일은 필수소재로써 자동차 1대에만도 5kg 내외의 동선이 사용되었다. 그 수량을 향후 전 세계에 보급될 전기차 대수에 비례해보면 미래 시장규모가 어느 정도일지 상상할 수 있는 일이었다. 이는 그야말로 블루오션 차원을 넘어 세계 동 산업의 지각변동을 불러일으킬 만큼 획기적 아이템이라 할 수 있었다.

이에 이 사장은 문경공장과 미국 오하이오공장에 전기차용 동선 제품 생산설비를 꾸준히 늘려나갔다. 그리고 2010년대 중반 이후부터 국내 자동차사는 물론 해외의 유명 자동차기업에 제품을 납품하기 시작했다. 물론 아직은 전기차 시장이 기술적 문제 등으로 크게 활성화되진 않았지만 업계의 전망대로 2040년쯤 전기차가 대중화될 경우 삼동은 또 한 번 큰 도약을 이루게 될 것임이 분명해진 것이다. 미래 경영환경에 대한 통찰력을 지니고 항상 남보다 한발 앞서가는 이 사장의 선제적 판단과 투자로 삼동은 이미 전기차용 동선 분야에선 누구도 따라올 수 없는 초격차의 기업위상을 확보하고 있기 때문이다.

업을 확장시키는 것은 무리였기에 기존 사업범위 내에서 새로운 소재를 연구개발하는 것만이 기업의 지속경영을 실현하는 길이었기 때문이었다.

이 사장은 이때부터 새로운 선재 개발계획을 점차 구체화해 가기 시작했다. 그것이 바로 이붕화마그네슘을 소재로 한 초전도체 개발이었다. 그리고 이때 마침 초전도체 기술을 보유한 한국원자력개발연구원과 연결이 되어 기술협약을 맺게 된 것이다.

원래 초전도체는 1950년대 저온 초전도체가 개발된 후 1990년대에 이르러 고온 초전도체가 발견되었다. 대부분의 신기술들이 그러하듯 초전도체 기술 역시 원자력 관련 연구 중 우연히 개발된 부가기술이었다. 현재까지 세계적으로 상용화는 안 되고 있지만 앞으로 이 기술이 보편화될 경우 세계 전기전자산업은 한 차원 업그레이드될 만큼 획기적인 기술이었다.

이러한 맥락과 상황에서 이 사장은 대전으로 기술연구소를 확장, 이전한 후 국내외 석박사급 전문요원들을 영입, 2015년부터 초전도체 개발 및 상용화를 위한 본격 연구에 돌입했다.

또한 초전도체 기술개발뿐만 아니라 미래 새로운 먹거리가 될 전기차 등 e-모빌리티 관련 동선 제품과 태양광, 풍력 발전플랜트용 동선 등 신소재, 신제품 개발 노력도 병행 추진하였다. 그리고 이 시기를 기점으로 현대자동차로부터 하이브리드차 모터용 소형 평각선을 수주하면서 전기차에 사용될 동선 개발 및 생산에 더욱 박차를 가하게 되었다.

열린경영, 소통경영을 위한 e-메일 경영토의

2010년대에도 삼동의 열린경영, 소통경영을 위한 노력은 꾸준히 이어졌다. 특히 이 시기에는 삼동의 국내외 사업장이 점차 늘어나면서 임원들이 한 자리에 모여 의견을 교환할 수 있는 시간과 기회를 자주 갖기 어려워졌다.

이에 따라 이이주 사장은 회사의 주요 현안들에 대해 중역, 팀장들과 e-메일을 통한 경영토의를 수시로 가졌다. 거의 매월 한두 번씩 그때그때 필요한 주제와 이슈를 정해 서로 기탄없는 토의를 하고 그 내용을 전 임원이 공유하였다.

이는 매우 효과적인 소통경영 방식이었다.

직접 모여 회의를 하다보면 아무래도 시간소요가 오랠 뿐더러 즉흥적 대화 위주로 회의가 진행되어 심도있는 토의가 어려울 수 있었다. 하지만 e-메일을 통한 토의는 각 임원들이 언제 어디서든 자신의 의견을 심사숙고한 후 논리적으로 제시할 수 있기에 오프라인 회의보다 훨씬 유용하고 효과적이었다.

삼동의 e-메일 경영토론은 사내외의 주요 현안이 있을 때마다 이 사장이 그에 대한 임원들의 의견을 구하고, 임원들은 정해진 기일 내 각자 의견을 제시하는 방식으로 진행되었다.

그 한 예로 2015년 9월 이 사장이 미국 애틀랜타에 머물며 임원들과 가졌던 경영토의 내용을 잠시 살펴보면 그야말로 시공을 초월한 삼동의 e-메일 경영토의 방식이 얼마나 효과적이고 실제 업무활동과 의사결정에 도움이 되는지 여실히 알 수 있다.

당시 '삼동 경영시스템의 문제점, 개선점을 지적하고 대안을 제시해 달라'는 이 사장의 요청에 전 임원들은 기탄없이 의견을 제시하였다. 그중에는 회사의 전래적 생산, 영업구조나 방식에 대한 문제점 등을 지적하며 이 사장의 빠른 조치와 결단을 촉구하는 의견도 있었고, 국내외 사업장 확대에 따른 방만경영을 우려하며 이를 총괄, 지휘할 수 있는 통합경영정보시스템 도입이 시급하다는 의견도 있었다. 심지어는 60대 후반에 이른 이 사장의 연치를 걱정하며 전문경영인 영입 등 회사의 후계구도에 대해서도 미리 심사숙고해달라는 다소 민감한 요청까지 있었.

이 사장은 임원들의 이 같은 다양한 의견에 대해 일일이 답변을 제시하는 한편 이후 경영활동에 적극 반영하였다. 특히 전문 경영인 영입 의견에 대해서도 '후임 경영자가 아무 걱정 없이 경영활동에 매진할 수 있도록 제반 기반을 조성한 후 전문경영인체제로 전환할 것'이라는 답변을 하기도 했다.

이 사장은 e-메일 경영토의에 대해 '오프라인에서 회의를 하거나 전화로 얘기하면 시간도 많이 소요될 뿐더러 말한 내용도 이내 다 사라져 버리지만 e-메일 경영토의는 그 내용이 반영구적으로 보존됨은 물론 여러 구성원들이 공유할 수 있고, 또한 각자 심사숙고 후 의견을 제시하므로 내용의 충실성, 효용성이 그만큼 큰 것'이라며 이후로도 e-메일 토의시스템을 적극 활용하였다.

STORY IN HISTORY

"좋아하지 않을 수 있어도 존경하지 않을 수는 없다"

열린경영, 소통경영을 중시하는 이이주 사장은 임직원들과의 토의뿐 아니라 각계각층 사람들과도 늘 대화하고 토론하기를 즐겼다.
이 사장의 평소 성품과 철학, 경영 스타일을 엿볼 수 있는 일화 하나.
한번은 어느 기자가 이 사장에게 물었다.
"사장님께서는 직원들에게 늘 주인의식을 지니라고 강조하시지만, 사실 직원들은 진짜 주인이 아닌데 어찌 철저한 주인의식을 지닐 수 있겠습니까?"
이 사장이 대답했다.
"주인의식이란 특별한 것이 아닙니다. 언제 어디서 무슨 일을 하든 누가 시키지 않아도, 지켜보지 않아도 스스로 알아서 일하는 사람은 어디에서든 자기가 주인이 되는 것입니다. 반면 누가 시키고 지켜봐야 일하는 사람은 스스로 하인이 되는 것이지요. 쉽게 말해 주인행세, 주인노릇을 하라는 것이 아니라 주인정신, 주인자세를 지니라는 얘깁니다."
기자가 다시 물었다.
"사장님께서는 정직함의 중요성에 대해서도 늘 강조하십니다. 그러나 사람이 살다 보면 비단 자신의 편익을 위해서가 아니라 남을 돕거나 배려하는 차원에서 선의의 사소한 거짓말은 더러 할 수도 있는 것 아니겠습니까?"
이 사장이 대답했다.
"최대한 정직하라는 얘기고, 최소한 정직하려고 노력하라는 얘깁니다."
이에 기자가 거듭 물었다.

"사회생활을 하다 보면 정직하게 말할 경우 오히려 손해를 보는 경우가 더 많지 않습니까?"
이 사장이 대답했다.
"물론 정직하게 말해서 손해를 보는 경우도 더러 있겠지만 결과적, 장기적으로 볼 때 손해 보는 경우보다 이익을 보는 경우가 훨씬 더 많을 겁니다. 특히 현대사회는 모든 시스템이 투명하게 운영되므로 정직하지 않고는 결국 손해를 볼 수밖에 없습니다. 따라서 정직이란 도덕적 당위일 수도 있지만 자신이 손해를 보지 않기 위해 또는 이익을 얻기 위해 행해야 할 하나의 전략과 수단일 수도 있습니다."
기자가 화제를 돌려 다시 물었다.
"사장님께서는 윤리도덕이 중요하다고 늘 강조하시는데, 사실 윤리도덕이란 것도 나라마다 민족마다 사회마다 각기 풍습이 다를 수 있는 것 아니겠습니까? 그런 것을 어느 한 쪽의 기준만으로 윤리도덕에 어긋난다, 아니다, 딱히 구분하고 정의하고 질책할 수 있겠습니까?"
이번에도 이 사장이 간명하게 대답했다.
"로마에 가면 로마법을 따르라는 말이 있지 않습니까? 어느 나라, 어느 사회에서든 그곳에서 통용되는 도덕률과 윤리규범을 지키고 따라야 한다는 얘기지요."
명쾌한 논리였다. 물론 사람에 따라서는 이른바 옛 성현 말씀만 같은 이 사장의 고답적 사고논리를 일면 진부하게 느낄 수도 있을 것이다. 그러나 또 한편 그

말과 논리의 당위성, 합리성에 대해서만큼 누구도 인정하지 않을 수 없는 일이었다. 따라서 그와 친한 어느 지인의 말처럼 '이 사장과 대화를 나누다 보면 그를 좋아하지 않을 수는 있지만 존경하지 않을 수는 없다'라는 말에 새삼 공감하게 된다.
사람을 진심으로 감복시키고 믿고 따르게 하는 능력이란 억지로 꾸미거나 노력한다고 갖출 수 있는 것이 아니다. 이는 반드시 그 바탕이 선량하고 진실되고 정명한 성품인 사람에게서만 느낄 수 있는 무형의 기운 같은 것이기 때문이다.

4. 글로벌사업환경 변화와 재도약 전략의 추진

미국 지주회사 Sam Dong America. Inc 설립

2016년 1월 삼동은 미국 테네시공장과 오하이오공장, 조지아공장 등 3개 생산기지를 운영하면서 미국 현지에서의 세금, 행정, 영업활동 등에 효과적으로 대응하고자 지주회사 삼동 아메리카(Sam Dong America. Inc) 현지법인을 설립하였다. 이는 미국 3개 공장 법인의 개별 운영에 따른 비효율적 경영구조를 개선하고 자금운영 불균형 완화 및 불합리한 법인세 구조 등을 개선하기 위함이었다. 이로써 기존 Sam Dong Ohio Inc는 한국 본사 100% 자회사에서 미국 지주회사인 Sam Dong America. Inc의 자회사로 편입되었고, 본사 기준에서 보면 자회사에서 손회사로 변경되었다.

삼동은 현지 법인장에 정병욱 현 전무를 임명, 제반 사업을 총괄하도록 경영체제 및 조직을 새롭게 구축하였다.

또한 이 해 말에 이르러 삼동은 2012년 설립한 미국 조지아공장을 자원 재배치 차원에서 매각함으로써 미국에는 테네시공장과 오하이오공장 두 곳의 생산기지만 운영, 경영효율화 기반을 다지게 되었다. 조지아공장의 매각은 향후 건설될 폴란드공장으로 생산설비를 이전, 통합 운영하기 위함이기도 하였다.

한편 2009년 설립한 오하이오공장의 경우 설립 첫해부터 이익을 실현, 2016년 누적 이익이 1,000만 달러를 상회함으로써 삼동의 성공적 해외 투자성과를 입증하기도 했다.

유럽 시장 석권 목표, 폴란드에 대규모 공장부지를 매입하다

세계 시장 진출을 위한 삼동의 전력질주는 2010년대 후반에 이르러서도 계속되었다. 삼동은 해외 생산기지의 성공적 가동실적과 운영경험을 바탕으로 향후 유럽 시장을 석권하기 위한 신규투자를 또 다시 단행하였다. 폴란드 특별경제구역 내에 대규모 공장설립을 추진한 것이다.

당시 유럽의 CTC 수요량은 전 세계의 30% 이상을 차지할 만큼 컸고, 이 수요량의 대부분을 삼동 경쟁사인 ASTA가 거의 독점 공급하고 있었다. 그러나 삼동이 폴란드에 공장을 설립할 경우 이 같은 유럽지역 시장판도가 크게 바뀔 만큼 획기적인 일이었다.

여기에는 또 다시 '행운'이라 할 만한 스토리가 있었다.

당시 국내 언론에서도 삼동의 유럽공장 설립을 두고 '유럽에 진출 한 것'이 아니라 '진출 당한 것'이라는 제목을 달아 보도했을 정도로 이는 매우 보기 드문 사례였다. 내용인즉, 독일 대표기업이자 삼동의 최대 고객사인 지멘스가 삼동에 유럽공장 설립을 먼저 요청했던 것이었다. 설립 후 생산량의 일정 부분을 지멘스가 책임지고 소화해 주겠다는 부가조건도 함께 덧붙였다.

그러잖아도 유럽 시장 확대를 위해 고심하고 있던 이이주 사장으로선 그야말로 쾌재를 부를만한 일이었다. 일단 생산량의 상당 부분을 지멘스에 납품한 후 나머지 생산량은 기존 고객사 및 새로운 거래처를 발굴, 공급하면 되는 것이기에 신규 투자에 대한 리스크나 부담감이 거의 없는 것이나 마찬가지였다.

특히 삼동이 유럽공장 부지로 매입한 폴란드 코스친 지역은 독일 국경과 맞닿아 있어 유럽 내 고객사에 당일 납품이 가능할 만큼 운송여건 또한 최적이었다.

이에 삼동은 2016년 부지를 매입하여 2018년 공장을 완공, 2020년까지 연간 1만 2,000톤 이상의 동선을 생산한다는 목표로 유럽공장 건설작업에 본격 착수하였다.

동가 하락으로 인한 매출규모의 감소

2016년에도 삼동의 국내외 사업장에선 전 임직원들이 생산, 영업활동에 전력했다. 당시 국내 시장상황은 미주지역에서의 변압기 수출경쟁이 날로 과열됨에 따라 품질은 기본이고 가격이 가장 중시되는 추세였고, 해외 영업상황은 일본 시장 매출이 다소 감소한 대신 호주, 인도, 유럽 수출량은 소폭 증가, 전체적으로는 예년과 비슷한 수준을 유지했다.

단지, 특기할 점은 2010년대 중반 들어 삼동의 총 매출규모가 상당 부분 줄어들었다는 점이었다. 국내 매출과 해외 매출 모두 큰 폭으로 떨어졌다. 하지만 그럼에도 불구하고 경영수지에는 큰 변동이 없었다. 당시 매출이 줄어든 이유는 수주량 감소에서 기인한 것이 아니라 총 매출액의 절대비중을 차지하는 원자재비 즉, 동가(銅價)가 그만큼 하락한 때문이었다. 2000년대 중반부터 오르기 시작하여 2010년대 초반 1만 달러까지 치솟았던 국제 동가는 2010년대 중반쯤에 이르자 거의 절반 수준으로 떨어졌다. 당연히 삼동의 매출규모 역시 그만큼 감소할 수밖에 없었다. 그러나 삼동은 2000년대 중반부터 원가 연동제를 실시, 동가 등락으로 인한 손실은 거의 없었으며, 매출규모의 감소 또한 단순 원가구성비에 의한 것이었기에 실질적 수주량이나 생산량, 수익성 면에서는 별 변동이 없었다. 다만, 당시 세계적 경기하락과 해외 변압기시장의 과당경쟁 등으로 주 고객사인 현대, 효성 등 변압기 제조기업들의 수주실적이 낮아지면서 국내 영업 부문에서는 삼동의 수주량 역시 다소 감소세를 나타냈다.

R&D 활동 성과와 '三東賞' 시상

전년도 대덕연구개발특구로 확장, 이전한 삼동 기술연구소의 연구개발 활동 또한 활발히 추진되었고, 다양한 성과들이 있었다.

우선 2016년 2월에는 국책 연구기관인 한국생산기술연구원과 '고속철도차량 변압기용 절연박막 코일제조개발 연구'를 공동 수행했으며, 같은 해 7월에는 한국기초과학지원연구원과 '임계 전류 측정장치의 구축 및 시험분석 관련 기술 이전 협약식'을 가졌다. 이 기술은 초전도 선재의 생산 공정에 따른 제품 특성을 분석, 신뢰성을 평가할 수 있는 필수기술이었다.

또한 삼동은 산학연 간 초전도 저온공학 학술활동 진작과 효율적 기술교류 등을 위해 2016년 처음으로 '三東賞'을 제정, 시상하였다. 이는 상금 전액을 삼동이 출

01. **2017.07.03.** 한국초전도학회 삼동 학술상 시상.
02. **2017.01.10.** 한국초전도저온 학술연합회 동계학술대회 우수 논문상 시상.

01.

02.
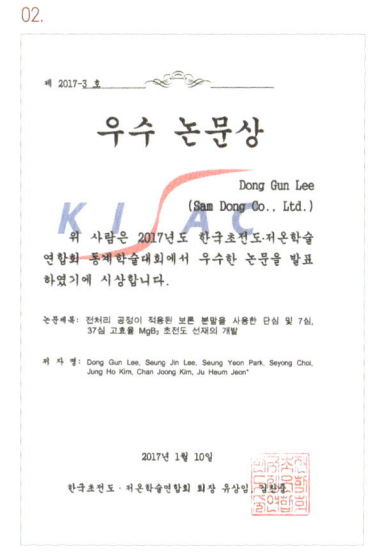

삼동은 산학연 간 초전도 저온공학 학술활동 진작과 효율적 기술교류 등을 위해 2016년 처음으로 '三東賞'을 제정, 시상하였다. 이는 상금 전액을 삼동이 출연하는 학술상으로 매년 1회 후보자를 선정, 시상하는 상이었다. 이 해 6월 제1회 수상자로 성균관대학교 물리학과 박두선 교수가 선정되었다.

연하는 학술상으로 매년 1회 후보자를 선정, 시상하는 상이었다. 이 해 6월 제1회 수상자로 성균관대학교 물리학과 박두선 교수가 선정되었다.

R&D 활동에 필요한 인적, 물적 인프라 구축 노력도 이어졌다.

삼동 기술연구소는 힐튼경주호텔에서 내부 연구진들의 연구의지 진작 및 R&D 활동 방향 모색을 위한 워크숍을 개최하는 한편 향후 연구개발에 필요한 광학전자현미경, X선회절분석기 등 실험장비 및 시설들을 대거 보강하는 등 미래 신기술, 신제품 개발을 위한 노력을 적극 추진해나갔다.

한편 해외 전시회에도 매년 빠지지 않고 참가하여 신기술, 신제품 정보들을 수집하고 익혔다. 이 해 6월에는 IEEE 달라스 전시회와 CWIEME 베를린 전시회에 참가, 삼동 부스를 설치, 홍보함으로써 방문객들의 호응을 얻기도 했다.

재도약을 위한 목표 설정

2017년 새해가 밝았다. 날마다, 해마다 변함없이 이어지는 시간의 흐름이지만 그 또한 어느 시점 새로운 마음, 새로운 각오를 다질 경우 새해 의미는 더 각별해지는 것이었다.

삼동은 2017년 새해 경영목표를 '재도약 원년의 해'로 삼고 이를 실현하기 위해 전사적 역량을 경주하였다.

"최고의 품질과 경쟁력으로 삼동의 브랜드가치를 제고하자"는 모토와 함께 다음과 같은 4대 중점 추진과제를 선정, 추진했다.

1. 경영목표 달성을 위한 매출 확대 및 신규 시장 확장
2. 퍼펙트 워크를 통한 실패비용 감축 및 고정비, 변동비 감소
3. 품질과 서비스, 창의성, 생산프로세스의 차별화를 통한 시장 주도
4. 미래를 위한 행복, 배려의 기업문화 조성 및 그룹사 협업시스템 구축.

이이주 사장 역시 신년을 맞이하는 임원 워크숍 자리에서 지멘스와 LG전자 등 국내외 고객사들로부터 받은 감사 서한을 소개하며, '새해에도 세계 제일의 사람이

01. CWIEME 베를린 전시회 삼동 부스.

01.

세계 제일의 제품을 만든다는 장인정신으로 세계 최고 수준의 삼동像 구현을 위해 다시 한번 도약하자'고 임원들을 독려했다.

미국 변압기시장 변화 및 삼동의 대응전략

2017년 국내외 전력기자재 시장의 핫 이슈는 현대중공업 등 한국 변압기 제조사들에 대한 미국의 반덤핑 관세 부과 사안이었다.

이 해 3월 미국 정부는 한국산 대형 변압기에 대해 61%의 반덤핑 관세를 확정했다. 전년도 9월 예비판정에서 미국 상무부는 현대중공업 3.09%, 일진 2.43%, 효성 1.76% 등 한국산 변압기에 대한 반덤핑 관세를 결정한 바 있었다. 그러나 최종판정에서는 현대중공업에 대한 관세율이 무려 20배로 불어난 것이다. 업계에서는 이 같은 배경에 미국 트럼프 신정부의 보호무역주의 기조가 크게 작용했고, 한국의 대표적 변압기 제조기업인 현대중공업이 우선 표적이 되었다고 분석했다. 그러나 다행히 효성중공업은 2.99%, 일진 역시 예비판정과 비슷한 수준으로 부과됐다.

이러한 시장상황 하에서 삼동 역시 긴장감을 늦출 수 없었다.

고객사의 실적과 사업여건이 안 좋아지면서 실제 단가계약 시 가격 인하요구가 커질 수 있으며, 제품 불량에 따른 제재 수위 역시 더 높아질 수 있기 때문이었다.

삼동은 이에 따른 대책으로 가격조건은 최대한 현행 수준을 고수하되 불량률 제로화정책으로 고객만족을 실현해 나간다는 방침을 수립, 적극 추진해 나갔다.

고객사와의 협업, R&D 활동 강화

국내외적으로 어려운 시장상황 속에서도 삼동의 생산, 영업활동은 각 사업장에서 예년과 같이 활발히 이루어졌다.

국내 사업장의 경우 각 고객사와 협업활동을 강화, 프로젝트 별로 공정 진행현황을 사전 공유하는 한편 원자재의 이월 및 보관량을 최소화해 나갔다. 또한 생산 부문에서도 설계 사양의 검토단계에서부터 특이 작업이 있을 경우 고객사와의 사전 협의 및 조율작업을 통해 차후 문제발생 소지를 일소하고 서비스를 차별화하였다.

해외 영업 또한 각 나라별로 시장동향을 분석하고 고객사 상황을 파악, 최적의 대응을 해나갔다.

일본의 경우 2017년에는 전년 대비 상승된 경기를 바탕으로 전반적인 수요가 증가하는 추세였으나 그 외 동남아시장은 중국산 저가제품 범람으로 가격경쟁력은 다소 떨어졌다. 대만 역시 내수 시장은 불황이었으나 미국 수출용 제품에 대한 수요와 경쟁력은 소폭 상승하였으며, 유럽 시장 역시 전년도에 비해 수주량이 다소 늘었다.

이러한 시장 여건에서 삼동은 최선의 사업활동을 경주, 전년 대비 20% 이상 증가한 매출실적을 거두었다.

한편 삼동의 사업활동이 활발히 전개되는 가운데, 연구소 설립 당시부터 기술개발 업무를 총괄해온 전주흠 부사장이 이끄는 기술연구소 역시 R&D활동에 박차를 가했다.

2017년 1월에는 한국초전도저온학술연합회 동계학술대회에서 삼동 기술연구소의 '전처리 공정이 적용된 보론 분말을 사용한 단심 및 7심, 37심 고효율 MgB_2 초전도 선재의 개발'을 주제로 한 논문이 우수 논문으로 선정되는 성과를 거두었다.

또한 2월에는 삼동 기술연구소 대강당에서 포항공대 교수진을 초청, '투과 현미경의 기본 원리와 재료분석에의 응용'을 주제로 세미나를 개최하였으며, 7월에는 그동안의 연구결과를 기반으로 '초전도체 합금 복합 선재 제조방법'에 대한 특허를 취득하였다.

이어 같은 달 3일에는 강원도 용평리조트에서 '2017년 한국 초전도 저온 하계 학술대회'를 개최, 제2회 삼동 학술상 수상자로 서울대학교 김창영 교수를 선정, 시상하는 등 기술연구소 역시 활발한 활동을 펼쳤다.

변함없는 인간존중 경영의 실천

삼동의 생산기지가 국내외로 확장되고 인력이 크게 늘면서 당연히 경영시스템도 변경되었다. 기업규모가 그룹화를 이루게 되자 최고경영자 혼자 모든 사업을 총괄 지휘하기에는 한계가 있었다.

이이주 사장은 2010년대 중반부터 적임 인재를 책임자로 임명, 적재적소에 배치하고 자율경영, 책임경영을 본격 추진했다.

팀장, 임원들에게 재량권을 대폭 위임하는 한편 조직의 수평화를 추진, 신속한 의사결정과 소통의 원활화를 도모해 나갔다. 또한 순환보직제 실시를 통해 인력관리의 효율성을 제고하고 구성원 각자의 직무역량 배양에 힘썼다.

특히 사람을 배려하고 존중하는 이 사장의 경영철학은 삼동의 임금제도에도 그대로 반영되었다. 이른바 상박하후(上薄下厚)의 임금체계를 운영, 직급이 낮을수록 임금수준은 높아지게 함으로써 회사의 수익을 가능한 골고루 배분되도록 배려하였다.

삼동 구성원들에 대한 복지제도 역시 한층 강화되었다.

장기근무자들에게는 근속기간에 따라 별도의 장려금과 휴가, 선물 등을 지급했다. 예컨대 10년 장기근속직원에게는 표창과 함께 순금 5돈, 휴가 3일이 주어졌고, 15년 근속직원에겐 장려금 200여만 원과 휴가 5일을 부여했다. 뿐만 아니라 직원들의 다양한 능력개발을 위해 지게차 면허 등 각종 자격증 취득을 적극 권장하고 자격 취득자에게는 상응한 혜택을 주었다.

이밖에 직원 가족들 초청 행사를 비롯하여 노사 등반대회, 척사대회 등 다양한 이벤트로 구성원 화합을 도모함은 물론 가족농장과 같은 여가선용 복지제도도 운영하였다. 안교신 삼동 노조위원장은 당시 정황에 대해 '사장님께서는 미국과 유럽 등 선진 외국 근로자들을 대상으로 해외 경영활동을 오래 해 오신 탓에 그 마인드가 매우 개방적이고 열린사고를 지니셨다'면서 '특히 직원들 복지향상, 근무환경 개선 등에 대해서는 전향적인 제도를 도입, 조직문화의 발전과 경영합리화를 추구하셨다'고 술회했다.

평소 직원들을 대하는 이 사장의 마음가짐이나 자세 또한 늘 한결같았다. 모든 임직원들을 진심으로 아끼고 존중하는 그 마음은 창업 이래 단 한 순간도 변함이 없었다.

이 사장이 평소 직원들을 대하는 마음가짐과 자세가 어떠했는지는 문경공장 이상곤 이사의 전언을 통해서도 여실히 가늠할 수 있다.

"저는 2015년 입사 후 문경공장에서 근무했기 때문에 사장님이 계신 음성 본사에는 업무가 있을 때만 가끔 한 번씩 방문합니다. 어느 날 본사를 방문, 사장님이 근무하시는 2층을 올라가는데 이미 저만치에서 저를 먼저 알아보신 사장님께서 급히 문 앞까지 걸어 나오셔서 저에게 악수를 청하고 반갑게 맞아주셨습니다. 저는 그때 감동을 몇 년이 지난 지금도 잊을 수 없습니다."

그럴만했다. 이는 일면 지극히 사소한 일 같지만 대단히 중요한 일이라 할 수 있다. 사람을 감복하게 하는 것은 비단 큰일에 관한 것만이 아니라 바로 이처럼 사소한 인간적 면모, 세심한 배려에서 비롯되는 경우가 많기 때문이다. 사실 직원 수 1,000여 명에 이르는 중견기업 최고경영자가 일반 간부 직원들에게까지 세심하게 신경을 쓰기란 어려운 일이다. 그럼에도 이 사장은 당시 입사한 지 얼마 안 되는 이 이사가 혹여 본사에 와서 서먹한 분위기를 느낄까 염려하여 이처럼 반갑게 나서 맞아준 것이다. 따지고 보면 기업의 사람중심경영, 인간존중경영이란 바로 경영자의 이런 의식, 이런 자세에서부터 출발하는 것이라 해도 틀림없는 말이었다.

특히 이 사장은 회사 직원들의 복지증진을 위해서는 비용투자를 아끼지 않는 스타일이지만 정작 본인을 위한 일에는 지나칠 만큼 검약한 자세로 일관했다.

한번은 이 사장의 승용차를 새로 교체할 시기가 되자 담당 임원인 이수주 이사는 대다수 CEO들이 선호하는 외제차로 교체할 것을 권했다. 그러자 이 사장은 '내가 이 비싼 외제차를 타야 할 이유를 설명해보라'고 되묻는 바람에 이 이사는 대답할 말을 잊고 즉시 국산차로 차종을 바꿔 구입하기도 했다.

언제 어디서나 리더의 발자취는 후인들이 따르는 길이 되기 마련이다. 최고경영자가 매사에 이처럼 검약하고 올곧은 모습을 보임으로써 삼동 구성원들 역시 이를 따르고 본받을 수밖에 없었다.

가슴 아픈 悲報를 접하다

사람이 살아가는 길엔 희비도 반반, 공과도 반반, 행불행도 반반이란 말이 있듯 언제나 좋은 일만 연속되지는 않는 것이었다.

2017년 말 미국에 체류하며 현지 경영에 전념하고 있던 이이주 사장은 어느 날 갑자기 억장이 무너지는 비보(悲報)를 접했다. 그의 장남 우현이 유명을 달리했다는 소식이었다.

회사 최고경영자의 춘사(椿事)는 결국 회사의 유고이고, 삼동 가족들의 아픔, 슬픔일 수밖에 없었다. 이에 이 사장은 물론이고 전 임직원들 역시 망연자실, 비감에 잠겨야 했다.

당시 우현은 해외 유학을 마친 후 뉴질랜드에서 조그만 사업체를 운영하고 있었는데, 친구들과 저녁식사 중 갑작스런 심장질환으로 세상을 뜨고 만 것이었다.

40년 넘게 키워온 아들을 어느 한 순간 떠나보내게 된 이 사장의 심경이 어떠했을지는 굳이 긴 설명이 필요 없을 터였다. 원래 겉으로 무심하고 강해 보이는 사람일수록 오히려 그 속마음은 더 여리고 정이 많은 법이었다. 특히 어머니인 김경자 여사의 상심과 슬픔은 이루 형언할 수 없을 정도였다.

흔히 '부모님은 돌아가시면 산소에 묻지만 자식이 먼저 떠나면 가슴에 묻는다'고 했다. 밖에서는 글로벌기업을 경영하는 이 사장이었으나 그 역시 가정에서는 한 아내의 남편이고 자녀들의 아버지였다.

이 사장은 아들이 떠난 후 아주 오랫동안 가슴속에서 무시로 울컥울컥 슬픔이 차올라 견디기 힘들었다. 아침에 일어났을 때도 잠자리에 들었을 때도 세수를 할 때도 식사를 할 때도 아들과 함께한 시간, 장면에 대한 기억들이 문득문득 되살아나 괴로웠다. 그 또한 아들에게 잘해주지 못했던 생각들만 자꾸 떠오르니 더더욱 가슴이 미어졌다.

우현이 어릴 때 회사의 부도로 마음에 상처를 주었던 일이며, 이후에도 사업에 바빠 자상히 살피고 챙겨주지 못했던 일, 그가 해외 유학을 마친 후 뉴질랜드에서 조그만 사업체를 운영하며 어려움을 겪고 있을 때 자립심을 길러준다는 생각에 도움

요청을 냉정히 거절했던 일 그리고 평소 좀 더 따뜻하고 정감 있게 대해 주지 못한 일 등이 수시로 생각나 견디기 힘들었다.

그렇다고 사적인 가정사를 밖에 나가 하소연할 수도 없는 일이었다. 더러 내막을 아는 주변인들이 위로의 말을 건넬 때도 '그 또한 본인이 타고난 어쩔 수 없는 운명'이라고 무심한 척 대답하며 이 사장은 홀로 속울음을 울어야 했다.

돌이켜보면 남들한테는 친절하고 자상했으면서 왜 아들에게는 그토록 무심하고 매정하게 대했는지 뼈아픈 후회가 밀려왔다. 이 사장은 '만약 세월을 되돌릴 수만 있다면 얼마나 좋을까' 하는 상상을 수없이 했다. 그럴 때마다 '이제 우현이를 다시 만날 수 없겠지?'하는 생각에 또 다시 눈물이 쏟아지곤 했다.

STORY IN HISTORY

그 초연한 모습에 대한 존경심과 두려움

2017년 11월 어느 날, 이이주 사장의 미국 출장 시 수행업무를 맡고 있는 삼동 해외영업부 우상민 이사는 이 사장을 모시고 현지 법인 임원들과 함께 저녁식사를 하고 있었다.

그때 잠시 밖에 나가 통화를 한 후 다시 들어온 이 사장의 표정이 몹시 무겁고 어두웠다. 음식 또한 거의 입에 대지 않았다. 옆자리 임원들은 '혹 속이 불편하시냐?'고 물었지만 이 사장은 그냥 '괜찮다'고만 대답할 뿐이었다. 따라서 모두들 별일 없는 듯 저녁식사를 마치고 각자 호텔방으로 돌아왔다. 그런데 잠시 후 우 이사의 휴대폰 벨이 울렸다. 이 사장이었다.

'잠깐 내 방으로 좀 오라'는 것이었다.

우 이사는 곧장 이 사장의 방으로 갔고, 비로소 자초지종을 듣게 되었다. 그리고 황급히 뉴질랜드 행 비행기표를 구해 이 사장과 함께 현지에 도착, 우현의 장례식을 치르게 되었다.

당시 상황에 대한 우 이사의 전언.

"아드님이 돌아가셨다는 비보를 접했음에도 임원들이 걱정할까봐 저녁식사 시간 내내 일체 내색을 안 하셨던 당시 사장님의 그 초연하고 의연했던 모습을 생각하면 지금도 존경심과 함께 두려움을 느끼게 됩니다."

그러나 사람이란 지극한 삶의 아픔과 고행을 겪고 나면 일면 도인, 부처의 마음을 지니게 되는 법이었다.

이 사장은 '생로병사의 과정이란 모든 인간이 피할 수 없는 운명, 어차피 누구든 세상에 태어나 고작 몇십 년쯤 살다가 가는 것이며, 그 몇십 년이란 기간 역시 무한한 시간 흐름에 비하면 그야말로 찰나적이라는 것, 단지, 우현은 남들보다 조금 일찍 떠난 것 뿐'이라며 스스로를 달랠 수밖에 없었다.

또한 일면 인생사란 야속하고 속절없기도 한 것이어서 설령 부모형제자식이 먼저 떠나도 산 사람들은 결국 살아야 하고, 죽는 날까지 최선을 다해 살 수밖에 없는 일이기도 했다. 그것이 먼저 떠난 이들이 소망하는 일이기도 할 터였다.

이 사장 역시 우현이 떠난 후 몇 년이 지나도 그 아픔이 가시지 않았지만, 생사의 이별이란 모든 인간이 타고난 어쩔 수 없는 운명이라 자위하며 사업활동에 전념할 수밖에 없었다. 한편 당시 우현은 어린 두 자녀를 남기고 떠났는데, 이들이 어느덧 초등학생으로 자라 이 사장 내외에게 큰 위안이 되어주고 있다.

5. 다국적 기업, 글로벌 그룹사로 도약하다

유럽공장 준공, 더 넓은 세계시장으로

전년도 말 삼동 가족들에게 가슴 아픈 일이 있었지만 그래도 시간이 지나 새해는 다가왔고, 사업은 여전히 지속해야만 하였다. 이이주 사장을 비롯한 모든 임직원들 역시 애도의 마음을 가슴 한편에 묻은 채 또 다시 국내외 사업현장으로 뛰기 시작했다.

특히 2018년은 삼동 유럽공장이 준공된 뜻 깊은 해였다.

2016년 폴란드에 공장부지를 매입한 후 미국 조지아공장의 생산설비를 이전, 설치하는 등 설립작업을 꾸준히 추진해왔던 유럽공장이 이 해 6월 18일 마침내 준공식을 갖게 된 것이다.

삼동 유럽공장은 대지 약 35,067 ㎡, 건축면적 9,719 ㎡ 규모로 연간 1만 톤에 달하는 생산역량을 갖춘 대규모 생산기지였다.

삼동은 이 해 하반기부터 유럽공장의 본격 가동을 통해 주 고객사인 지멘스뿐만 아니라 GE, ABB, SGB 등 유럽 곳곳의 다국적 기업에 제품을 공급할 수 있게 되었다.

유럽공장 준공식은 국내외 고객사 임원, 지역 인사 등 다수의 내빈들이 참석한 가운데 치러졌다.

이 자리에서 이이주 사장은 인사말을 통해 '삼동은 유럽공장 설립을 기점으로 세계 CTC시장 선도기업의 위상을 확립하게 되었다'며, '앞으로 생산역량을 더욱 확대, 유럽 시장 점유율을 지속적으로 높여나갈 것'이라는 경영계획을 밝혔다.

이로써 삼동은 한국과 미국, 말레이시아, 폴란드 등 4개국에 총 10여 개 생산기지를 갖춘 다국적 기업, 글로벌 그룹사로서의 면모를 갖추게 되었다.

한편 이날 준공식에는 그동안 회사 대내외 행사에 거의 모습을 드러내지 않았던 이 사장의 숨은 내조자이자 공로자인 김경자 여사도 딸 우람과 함께 참석, 행사의 의의를 더했다.

삼동 기술연구소 MgB_2 초전도 선재 1km급 제조 성공

2018년 5월에는 또 한 가지 의미 있는 성과가 있었다.

삼동 기술연구소와 한국원자력연구원이 공동 연구한 초전도 물질 이붕화마그네슘(MgB_2)을 길이 1㎞급 초전도선으로 만드는 데 성공한 것이었다. 이는 2015년 기술연구소의 확장, 출범 이후 첫 번째 주목할 가시적 연구성과였다.

이붕화마그네슘은 고가의 액체 헬륨 없이 냉동기만으로도 초전도 상태를 만들 수 있어 차세대 전력 및 의료기기 핵심소재로 주목받고 있는 물질이었다.

기존 자기공명영상장치(MRI) 등에 사용되는 초전도물질(NbTi)은 임계온도가 매우 낮아 고가의 냉매인 액체 헬륨을 사용해야 하는 만큼 비용이 많이 들었다. 그러

2018.06.18. 유럽공장 오프닝 행사 개최

유럽공장 준공식에는 그동안 회사 대내외 행사에 거의 모습을 드러내지 않았던 이 사장의 숨은 내조자이자 공로자인 김경자 여사도 딸 우람 양과 함께 참석, 행사의 의의를 더했다.

나 MgB_2 초전도선은 극저온인 초전도 임계온도 이하에서 전기저항이 없어지는 초전도 현상을 이용, 손실 없이 전류를 흘려줄 수 있기 때문에 향후 MRI 등 의료기기는 물론 여타 전기전자산업에도 활용성이 높은 핵심소재였다. 따라서 이번 연구성과를 토대로 초전도 선재가 향후 상용화될 경우 삼동은 큰 도약을 기대할 수 있었다.

삼동 기술연구소 최준혁 박사는 '선재의 전기적, 기계적 특성이 최고 수준으로 평가되었으며, 삼동은 향후 보다 다양한 디자인과 성능을 갖춘 신 선재의 개발 및 빠른 상용화를 추진해 나갈 것'이라고 연구의지를 밝혔다.

세계 경기침체 속에서도 선전을 지속하다

2019년 세계 경기가 전반적 둔화기조를 보이는 가운데 삼동의 주력 제품 수요처인 국내 변압기 제조기업들 경영상황에도 크고 작은 몇 가지 변화가 있었다. 특히 삼동 최대 고객사인 현대일렉트릭은 2017년 현대중공업으로부터 분할된 후 미국의 자국 시장 보호정책에 따라 고액 반덤핑 관세를 부과받는 등 경영에 애로를 겪었다. 효성중공업과 LS산전, 일진전기 역시 이후 15%대의 반덤핑 관세가 확정됨으로써 수출에 상당한 타격을 받게 되었다.

한편 효성중공업은 미국의 변압기 반덤핑 관세 대응 및 미국 시장에서의 경쟁력 제고를 위해 테네시주에 위치한 초고압 변압기공장을 미쯔비시로부터 인수, 2020년부터 현지 생산을 추진하겠다는 계획을 밝히는 등 향후 시장의 변동성을 예고했다.

해외 시장 역시 혼조세를 보였다. 일본과 대만 등 아시아 고객사들은 수출 경쟁력을 점차 회복해가고 있었으나 미주와 유럽 시장은 여전히 답보상태를 유지했다.

삼동은 이러한 시장상황 아래서 국내외적으로 적극적 영업활동을 펼쳐 2019년 총 6,000억 원 가까운 매출을 올렸다. 이는 전년 대비 소폭 증가한 실적으로 당시 어려운 시장여건 하에서도 선전한 성과였다.

01. **2018.05.** MgB$_2$ 초전도선재 1Km급 제조 성공.

01.

"근래 삼동의 미래가치와 성장성을 인정하는 국내외 기업들에서 M&A 제의도 많이 들어옵니다. 특히 창업주의 경영권을 승계할 2세 경영인이 실재하지 않다는 점이 알려지면서 더욱 그렇습니다. 하지만 삼동은 향후 기업공개를 통해 국민 누구나 주인이 될 수 있는 기업, 기업가치를 국민과 공유하는 기업으로 영속 발전을 이루겠다는 경영방침에 변함이 없습니다."

-삼동 전주흠 부사장의 언론 인터뷰 내용 중

해외 사업장들의 독립경영, 자율경영

2019년 삼동의 국내 사업장이 생산, 영업활동에 전념하는 가운데 미국과 폴란드 사업장에서는 다양한 행사들을 개최했다.

2009년 설립한 미국 오하이오공장은 이 해 5월 지역 인사 및 업계 관계자들을 초청, 설립 10주년 기념행사를 열었다. 이는 지난 10년 동안 흑자경영 성과를 자축하고 향후의 지속적 발전을 다짐하기 위한 자리였다.

전년도 본격 가동을 시작한 유럽공장 역시 독자적 웹사이트를 개설하는 한편 100여 명의 현지 직원들 동정 등을 담은 사내 매거진을 발행, 구성원 간 의사정보를 공유, 소통했다. 또한 지역 마라톤행사 참가, 어린이날 직원 자녀 초청 공장견학 및 기념행사 등 다양한 이벤트를 개최하며 신조직문화 창달에 힘썼다.

폴란드인들은 원래 자유로운 개성을 지니고 문화예술을 즐기는 특성이 있어 직장생활도 기업경영도 그에 걸맞게 해나갔다.

이이주 사장은 유럽공장 운영은 현지 매니저를 임명, 자율경영, 책임경영을 실시하였는데, 일면 그 재량의 범위와 정도가 다소 지나친 듯 여겨져 본사 임원들의 우려를 사기도 했다.

단적인 예로 여름철 휴가를 실시할 때만 해도 그러하였다. 한국 같으면 미리 최고경영자와 제반 일정 등을 상의한 후 휴가를 실시하는 것이 관례이지만 폴란드공장은 그렇지 않았다.

휴가철이 되면 현지 매니저의 판단에 따라 일정기간 공장 문을 아예 닫고 전체 직원들이 휴가를 떠나버리는 것이다. 그리고 본사에는 언제부터 언제까지 휴가를 간다는 '보고' 아닌 '통고'를 하는 것이 전부였다. 이는 한국기업 같으면 있을 수 없는 일이었다. 하지만 이 사장은 이런 문제에 대해서도 괘념하지 않았다. 일단 경영을 맡겼으면 그 재량권을 철저히 보장하고 존중한다는 주의였다. 다만, 이후 성과여부에 대한 것은 철저히 평가함을 원칙으로 삼았다.

지속적 R&D 활동, 그 역할과 성과

원래 오랜 시간과 많은 노력을 투입해도 가시적 성과를 쉽게 실현하기 힘든 일이 바로 R&D 활동이었다. 밤을 낮 삼아 연구를 거듭하고, 연구자료가 산더미 같이 쌓여도 속된 말로 그것이 당장 돈으로 연결되는 경우란 드물었다.

삼동 기술연구소 역시 연구소를 확장, 본격적 R&D 활동을 시작한지 5년여가 지났지만 이때까지 특별한 연구성과는 얻지 못했다. 이에 일부 임원들은 투입비용 대비 산출성과가 너무 적다며 불만을 표하기도 했다. 하지만 이이주 사장은 이런 점에서도 남달랐다. 일반 경영자들 같으면 임원들 불만 제기 이전에 본인이 먼저 나서 성화를 부리고 걱정을 할 텐데, 이 사장은 'R&D 활동이란 원래 그런 것이다. 단기간에 어떤 큰 성과나 이익을 얻으려 들면 이는 일반 사업이지 연구개발 활동이 아니다'란 소신을 견지했다.

이 사장의 이 같은 절대적 성원 아래 기술연구소는 2019년에도 다양한 연구개발 활동을 추진했다.

강원대학교 연구팀과 산학 공동으로 기술개발 국책과제를 수행하는 한편 일본, 영국 등 국내외 초전도 관련 학술대회에도 적극 참가, 연구 내용에 대한 발표 기회를 가졌다.

또 '연속선재 전착도장 장치'에 대한 특허를 취득, 회사의 미래 재산권을 확보함과 아울러 기 연구개발한 이붕화마그네슘(MgB_2) 초전도 선재를 실험연구용으로 다수의 관련 기관에 판매하는 등 활발한 활동을 이어갔다.

6. 불확실성의 시대를 넘어 더 힘찬 미래로

글로벌 팬데믹 사태의 발발

2020년 초에는 세계인들을 전대미문의 공포로 몰아넣었던 COVID-19 사태가 발생하였다. 그 후 2023년까지 계속되는 글로벌 팬데믹 상황 아래서 기업들은 사업활동에 직간접적으로 큰 영향을 받을 수밖에 없었다. 특히 국가 간 인적, 물적 교역을 활발히 이어가야 하는 수출기업들의 경우 더욱 그러하였다.

다행히 근래는 대다수 국가들이 위드 코로나 시대로의 정책전환을 선언, 과거보다 훨씬 완화된 방역조치를 시행하고 있지만 COVID-19 발생 초기 상황은 심각했다. 한국은 물론 세계 대부분의 나라들이 출입국자들을 엄격히 통제하였고, 항공기 운항 또한 제한함으로써 해상물류 대란까지 일어났다. 특히 삼동의 주 사업장이 소재한 미국의 경우 세계 최다 사망자가 발생하였으며, 고객사 집중 지역인 아시아와 유럽 각국들 상황 역시 심각한 수준이었다. 더욱이 시간이 지나면서 국내외 사업장에는 COVID-19 감염 직원들이 속출하였고, 강화된 방역수칙에 따른 밀접접촉자 격리조치 등으로 생산활동에도 상당한 차질이 초래되었다.

이로 인해 당시 삼동은 물론 전 세계 모든 기업, 모든 나라는 비상상황에 돌입하였다.

COVID-19 시대, 국내외 시장상황

2020년 하반기에 이르러 COVID-19 영향으로 세계 각국은 마이너스성장을 기록하며 변압기의 신규 투자나 수리 또한 대거 취소되거나 잠정 보류되었다. 이에 따라 변압기 제조사들이 수주에 타격을 받으면서 변압기용 동선의 수요량 역시 자연 감소하였다. 또한 수요가 감소하였음에도 변압기의 생산, 공급량은 그대로 유지되어 공급과잉으로 인한 해외시장에서의 가격경쟁은 더욱 치열해졌다. 이에 국내 주요 변압기 제조사들은 양적 위주의 성장정책에서 수익성 위주의 영업정책으로 전환,

친환경 고부가가치 제품에 주력하는 등 다각적 자구노력을 경주했다.

또한 환경문제 등으로 원자력, 화력발전 시설이 줄어들고 태양광, 수력, 풍력, 연료전지 등 친환경 발전 분야의 변압기가 선호되면서 초고압 변압기 수요 역시 점차 감소되었다.

이런 상황 속에 삼동은 새로운 연대의 원년인 2020년 국내외에서의 생산, 영업활동을 추진해나가야 했다. 따라서 국내 대다수 기업들이 그러했듯 삼동 역시 COVID-19 발생 첫해인 2020년 상당한 매출손실을 감수할 수밖에 없었다. 물론 업종의 특성상 일반 소비재 생산기업들처럼 직접적 타격은 덜 했지만 음성공장 CTC 매출이 전년 대비 10% 이상 줄어드는 등 일정 부분의 손실은 불가피하였다.

위기상황 타개를 위한 노력

2021년에 초에 이르러서도 국내외 각국의 COVID-19 상황은 크게 나아지지 않았다. 더욱이 변이바이러스까지 등장하면서 진정세와 확산세가 반복되었다. 가장 큰 문제는 언제까지 이러한 상황이 지속될지 예측불가하다는 점이었다. 하지만 여하한 어려움 속에서도 기업의 사업활동이란 지속될 수밖에 없는 일이었다.

이이주 사장은 COVID-19 상황에 대한 대응책을 강구하였다.

이 사장은 사업을 하는 동안 대내외 경영환경 변화로 인한 온갖 위기를 겪었던 바 웬만한 어려움에 대해서는 크게 걱정을 안 하는 스타일이었다. 위기가 있으면 해결방법 또한 있다고 생각했고, 언제나 그러했듯 '이 또한 지나가리라!'하는 담대한 심경으로 상황을 맞았다.

그러나 숱한 위기를 극복해온 이 사장이었지만 전 세계인들이 고통 받는 전대미문의 자연재난 앞에서는 그 역시 특별한 해결책이 있을 리 없었다. 단지, 제반 상황에 적절히 대응하면서 재난으로 인한 손실과 불편을 최소화하는 것, 오직 그뿐이었다. 하지만 때로는 '무책이 상책'일 수도 있고, 또 이런 이치를 깨달아 담담히 대응하는 것 역시 남다른 경륜과 지혜의 산물일 수 있었다.

이 사장은 일단 국내외 사업장 직원들에게 각국의 방역정책에 충실히 따르면서 피해를 최소화하는 데에 주력하라는 지시를 내렸다. 그리고 하루빨리 상황이 나아지길 기다리며 COVID-19 이후의 사업전략을 차분히 구상해나갔다.

한편 당시 삼동의 경우 COVID-19 사태로 인해 불편과 불이익만 있었던 것은 아니었다. 해외 고객사와의 인적교류에 소요되는 많은 시간과 비용을 크게 절감할 수 있었던 이점도 있었다. 각국 고객사들 역시 이 사장을 직접 만나 상의, 해결할 일이 있어도 다들 상황을 익히 아는지라 e-메일이나 화상회의를 통해 제반 업무를 처리했다. 그렇게 업무를 추진하다보니 나름대로 양측 모두에게 효율적이고 편리한 점도 적지 않았다.

삼동은 이렇게 당시 COVID-19 위기상황에 차분히 대응해 나갔고, 2021년 하반기에 이르러 세계 대부분의 나라들이 위드 코로나 정책으로 전환하면서 마침내 사업활동은 거의 정상화되었다.

글로벌 팬데믹 상황 속에서도 약진을 이어가다

2021년은 COVID-19 여파로 세계 경기가 둔화되고 국내 변압기 제조업체의 실적감소와 해상운송 대란에 따른 물류비용 등이 크게 증가하면서 삼동 주 고객사인 현대일렉트릭, 효성중공업 등의 주문량도 자연 줄어들었다. 특히 이들 두 기업은 한국산 변압기의 미국 반덤핑 관세 대응을 위해 미국 앨라배마와 테네시 멤피스 현지 공장 생산량을 늘리면서 국내 공장들 주문량은 2년 연속 감소하였다. 그러나 2022년부터는 각국의 위드 코로나 정책이 정착되고, 그에 따라 경기회복이 시작되며 국내 변압기 제조사들의 사업전망은 차츰 나아질 것으로 예견되었다. 또한 바이든 정부에서는 한국산 변압기에 대한 반덤핑 관세도 대폭 인하할 가능성이 커짐으로써 기대감을 가지게 했다.

이러한 전망 속에 삼동의 매출실적도 점차 호전되었다, 특히 문경공장의 경우 일감은 밀려드는데 생산인력 부족으로 수주를 다하지 못할 정도였다. 하지만 국내외 전체 사업장의 수주량으로는 COVID-19 사태 이전의 실적을 완전히 회복하지는 못했다.

CTC 생산기지인 음성공장의 경우 예년과 비슷한 수준의 매출을 올리는데 그쳤으며, 문경공장 역시 자동차용 제품과 에너지, 가전용 제품, 무산소동 등 다품목을 생산, 공급했으나 전체적으로는 예년에 다소 못 미치는 매출실적을 기록했다. 하지만 대내외 경영환경을 감안하면 그 정도 성과만으로도 선전한 것이라 할 수 있었다.

미국과 유럽공장 역시 어려운 상황 속에서도 활발한 생산, 영업활동을 이어갔다. 테네시와 오하이오공장은 캐나다, 멕시코, 콜롬비아 지역 수요량 공급에 총력을 기울였으며, 유럽공장의 경우 설립 후 월간 기준 최대 매출량을 달성하는 성과를 거두기도 했다.

한편 삼동은 COVID-19 상황에서도 국내 생산기지에 대한 신규 설비투자와 시설 증축 등을 꾸준히 실시했다. 2021년 6월에는 계열사 극동산전 건물과 생산설비를 증설했으며, 같은 해 9월에는 문경공장에 하이브리드 전기차 EV코일 생산라인을 설치하였다. 계열사 씨티아이 역시 생산설비 증설과 함께 옥내 저장소 등을 증축했다.

해외 생산기지에 대한 자원 재배치와 신규투자도 단행하였다.

삼동은 2022년 8월 기존 말레이시아공장 지분을 매각함으로써 생산자원의 효율적 재배치를 도모하였으며, 같은 해 7월에는 미국 오하이오공장에 전기차용 EV Wire 생산시설 구축을 위한 신규투자를 단행하였다.

삼동 기술연구소 역시 활발한 연구개발활동을 이어갔다.

국제학술대회 참가 및 논문발표에서부터 '방사선 고부가가치 신소재개발사업' 관련 국책연구과제를 수행하는 등 다양한 R&D 활동을 전개하였다.

미국 연방정부 발행 「에너지부 보고서」, 삼동을 소개하다

우수한 품질과 기술로 세계 CTC 시장을 선도해온 삼동은 해외 업계에서는 물론 외국 정부로부터도 주목을 받았다.

2022년 2월 미국 에너지부(US Department of Energy)가 발행한 「전기 그리드 공급망 심층 분석 평가 보고서」에 삼동이 언급된 것이다.

미국 전력망시스템의 안정성과 신뢰성, 미래 에너지시스템과의 통합방안에 대한 평가와 제언을 다루고 있는 이 보고서는 삼동 테네시공장의 CTC 관련 플랜트 구축 내역에 대해 언급하는 등 관심을 표명하였다.

민간기업으로서 그 또한 한국계 기업으로서 미국 정부가 발행한 공식 보고서에 기업활동 내역이 언급되었다는 것은 그 자체로 의미 깊은 일이 아닐 수 없었다.

이에 대해 전주흠 부사장은 '초고압 변압기 등 전기전자산업 분야 핵심소재를 생산, 세계 주요국에 공급하는 삼동의 역할과 기업위상이 그만큼 중요하고 높아진 것을 반증하는 것'이라며, '앞으로 더욱 사명감, 책임감을 가지고 세계 최고 수준의 제품 생산에 주력할 것'이라고 말했다.

'삼동 45년, 경영스토리' 편찬, 후대 경영지침서로 전승(傳承)

2022년 7월에는 삼동 45년 역사를 기록, 정리하는 사사(社史) 편찬작업이 시작되었다.

1977년 창업 이래 45년 지속성장을 이어온 삼동 기업사를 편찬, 후대 경영인과 임직원들에게 전승하기 위함이었다.

일부 임원들은 '창업 50주년에 맞추어 발간하자'는 의견도 제시하였으나, 기존의 관행 등에 연연치 않는 이이주 사장 뜻에 따라 2023년 발간을 목표로 작업을 추진한 것이다.

이에 음성 본사에 사사편찬TF팀이 꾸려졌고, 외부 전문회사 조력을 받아 편찬작업이 진행되었다.

01. 미국 연방정부 발행 「전기 그리드 공급망 심층 분석평가보고서」.
02. '삼동 45년, 경영스토리' 편찬을 위한 '장기근속 임직원 역사회고 좌담회' 장면.

01.
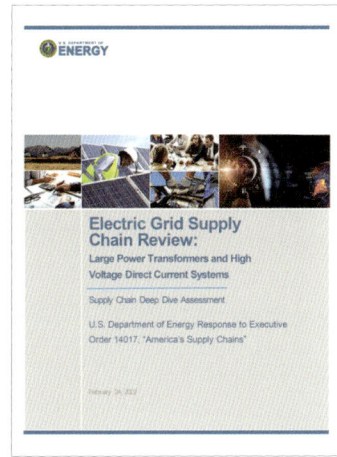

02.

특히 이 사장은 사사 내용을 기록, 정리함에 있어 '일체의 과장이나 미화 없이 사실 그대로 기록할 것'을 지시했다.

실패한 일들은 반면교사로 삼고, 성공한 일들은 교훈으로 삼아 이후 삼동 역사를 보다 진실하고 가치있게 발전, 전승시킴과 동시에 읽는 이들에게 경영의 산지식, 산지혜를 전해주고자 하는 취지였다.

이러한 지침에 따라 사사편찬TF팀은 약 6개월간의 현장 취재, 인터뷰, 임직원 역사회고좌담회 등의 편찬작업을 추진, 2023년 하반기 마침내 '삼동 45년, 경영스토리'북을 출간하였다.

'2033 대도약 비전', 영속가능경영을 위한 미래전략

삼동은 2023년에 이르러 '고객과 사회로부터 신뢰받고 존경받는 기업위상 확립'이란 미래비전과 아울러 '2033년까지 IPO 실현, 매출 3조 원 달성, 차세대 신성장동력 상용화'라는 3대 중장기 발전전략을 구상 중에 있다.

2028년 창립 50주년에 맞춰 선포될 이 대도약 비전에는 첫 번째 전략과제로 2033년 이전 국내 코스피 또는 미국 나스닥 상장 실현계획을 담고 있다. 이는 지속가능한 국내 경영을 넘어 영속가능한 세계경영을 추진하겠다는 삼동의 야심찬 미래전략임과 동시에 기업이익과 가치를 사회와 공유하겠다는 최고경영자의 확고한 경영철학이기도 하다. 특히 초우량기업 삼동이 증시에 상장될 경우 국내외 많은 투자자들로부터 주목을 받을 것으로 전문가들은 전망하고 있다.

두 번째 과제인 2033년 매출 3조 원 달성 목표 역시 기존 주력제품인 CTC와 무산소동 그리고 전기전자 및 신재생에너지 분야의 다양한 동선 제품 매출 신장세를 감안할 때 충분히 실현 가능한 과제이다. 또한 여기에 전기차 시장 활성화로 현재 삼동이 생산 중인 e-모빌리티 제품이 전 세계 자동차시장에 본격 공급될 경우 당초 매출목표의 몇 배 이상 초과달성도 기대할 수 있다.

세 번째 전략과제로서 차세대 신성장동력 조기 상용화 목표 역시 삼동 기술연구소의 MgB_2 초전도체 연구 진전 및 성과 등에 비추어 볼 때 머잖아 상용화 단계에 돌입할 전망이다.

특히 삼동의 핵심 신성장동력이자 미래 전략기술인 전기차 모터용 Wire의 경우 이미 세계 주요 전기차 생산기업에 제품을 공급하는 등 이 분야 선두기업 위치를 확보하고 있다. 따라서 향후 전 세계적으로 전기차 시대가 본격화될 경우 삼동의 기업가치는 그야말로 글로벌 TOP기업 반열에 오를 수 있을 만큼 높은 성장성을 지니고 있다 해도 과언이 아니다.

삼동은 2020년대 세계적 팬데믹의 어려운 상황 아래서도 이처럼 가슴 뛰는 미래 청사진을 구상하며 불확실성 시대를 넘어 새 희망의 2030년대를 향해 힘찬 전진을 이어가고 있다.

EPILOGUE

삼동 반세기 역사에 담긴 의미와 가치

지나간 시간이라 하여 '역사'라 이르지 않는다. 역사란 특별히 보존, 전승할 만한 의의와 가치를 지닌 과거 활동내력의 엄중한 명명이다. 즉, 어느 개인 또는 사회조직의 지난 활동내력이 후세에 기리고 본받을 만한 교훈적 의의와 가치를 지닐 때 비로소 '과거'라는 시간은 '역사'의 이름으로 재탄생된다.

그런 맥락에서 삼동 45년 경영역정과 창업주 이이주 사장의 생애내력은 충분한 역사적 가치와 의의를 지니고 있다.

소년 시절 시골에서 무작정 상경, 거의 무자본으로 삼동을 창업하여 오늘날 세계 각국에 대규모 생산기지를 건설하고, 조 단위에 이르는 매출을 달성하고, 그 과정에서 수많은 임직원들의 일자리와 복지를 실현하고, 나아가 국부 창출에 크게 기여한 이 사장의 공로와 성취는 감동적이고 교훈적이다.

또 이 같은 성과는 어느 한 시기 우연한 행운으로 얻어진 것이 아니라 이 사장과 삼동 구성원들이 반세기에 걸친 장구한 세월 동안 불굴의 집념과 노력을 통해 한해 한해 차곡차곡 다지고 쌓아 올린 공든 탑임을 상기할 때 더욱 그러하다.

삼동의 창업 초기 상황과 현재의 기업규모를 비교해 보면 삼동이 그동안 얼마만큼 찬연한 역사를 창조해왔는지 여실히 알 수 있다. 삼동은 창업 이후 지난 45년간 매출규모 면에서 1만 배 이상, 인력규모 면에서 100배 이상의 성장을 실현하였다. 이는 삼동 창업 당시엔 누구도 예측하지 못한 것이었다.

역사적 의미와 가치를 지니는 것은 비단 외형의 성장뿐 아니다. 오랜 세월 신뢰와 화합의 가족의식으로 다져온 삼동의 빛나는 전통과 조직문화, 풍부한 경험과 노하우, 뛰어난 기술 역시 또 다른 무형의 값진 자산이라 할 수 있다.

삼동의 역사는 여전히 현재진행형이다.

지난 성장역사를 기준으로 전망해 볼 때 삼동은 앞으로도 그만큼 아니, 그 이상의 성장을 이룰 가능성이 충분하다.

따라서 지금으로부터 50년쯤 후엔 현재보다 또 다시 1만 배 이상 증가한 매출실적과 100배 이상 늘어난 직원규모를 확보하여 국내 최대, 세계 최고기업으로 도약해 있을 글로벌 삼동의 웅대한 기업위상을 미리 마음속으로 그려보고 기대해 보는 것도 전혀 무리가 아니다.

'에너지가 있는 곳에 삼동이 있다'는 기업 슬로건처럼 그야말로 지구상에 전기가 사라지지 않는 한 밤낮으로 구리를 녹이며 세상 곳곳을 밝혀가는 삼동 용광로의 불꽃, 삼동인들의 뜨거운 열정은 결코 식지 않고 영원히 꺼지지 않을 것이다.

숱한 우여곡절 속에서도 반세기에 이르는 세월 동안 꿋꿋이 지속성장을 이어온 주식회사 삼동의 무궁한 발전과 창업주 이이주 사장의 건승을 기원한다.(大尾)

삼동은 미국과 유럽을 비롯하여 국내외에 총 8개의 글로벌 생산기지를 구축, 운영함으로써 선진 다국적 기업, '삼동그룹'으로서의 면모와 기업위상을 갖추고 있습니다.

본사 및 음성공장

문경공장

극동산전

씨티아이

기술연구소

미국 오하이오공장

미국 테네시공장

폴란드 유럽공장

기업현황

고객과 사회로부터
신뢰받고 존경받는
기업像 구현

1. 조직 현황
2. 국내외 생산기지 현황
3. 주요 제품 소개
4. 특허 및 인증 내역
5. 수상 내역
6. 주요 연혁

일찍이 한국의 산업화 시기인 1977년대 창업, 반세기 가까운 세월 동안 선진 글로벌기업으로 지속성장을 이어온 주식회사 삼동.

삼동은 현재 CTC 분야 세계 최고 수준의 생산역량과 시장점유율을 확보하였음은 물론 조 단위 매출 실적, 1천여 명의 직원 그리고 국내외에 총 8개의 대단위 생산기지를 구축한 글로벌기업으로 우뚝 섰다. 비단 외형의 성장뿐 아니라 경영합리화, 생산효율화를 위한 끊임없는 노력으로 세계적 기술력과 품질수준, 인적역량, 선진 기업문화를 갖추고 있다. 따라서 삼동은 근래 주목받는 이른바 플랫폼 기업, 유니콘 기업들처럼 어느 한 때 시류를 타고 급성장한 기업이 아니라 이 나라 '뿌리산업'인 제조업, 그 중에도 동(銅)이라는 핵심소재를 개발·생산하며 반세기 동안 탄탄한 성장을 다지고 전통을 이어온 세계적 장인기업, 장수기업이다.

또한 삼동은 고객과 사회로부터 신뢰받고 존경받는 기업, 구성원 모두가 함께 웃고 행복할 수 있는 기업像 구현을 위해 오늘도 최선의 노력을 다하고 있다.

삼동의 기업개요와 현황은 다음과 같다.

1. 조직 현황

● 조직체계도

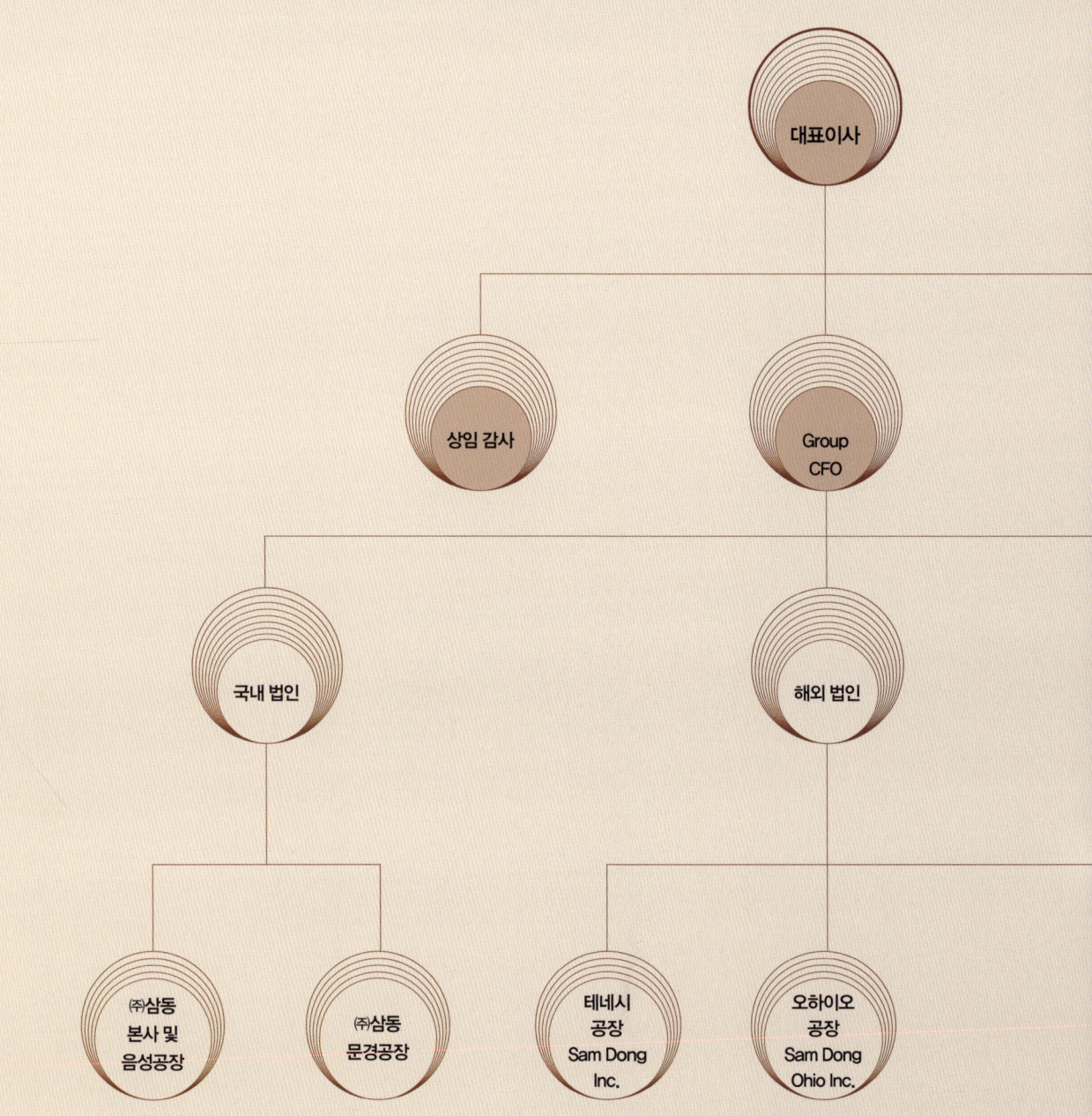

현재 삼동의 기업군(群) 및 사업장조직은 국내 법인과 해외 법인, 각 계열사로 구성, 운영되고 있다.
경영구조는 창업주인 이이주 대표이사의 총괄 지휘 하에 그룹 CFO 및 CTO 등 각 부문 임원들이 합심 협력하여 기업을 이끌어가고 있다. 또한 미국 법인과 해외 각 생산기지에는 사업장별로 전문 경영인이 선임되어 현지상황에 맞게 사업활동을 추진 중이다.

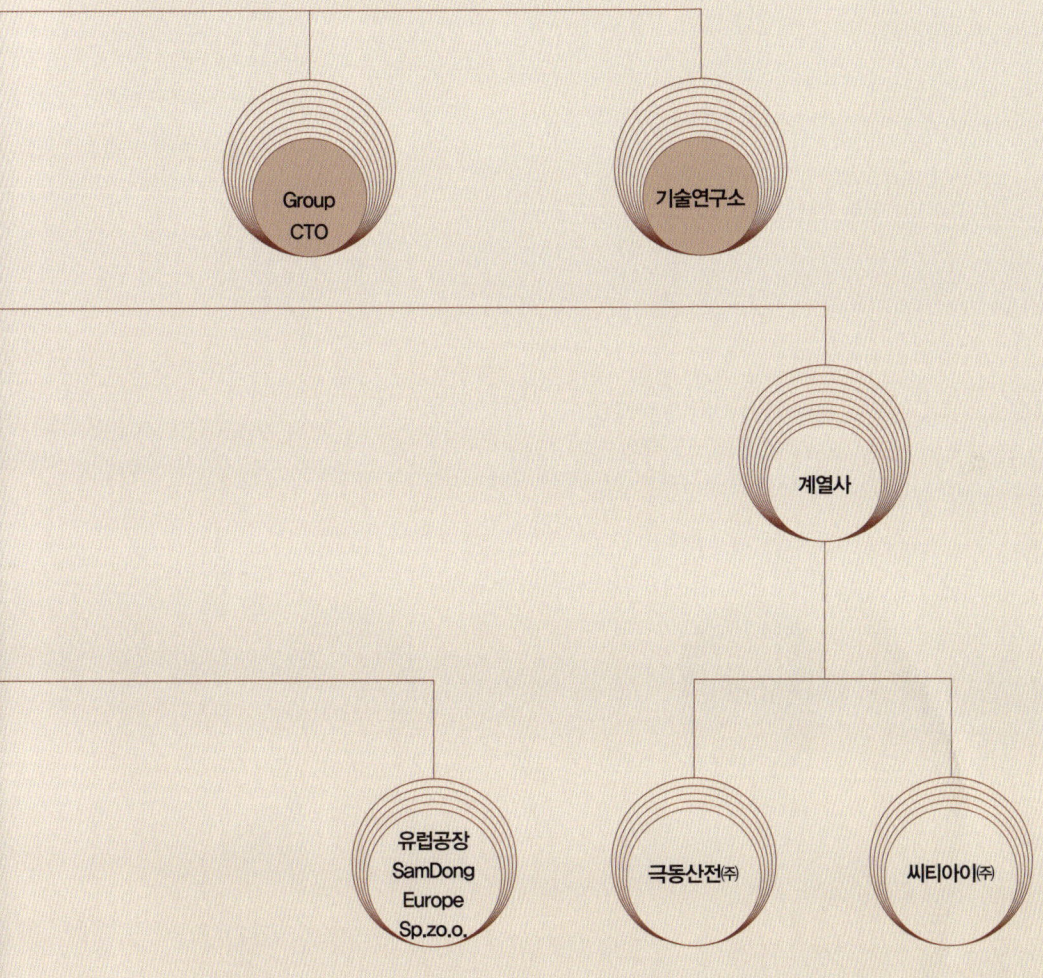

기업현황

● 국내임원

앞줄) 정병욱 전무이사(총괄임원), 이이주 대표이사, 전주흠 고문
뒷줄) 윤춘성 이사(문경 마그네트영업), 박의세 이사(재경), 박춘영 이사(설비), 우상민 이사(해외영업), 이우인 상무이사(생산총괄),
      김청운 상무이사(국내영업), 이수주 이사(경영지원), 권용찬 이사(문경공장장), 이상곤 이사(문경 권선/설비), 최준혁 소장(기술연구소)

정진복
(부사장, 그룹CFO)

오정호 이사
(생산부문)

김성규 감사

● 해외임원

Randy Kaiser
(부사장, SDO 제너럴매니저)

Sun-Goo Kim
(SDT 부 제너럴매니저)

Przemyslaw Syryjski-Giro
(SDE 제너럴 매니저)

Sun-Gi Park
(부사장, 그룹 CTO)

Eui-Sik (Eric) Min
(삼동 아메리카 & 유럽 CFO)

Ju-Kyung Lee
(삼동 아메리카 파이낸스 디렉터)

Sung-Chin(Sky) Kim
(삼동 유럽 파이낸스 디렉터)

Wolfgang Pelet
(고문)

Leon J Molloy
(고문)

Karl Schramboeck
(고문)

본사 및 음성공장

CEO
이이주 대표이사

CFO
정진복 부사장

국내사업부
정병욱 전무이사

생산 총괄
이우인 상무이사

생산부문
오정호 이사

설비부문
박춘영 이사

국내영업부문
김청운 상무이사

해외영업부문
우상민 이사

지원부문
이수주 이사

재경부문
박의세 이사

코팅팀
박칠남 수석/팀장

CTC팀
김기수 책임/팀장

지권팀
김하선 책임/팀장

생산관리팀
정현일 책임/팀장

물류팀
채상병 책임/팀장

설비팀
이진호 책임/팀장

생산기술팀
이찬기 책임/팀장

품질보증팀
윤황진 책임/팀장 장

에너지영업팀
이우일 책임/팀장

해외영업팀
김선근 수석/팀장

인사노무팀
김재호 책임/팀장

안전환경팀
곽진곤 책임/팀장

자금팀
심상현 책임/팀장

회계원가팀
유미경 책임/팀장

세무팀
오찬세 책임/팀장

기술연구소

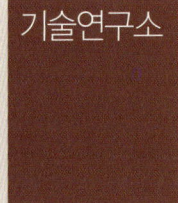
연구소장
최준혁

R&D팀
이동건 팀장(책임연구원)

고문
전주흠

문경공장

공장장
권용찬 이사

권선/설비부문
이상곤 이사

마그네트와이어영업
윤춘성 이사

HR팀
이종흠 책임/팀장

소재팀
장대희 책임/팀장

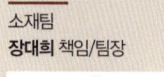
코팅팀
이상협 책임/팀장

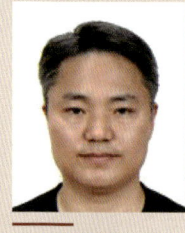
EV 생산지원팀
이민구 책임/팀장

생산관리팀
이재두 책임/팀장

물류팀
박두진 책임/팀장

품질보증팀
박찬우 책임/팀장

생산기술팀
이창재 수석/팀장

절연권선팀
김상걸 책임/팀장

설비기술팀
김진호 책임/팀장

마그네트와이어영업
이광희 책임/팀장

삼동 아메리카

COO
Randy Kaiser

CFO
Eui-Sik(Eric) Min

Finance Directo
Ju-Kyung Lee

Advisor
Leon J Molloy

오하이오 공장

Deputy General Manager
Mike Gruskiewicz

Controller
Shirl Hensel

Plant Manager
Mason Hogan

Quality Assurance Manager **Marty Larkin**

Engineering Manager **Justin Lynch**

Human Resources Manager **Todd ueller**

Sales Manager **Troy Ringhiser**

Information Technology Manager **Justin Sander**

테네시공장

General Manager **Byung-Wook Jeong**

Deputy General Manager & Director **Sun-Goo Kim**

Controller **Frank Thompson**

Director of Sales **Karl Vogelsberg**

BW & Plant Manager **Yun-Chul Kwak**

CTC Manager **Marc Williford**

PCW Manager **Diane Howard**

Enamel Manager **Keun-Jin Lee**

PEP Manager **Sung-Min Son**

QA Manager **Wayne Jones**

Purch & Ship Manager **Marty Eidson**

Facilities Manager **Brian Cogdell**

IT Manager **Nathan Thamann**

HR Manager **Kristie Umbarger**

유럽공장

Managing Director
Przemys law Syryjski–Giro

Advisor
Wolfgang Pelet

Advisor
Karl Schramboeck

Finance Director
Sung–Chin(Sky) Kim

Production Manager
Andrzej–Moszczynski

Sales Manager
Marcin Mielcarek

Finance Manager
Krzysztof Chara

HR & Administration Manager
Anna aczykowska Korlak

Engineering Manager
Michal Szwajkowski

Quality Manager & IMS Representative
Jolanta Miszkiewicz

IT Manager
Robert Sobkowski

Logistics & Purchase Manager
Piotr Pobielski

Maintenance Manager
Adrian Jastrzeski

극동산전

대표이사
이우인

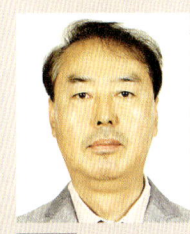
관리팀
황인철 수석/팀장

안전환경팀
김명식 책임/팀장

영업팀
김적현 수석/팀장

생산팀
한상각 수석/팀장

설비기술팀
장병엽 책임/팀장

품질보증팀
이장희 책임/팀장

씨티아이

대표이사
김성규

기업부설연구소장
이재춘 상무이사

공장장
최부경 이사

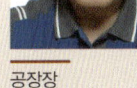

지원팀
안혜진 팀장

박주현 수석팀장
(책임연구원)

서호진 팀장
(선임연구원)

김해문 수석팀장

2. 국내외 생산기지 현황

삼동은 한국과 미국, 유럽 등 국내외에 총 8개의 글로벌 생산기지를 구축, 운영함으로써 선진 다국적 기업, 어엿한 '삼동그룹'으로서의 면모와 기업 위상을 갖추고 있다. 국내외 각 생산기지별 개요 및 현황은 다음과 같다.

충북 음성 본사 및 공장

충북 음성군 대소면 삼양로 816-41에 위치한 삼동 본사 공장은 1992년 건설되어 수차례 생산시설 증축을 거듭하며 현재에 이르고 있다. 삼동의 국내 중심 생산기지이기도 한 음성 공장 규모는 대지 면적 49,814㎡, 건축 연면적 18,175㎡에 달하고 있으며, 현재 CTC를 비롯하여 다양한 동선 제품을 생산하고 있다.

대전기술연구소

대전광역시 유성구 테크노 중앙로 243-10에 위치한 대전공장 및 기술연구소는 2011년 설립되었다.

대지면적 6,242㎡, 건축연면적 4,206㎡ 규모의 대전공장 및 기술연구소는 현재 MgB_2 초전도 선재 등 다양한 실험용 제품 생산과 함께 삼동의 차세대 성장엔진, 미래신기술을 중점 연구개발하고 있다.

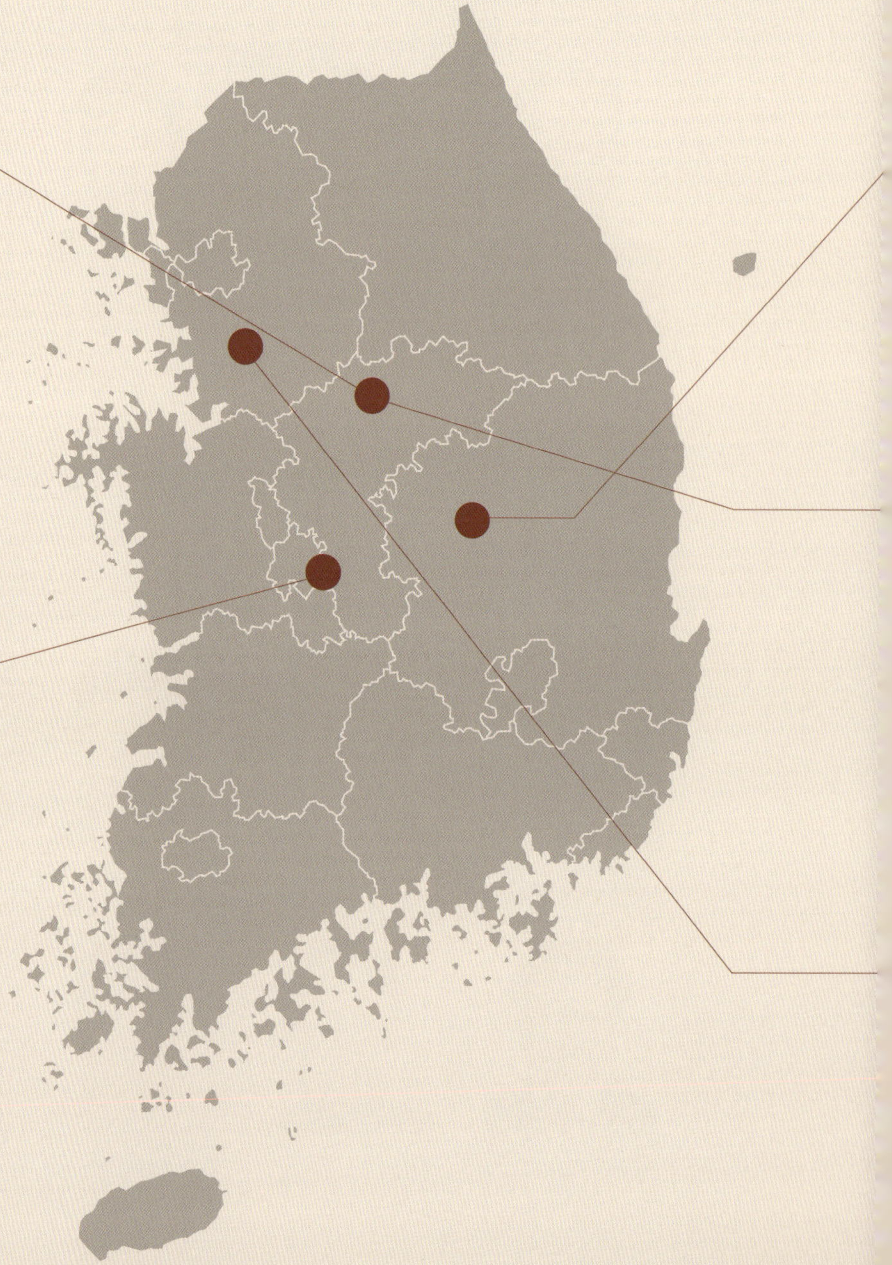

경북 문경공장

경북 문경시 마성면 마성공단길 133에 위치한 문경공장은 1999년 설립된 후 2010년에 이르러 무산소동공장을 신규 건설하였으며, 전기차용 동선 생산에 필요한 설비 등을 지속적으로 증설하였다. 대지면적은 50,409㎡, 건축연면적은 28,129㎡으로 현재 무산소동과 에나멜 환동선, 특수절연평각선, 전기차 wire 등 다양한 동선제품을 생산하고 있다.

충북 음성 극동산전

충북 음성군 생극면 오신로 454에 위치한 극동산전은 삼동의 계열사로 2005년 설립되었다. 대지면적 12,010㎡에 건축연면적 4,710㎡ 규모인 극동산전은 현재 나환동선 및 나평각동선, 에나멜 평각선 등을 생산, 국내 시장에 공급하고 있다.

경기 평택 씨티아이

경기도 평택시 청북읍 청북서로 227-5에 위치한 씨티아이는 삼동의 계열사로서 2009년 설립되었다. 현재 삼동의 핵심제품인 에나멜 동선용 도료(塗料) 바니시 등 필수 부재료를 자체적으로 생산, 조달하고 있다.

미국 오하이오공장

미국 오하이오주 델라웨어에 위치한 오하이오공장은 2009년 설립된 후 동선 제품의 원재료인 무산소동 생산과 함께 나환동선 및 나각동선, 특수절연평각선 등 다양한 동선 제품을 생산, 미국 시장 및 인접국에 공급하고 있다.
대지면적 74,494㎡, 건축연면적 17,785㎡ 규모에 이르는 대단위 공장으로 삼동의 글로벌 중심 생산기지다.

미국 테네시공장

미국 테네시주 로저스빌에 위치한 테네시공장은 2007년 설립된 이래 미국시장을 비롯한 인근 중남미국가에 CTC제품을 생산, 공급하고 있다.
대지 면적 38,768㎡, 건축연면적 10,131㎡ 규모로 현재 CTC제품을 비롯하여 에나멜 평각선, 나환동선 및 나각동선 등의 제품을 생산하고 있다.

폴란드 유럽공장

폴란드 코스친 지역에 위치한 유럽공장은 2017년 독일 대표기업 지멘스의 요청 및 지원에 의해 설립된 후 CTC를 비롯하여 에나멜 평각선, 지절연 평각선 등을 생산, 독일 등 유럽 주요국에 공급하고 있다.
대지면적 약 35,067㎡, 건축연면적 9,719㎡에 이르는 대규모 생산기지로 삼동의 유럽 시장 공략 전초기지로서 역할을 다하고 있다.

3. 주요 제품 소개

삼동은 초고압 변압기를 비롯하여 각종 전기전자 기기 및 e-모빌리티 등에 사용되는 거의 모든 동선 제품을 생산, 국내외 시장에 공급하고 있다. 또한 동선의 원재료가 되는 무산소동까지 생산함으로써 세계 동선 시장을 주도하고 있다.
현재 삼동이 생산, 국내외 시장에 공급하는 주요 제품의 품목은 다음과 같다.

무산소銅 (O.F.H.C)

모든 동선 제품의 원재료인 무산소동은 정제된 고품질의 전기동 (LME A등급, 순도 99.99%)을 사용하여 진공 상태 또는 CO gas에 의한 환원성 상태에서 용해, 주조하여 산소 함유량이 10ppm 미만(ASTM기준)인 銅을 말한다. 따라서 무산소동은 일반 Tough Pitch銅보다 높은 전도율과 우수한 가공성을 지니고 있다. 특히 무산소동은 전자전기 기기의 높은 효율과 정밀성, 내구성이 요구되는 곳에 사용된다.
삼동은 UP-CAST방식과 DIP-FORMING 방식의 고품질 무산소동을 생산, 초고압 변압기의 와이어 및 기타 고객이 요구하는 다양한 용도에 맞춰 국내외 시장에 공급하고 있다.

에나멜 평각동선

또한 변압기 설계에 따라 고강도 도체 및 자기 융착 전위권선을 생산하여 국내외 변압기 제조사에 공급하고 있다.

에나멜 평각동선은 나(裸)동선에 절연 바니시를 코팅한 제품으로 각종 변압기, DC모터, 발전기, 용접기 등의 전도체 코일로 사용되는 중요 소재이다. 삼동은 고객의 요구에 따라 각 용도에 적합한 여러 종류의 에나멜 평각동선을 생산 공급하고 있으며, 구동모터와 자동차 등에 사용되는 얇고 폭이 좁은 소형 평각동선도 생산, 국내외 자동차사 등에 공급하고 있다.

연속전위권선 (CTC)

약칭 CTC로 불리는 삼동의 주력제품 연속전위권선은 평각동선 상에 절연 바니시를 도포하여 최소 5가닥에서 84가닥의 도체를 연속 전위한 후 절연지 및 기타 절연물질로 피복한 동선제품이다. CTC제품을 초고압 변압기에 적용할 경우 권선 작업 시 전위 작업이 필요 없게 됨에 따라 제작 공수 절감, 도체의 다중 전위에 의한 Eddy Current 절감 및 각 소선의 길이 차이에 의한 Circulation Current 절감으로 부하 손실을 감소함은 물론 일반 평각동선에 비해 절연지 사용량이 적어 권선 후 냉각 효율을 제고할 수 있다.
삼동은 CTC 제조 시 원소재로 자체 생산한 무산소동을 사용하고 있으며, 생산비용 절감과 오일 포켓, 냉각효과를 향상시키도록 설계된 폴리에스테르실 등 특수 절연물질을 사용하고 있다.

전기자동차용 와이어

전기자동차용 와이어는 삼동의 최근 주력 상품으로 전기자동차의 전기 시스템에서 전력을 전달하고 신호를 전송하는 데 사용되는 전기적인 연결 요소이다. 전기자동차의 와이어는 고전압과 고전류를 처리할 수 있어야 하며, 내구성, 안전성, 전기적 효율성 등의 요구 사항을 충족해야 한다. 일반적으로 전기자동차에서는 고전압 배터리 팩에서 전기 모터 및 제어 장치로 전력을 공급하는 과정이 있는데 이를 위해 와이어는 배터리 팩에서부터 전기 모터 및 제어 장치까지 전력을 안전하게 전달하는 역할을 한다. 고성능 절연재로 둘러싸여 있으며 일반적으로 동축 케이블, 복합 케이블 또는 실드드 케이블 등의 형태로 구성된다. 와이어의 크기와 재질은 전류와 전압 요구 사항에 따라 다양하게 설정된다.

지절연 평각선

지절연 평각선은 변압기, 용접기 등에 사용되는 권선으로 전기기기의 특성을 좌우하는 핵심부품이다.

삼동은 국제표준을 준수, 고객의 요구에 부합하는 절연방식과 절연지를 사용, 다양한 형태의 제품을 생산, 국내외 고객사에 공급하고 있다.

특수절연 평각선

특수절연 평각선은 평각동선 또는 튜브에 폴리에스테르, 유리섬유 등을 감은 후 함침 바니시를 도포, 오븐을 통과하는 과정에서 동선과 절연물을 점착시킨 제품이다.

이 제품은 우수한 열적특성 및 내진동성 등이 요구되는 특수 모터류에 사용되고 있다. 특히 Kapton 및 Nomex 권선평각선은 수중펌프, 모터, 철도 차량용 모터, 건식 변압기 등에 응용되는 특수 절연 도체로서 고객의 사양에 따라 다양한 제품을 생산, 공급하고 있다.

에나멜 환동선

에나멜 환동선은 전기기기 내부에 코일형태로 감겨져 전기적 에너지와 기계적 에너지를 상호 변환시키는 역할을 하며, 중전기산업 및 자동차 부품, 가전제품, 의료기기, 항공우주산업 등의 핵심 소재·부품으로 사용되고 있다.

삼동은 에나멜 환동선 생산에 필요한 최신 설비를 완비하고 각 용도에 적합한 우수 제품을 생산, 국내외 고객사에 공급하고 있다.

집합연선

집합연선은 여러 가닥의 세선(細線)을 엮어 하나의 완성된 도체로 제조한 후 전기 절연지, Crepe 절연지 등으로 절연처리한 동선 제품이다.

이 제품은 현재 삼동 오하이오공장에서 중점 생산하고 있으며, 무산소동을 이용한 집합연선뿐 아니라 고객의 요구에 따라 터프피치동으로도 생산, 공급하고 있다.

나환동선 및 나각동선

여러 종류의 모터용 정류자 및 변압기, 특수 내연화 장치 등에 사용되고 있는 제품으로, 삼동은 고객이 요청하는 규격에 맞추어 각종 사양의 나환동선 및 나각동선을 생산, 공급하고 있다.

이외에도 삼동은 스트립 & 이형각선 등 다양한 동 제품들을 생산, 국내외 고객사에 공급하고 있다.

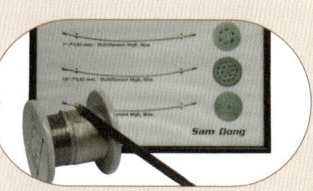

MgB_2 초전도 선재 (線材)

삼동이 오랜 기간 미래전략기술로 연구개발해온 MgB_2 초전도 선재는 현재 상용화를 앞두고 국내외 각 연구기관을 비롯하여 관련 기업 등에 이를 생산, 공급하고 있다.

특히 MRI 등 의료 분야를 비롯하여 에너지 저장장치, 풍력발전기, 초전도 한류기, 핵융합 발전기 등 다양한 산업 분야에 적용될 MgB_2 초전도 선재는 이후 삼동의 차세대 신성장엔진으로 각광받을 전망이다.

4. 특허 및 인증 내역

● 특허 및 인증 현황

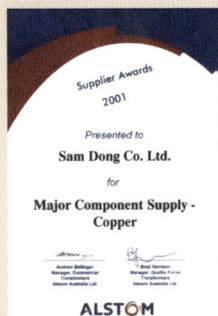
2001. 01.
ALSTOM Major Component Supply, Copper 인증서

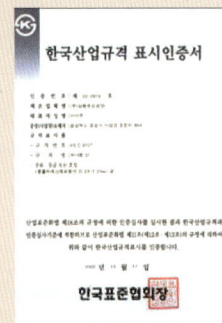
2002. 10.
한국산업규격 표시 인증 KS 인증서

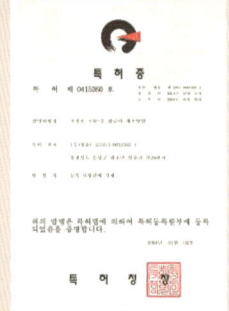
2004. 01.
무산소 구리-은 합금 특허증

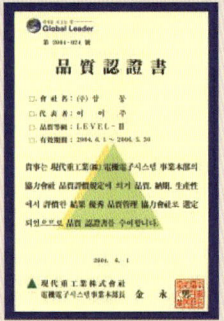
2004. 06
현대중공업 품질 인증서

2006. 01.
현대중공업 협력사 인증서

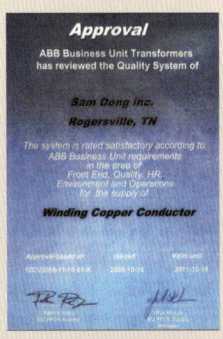
2008. 10.
ABB 품질 인증서(테네시공장)

2008. 11.
지멘스(SIEMENS) 품질 인증서(테네시공장)

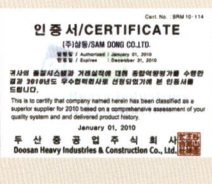
2010. 01.
두산중공업 우수협력사 인증서

2012. 11.
지멘스(SIEMENS) 품질 인증서(테네시공장)

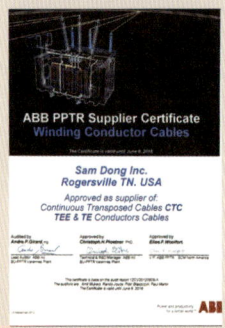
2013. 01.
ABB SUPPLIER CERTIFICATE(테네시공장)

2014. 07.
지멘스(SIEMENS) 인증서(음성공장)

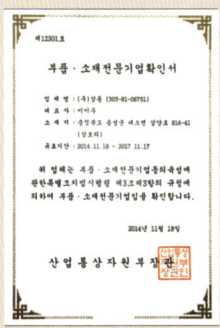
2014. 11.
부품소재전문기업 확인서

삼동은 지속가능, 영속가능경영 구현을 위해 1990년대부터 꾸준히 연구개발 활동을 추진하였다. 특히 2000년대 이후부터는 기술연구소를 설립하고 미래 신성장동력 개발을 목표로 기술혁신, 품질향상, 신제품개발 등 R&D 활동을 적극 추진하였다. 그 결과 국내외 전문기관 및 고객사들로부터 다음과 같은 다양한 특허 및 인증 성과를 거두었다.

2015. 03.

두산중공업 우수협력사 인증

2016. 03.

ISO 9001 인증(조지아공장)

2016. 05.

아킬레스(ACHILLES) 인증서 (음성공장)

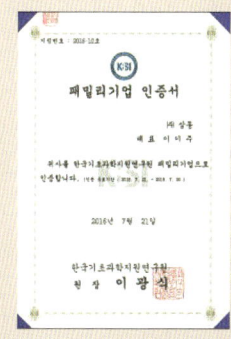

2016. 07.

KBSI 패밀리기업 인증서

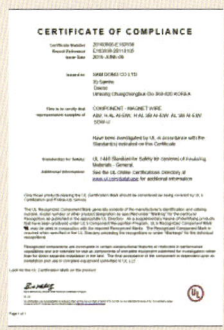

2016. 10.

UL 인증서-1

2016. 10.

UL 인증서-2

2018. 01.

LGE BIQS 인증(문경공장)

2018. 03.

ISO 9001 인증(문경공장)

2018. 03.

ISO 14001 인증(문경공장)

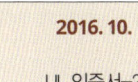

2018. 05.

현대일렉트릭 인증서(음성공장)

2019. 06.

히타치(Hitachi) 인증서

2021. 04.

ISO 9001 인증(음성공장)

5. 수상 내역

● 주요 수상 실적

1987. 07.
한국무역협회 표창장

1997. 01.
한국 신동공업협동조합 표창패

1998. 07.
우수 수출상품 우수상

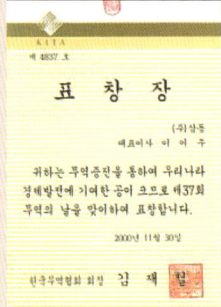
2000. 01.
한국 무역협회 표창장

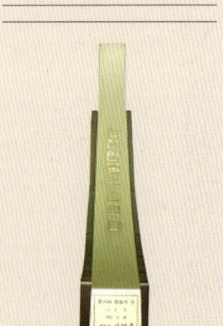
2001. 01.
3천만 불 수출의 탑

2001. 01.
음성군 자랑스런 음성인상

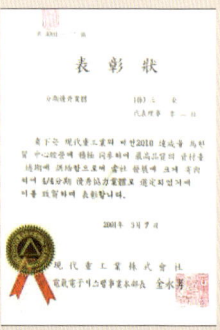
2001. 01.
현대중공업 표창장

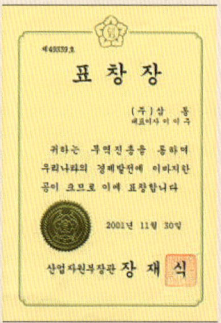
2001. 02.
산업자원부 장관 표창장

2003. 11.
대통령 표창

2004. 11.
7천만 불 수출의 탑

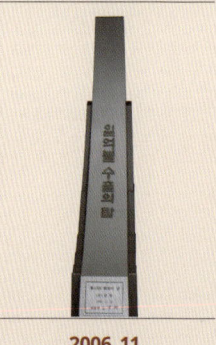
2006. 11.
1억 불 수출의 탑

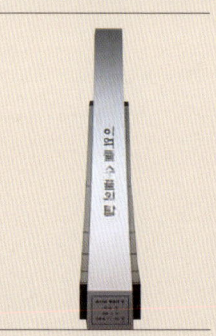
2008. 11.
2억 불 수출의 탑

창업 이후 기술경영·품질경영·인재경영에 주력해 온 삼동은 수범적 사업활동, 탁월한 경영성과 창출을 통해 정부 부처를 비롯하여 국내외 고객사, 관련 기관으로부터 훈·포장 및 표창, 상장과 감사장 등을 총 100여 회 이상 수상, 수훈하였다.

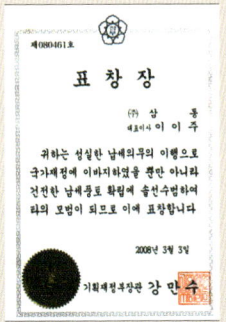

2008. 03.

기획재정부장관 표창장

2008. 12.

석탑산업훈장

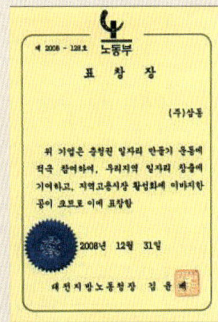

2008. 12.

노동부 표창장

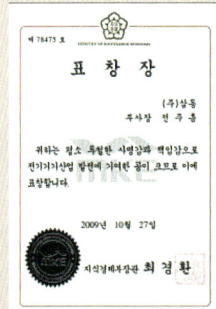

2009. 10.

지식경제부 표창장

2009. 12.

현대중공업 감사패

2010. 09.
유공기업부문 지식경제부
장관표창

2011. 02.
PROLEC 올해의 최고 공급
업체상(테네시공장)

2011. 09.

문경대상 수상(문경공장)

2012. 05.

NISSIN ELECTRIC 감사장

2013. 03.

국무총리 표창장

2015. 03.

미쓰비시 감사패

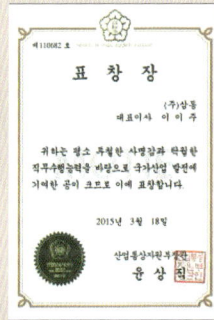

2015. 03.

산업통상자원부 표창장

6. 주요 연혁

년	월	제목
1977	01	삼동금속주식회사 창업
1983	11	삼동전기금속공업으로 상호 변경
1990	11	주식회사 삼동 법인 설립
1992	04	본사 및 공장 이전(충청북도 음성군)
1992	07	제1공장 신축
1992	10	연속전위권선(CTC) 설비 국내 최초 도입
1992	12	유망중소기업 선정(신용보증기금)
1993	03	연속전위권선(CTC) 국내 최초 국산화 개발 완료
1993	11	오백만 불 수출의 탑 수상
1994	05	고전도 무산소동(O.F.H.C) 국내 최초 국산화
1995	11	천만 불 수출의 탑 수상
1996	07	충청남도 '아산공장' 매입
1997	10	제2공장 신축
1998	05	제3공장 신축
1999	09	경상북도 '문경공장' 설립
2001	07	함은동 제조방법 특허 취득
2003	06	CWIEME 2003 최초 해외전시회 참가
2003	11	대통령 표창 수상
2005	01	계열사 극동산전㈜ 인수
2006	11	1억 불 수출의 탑 수상
2007	07	미국 테네시공장 설립
2008	11	2억 불 수출의 탑, 석탑산업훈장 수상
2009	01	계열사 ㈜씨티아이 인수
2009	05	삼동 오하이오 법인 설립
2009	07	삼동 CI 개편
2009	09	삼동 오하이오공장 오픈식 개최
2010	03	문경공장 제2공장 건물 및 설비 증축
2010	06	'우리지역 일하기 좋은 기업' 선정(충북 음성군)

년	월	제목
2010	08	KBS 다큐멘터리 '금속전쟁' 삼동 취재 방영
2010	12	문경 제2공장 신축
2010	12	매출액 1조 원 달성
2011	04	삼동 오하이오공장 월 매출 수량 2,300톤 달성
2011	08	준중형 전기차용 80kW급 구동모터 개발 3개년 정부과제 참여
2011	09	문경시장 감사패 수상
2011	11	LG, 효성 감사패 수상
2011	11	기술연구소 설립
2012	03	미국 조지아공장 인수
2012	04	KS Q ISO 9001 인증
2012	06	미국 조지아공장 설립
2012		벤처 1조클럽 가입
2013	03	제47회 납세자의 날 국무총리 표창 수상
2013	07	KBS 특별기획 프로그램 '히든챔피언' 삼동편 방영
2013	12	문경공장 Stator A'ssy, 대형 발전기 부품 생산 시작
2014	02	㈜삼동-한국원자력연구원 간 '초전도 선재 제조 기술' 기술 실시계약 체결
2014	06	기업부설연구소 설립 및 인증서 획득
2014	07	삼동 오하이오공장, 월 매출 수량 2,600톤 달성
2014	07	하이브리드 전형차용 소형 평각선 수주
2014	09	남해군수 및 군 의회 의원 음성공장 단체 방문
2014	10	삼동-한국원자력연구원 간 이붕화마그네슘 (MgB_2) 초전도 선재 개발을 위한 기술협력합의 각서(MOA) 체결
2014	10	삼동-대전광역시 간 '연구소 및 생산공장 이전 투자 지원' 업무협약(MOU) 체결
2014	10	말레이시아 법인 지분 인수
2015	04	대전연구개발특구 내 기술연구소 확장 이전
2015	05	한국원자력연구원 패밀리기업 선정

년	월	제목
2015	08	(재)충북지역사업평가단(산업통상자원부)에서 시행하는 '충북지역주력산업육성사업'의 기술개발 과제 수행
2015	09	삼동–호주 울런공대학교(UOW) 간 'MgB$_2$ 초전도선의 개발을 위한 자문 계약' 체결
2015	12	국가과학기술회(과학기술정보통신부)에서 시행하는 '상용화 기술개발 지원사업'의 연구개발 과제 수행
2016	01	SamDong America 지주회사 설립
2016	01	삼동 오하이오공장, 미국 지주사 편입
2016	01	KBS 특별 기획 '미국의 부활', 삼동 미국사업장 방영
2016	02	한국생산기술연구원 파트너기업 선정
2016	04	SamDong Europe Sp.zo.o. 설립
2016	07	(재)충북지역사업평가단(산업통상자원부)에서 시행하는 '충북지역주력산업육성사업'의 기술개발 과제 수행
2016	07	한국기초과학지원연구원 패밀리기업 선정
2016	07	2016 초전도학회 학술상 시상
2016	11	삼동–한국기초과학지원연구원 간 'MgB$_2$ 초전도 시료의 in-field 임계전류 측정장치 구축 및 시험·평가분석 기술' 기술양도 계약 체결
2016	12	삼동 오하이오공장, 누적 이익 1,000만 달러 달성
2016	12	문경공장 Stator A'ssy, 월평균 1,200대 생산 달성
2017	01	2017년도 한국초전도·저온학술연합회 동계학술대회 우수 논문상 시상
2017	03	UL 인증
2017	07	균일한 초전도 합금분말 충진법을 이용한 초전도체–합금 복합선재 제조방법' 특허 등록
2017	12	문경공장 Stator A'ssy, 연매출 107억 원 달성
2018	03	폴란드에 삼동 유럽공장 완공
2018	04	ISO 9001, ISO 14001 인증서 획득
2018	05	IATF16949, ISO9001, ISO14001 인증 획득
2018	05	1km급 상용화 MgB$_2$ 선재 개발 성공
2018	06	삼동 유럽공장, Grand opening ceremony 개최
2018	08	"Customized MgB$_2$ Superconducting Wire Toward Practical Applications at Sam Dong in Korea' 논문 게재"
2018	10	삼동 유럽공장, 웹사이트 개설
2019	05	삼동 오하이오공장, 설립 10주년 기념 행사 개최
2019	11	'연속선재 전착도장 장치' 특허 등록
2019	11	삼동 유럽공장, 매거진 첫 발행
2020	01	일본 ACASC 2020 학회 발표 및 홍보부스 운영
2020	04	한국연구재단(과학기술정보통신부)에서 시행하는 '방사선고부가신소재개발사업'의 에너지산업 고부가신소재개발 과제 수행
2020	06	'Commercial MgB$_2$ superconducting wires at Sam Dong' 논문 게재
2020	06	'Overview of MgB$_2$ superconducting conductors at Sam Dong in Korea' 논문 게재
2020	12	문경공장 Stator A'ssy, 불량 'Zero' 달성(시장점유율 국내 1위)
2021	03	'초전도 선재 및 그 제조방법' 특허 등록
2021	04	문경공장 Stator A'ssy, LNG 화물선용 극저온전동기(-163℃) 국산화 성공
2021	04	'Status of MgB2 superconducting wires at Sam Dong' Transformers magazine 게재
2021	09	'제31회 과학기술우수논문상' 수상
2021	11	'Overview of MgB$_2$ wires fabricated by Sam Dong Co., Ltd.' 논문 게재
2022	01	삼동 유럽공장, 월간 기준 최대 매출 수량 581톤 달성
2022	04	한국연구재단(과학기술정보통신부)에서 시행하는 '고온초전도마그넷기술개발사업'의 연구개발 과제 수행
2022	05	삼동 유럽공장, 폴란드 기업가 및 경영자 협의회(ZPP)로 부터 2022년 올해의 고용주 상 수상
2022	06	독일 MEM&HTS4Fusion 워크숍 참석 및 발표
2022	07	삼동 유럽공장, 지역 소방서와 자매결연 체결
2023	02	삼동 문경공장 사무동 신축
2023	05	미국 연방정부 에너지부 발행 보고서에 삼동 소개

편찬 조직

편찬위원장
전주흠

편찬위원
정병욱, 이우인, 김청운
우상민, 박의세, 박춘영
권용찬, 이상곤, 윤춘성
최준혁, 황인철, 김성규

실무위원
오정호, 김선근, 오찬세
이종흠, 이창재, 김재희
김적현, 안혜진, 김선구
민의식, 김성진

편찬 TFT
이수주, 곽진곤, 김재호

**삼동 45년,
이이주 대표이사 경영스토리**

세계 제일의 **사람**이
세계 제일의 **제품**을 만든다

초판 1쇄 발행 2023년 9월 20일

집필.　　　김문경

발행인.　　추기숙
　　　　　기획총괄 최진 | 편집·교정 박정웅, 이새별
　　　　　디자인실 이동훈, 김봉재 | 사진 장윤경
　　　　　경영총괄 박현철 | 경영지원 김정매 | 제작 사재웅
발행처.　　㈜다니기획 | 다니비앤비(DANI B&B)
　　　　　출판신고등록 2000년 5월 4일 제2000-000105호
　　　　　주소 (06115) 서울시 강남구 학동로26길 78
　　　　　전화번호 02-545-0623 | 팩스 02-545-0604
　　　　　홈페이지 www.dani.co.kr | 이메일 dani1993@naver.com

ISBN 979-11-6212-162-7

정가 35,000원
판매 수익금은 전액 ㈜삼동의 사회공헌 기금으로 활용할 예정입니다.

다니비앤비(DANI B&B)는 ㈜다니기획의 경제경영 단행본 임프린트입니다.
블로그 blog.naver.com/daniversary 포스트 post.naver.com/daniversary
트위터 @daniversary 인스타그램 @daniversary 페이스북 @daniversary1

이 책은 저작권법에 따라 보호받는 저작물이므로 무단전재와 무단복제를 금지하며
이 책 내용의 전부 또는 일부를 이용하려면 반드시 저작권자인 ㈜삼동과
판매권자인 ㈜다니기획의 서면 동의를 받아야 합니다.